Elisabeth Lukas

Sinn in der Familie

D1874317

HERDER / SPEKTRUM
Band 4416

Das Buch

Welchen Sinn hat es überhaupt, als Familie zu leben, und wie kann Sinn konkret in der Familie erfahrbar werden? Das ist die entscheidende Frage, denn ohne spürbaren, erlebbaren Sinn hat die Familie keine Zukunft. Darum betrachtet es die Autorin dieses Bandes als eine wesentliche Aufgabe, Sinn, Wert und Verantwortung im Zusammenhang mit dem Familienleben ins Bewußtsein zu bringen. Sie hat in den Jahren ihrer therapeutischen Tätigkeit die Erfahrung gemacht, daß die konsequente Anwendung logotherapeutischer Grundsätze sowohl eine tragfähige Grundlage für das Familienleben schafft, als auch bei Schwierigkeiten und Familienkonflikten überzeugende Perspektiven und wirksame Hilfen bietet. So wichtig Selbstverwirklichung und Selbstentfaltung für die einzelnen Mitglieder einer Familie auch sein mögen, lernen sie doch mit Hilfe der Logotherapie nach übergreifenden Zusammenhängen zu fragen und sich für die Wünsche und Bedürfnisse der anderen Familienmitglieder zu öffnen, ja, in der Begegnung mit den anderen über sich selbst hinauszuwachsen. Daraus entsteht eine therapeutische Wirkung. Die Autorin zeigt anhand vieler Beispiele aus der Beratungspraxis, wie Kontaktprobleme, Depressionen, Erziehungsschwierigkeiten, Ängste und Sexualstörungen im gleichen Maße zurückgehen, in dem es dem einzelnen gelingt, Sinn in seinem Leben zu finden und seine Familie in diese Sinnerfüllung miteinzubeziehen. – Dieses Taschenbuch stellt eine völlig neu bearbeitete und aktualisierte Ausgabe ihres früheren Werkes „Auch deine Familie braucht Sinn“ (HB 864) dar.

Die Autorin

Dr. Elisabeth Lukas, klinische Psychologin, Psychotherapeutin, ist Schülerin Viktor E. Frankls und fachliche Leiterin des „Süddeutschen Instituts für Logotherapie GmbH“ in Fürstenfeldbruck. Bei Herder/Spektrum: Höhenpsychologie (4176); Psychologische Seelsorge (4258); Von der Trotzmacht des Geistes (4170); Auch dein Leben hat Sinn (4011); Auch dein Leiden hat Sinn (4283); Rat in ratloser Zeit (4353); Gesinnung und Gesundheit (4172); Lebensbesinnung (4391).

Elisabeth Lukas

Sinn in der Familie

Logotherapeutische Hilfen für das Zusammenleben

Herder

Freiburg · Basel · Wien

Gedruckt auf umweltfreundlichem,
chlorfrei gebleichtem Papier

Alle Rechte vorbehalten – Printed in Germany
© Verlag Herder Freiburg im Breisgau 1995
Herstellung: Freiburger Graphische Betriebe 1995
Umschlaggestaltung: Joseph Pölzelbauer
Umschlagmotiv: Ferdinand Hodler
ISBN 3-451-04416-1

Inhalt

Zwei Orangen auf meinem Weg zum Menschsein *

In der Psychotherapie gibt es heute viele zum Teil widersprüchliche Richtungen, sogenannte „Schulen". Der praktizierende Psychotherapeut weiß über die wichtigsten Bescheid, aber irgendwann einmal im Zuge seines Wirkens muß er sich für eine oder wenigstens einige davon „entscheiden", und das heißt: sie zu *seiner* Richtung machen, zu dem, was er vertritt, und zwar nicht nur nach außen hin, seinen Klienten gegenüber, sondern auch innerlich aus voller Überzeugung. Wie kommt es jedoch, daß sich der eine Psychologe für die tiefenpsychologische, psychoanalytisch verbrämte Richtung begeistert, während sich der andere der verhaltenstherapeutischen, behavioristisch verbrämten Schule verschreibt, und noch ein anderer die Gestalttherapie oder das Psychodrama vorzieht? Meines Wissens ist dies noch nie untersucht worden, und es scheint mir auch schwer untersuchbar, denn solch existentielle Grundentscheidungen sind sehr persönliche, die mit dem eigenen Menschenbild und Weltbild des Fachmannes zu tun haben. Vielleicht mit etwas, das geistig tief in ihm schlummert seit langer Zeit …

Jedenfalls glaube ich zu ahnen, was bei meiner höchst persönlichen Entscheidung für die Logotherapie von Viktor E. Frankl, der sogenannten „Dritten Wiener Schule der Psychotherapie", der ich angehöre, mit von Bedeutung gewesen sein mag. Ich vermute, es war eines der wenigen Ereignisse aus meiner frühen Kindheit, an das ich mich noch erinnern kann, denn das meiste habe ich vergessen. Und auch dieses Ereignis blieb gut 20 Jahre lang vergessen, bis es während einer Vorlesung von Viktor E. Frankl, der ich als junge Studentin beiwohnte, wieder auferstand in meinem Bewußtsein.

---

* Aus dem Buch „Von heiteren Tagen. Herderbücherei-Autoren erinnern sich …", Jubiläumsband, Verlag Herder, Freiburg 1987.

Um den Zusammenhang verständlich zu machen, muß ich zuerst kurz erläutern, was die zentrale Aussage der Franklschen Logotherapie überhaupt ist. Viktor E. Frankl geht von der *Selbsttranszendenz* des Menschen aus und meint damit die Tatsache, daß der Mensch keinem in sich geschlossenen leib-seelischen Apparat gleicht, der bloß darauf programmiert ist, seine leiblichen und seelischen Funktionen im Gleichgewicht zu halten, und der dann gestört ist, wenn diese Funktionen aus der Balance geraten, sondern vielmehr ein Wesen darstellt, das seine leiblichen und seelischen Funktionen stets in den Dienst einer bestimmten Aufgabe stellen möchte, die sein Leben und Wirken erst sinnvoll macht. Oder anders ausgedrückt: Der Mensch ist offen, offen zur Welt, offen für das, was er in dieser Welt aufbauen und verändern will, offen für etwas außerhalb seiner selbst Liegendes, an das er sich mit ganzer Kraft hingibt, dem er sich „in Liebe weiht". Der Mensch braucht einen Sinn, auf den hin er sich selbst überschreitet.

Die Selbsttranszendenz bringt mit sich die seelische Stabilität, und zwar aus folgendem Grund. Würde der Mensch andauernd sich selbst und sein eigenes Wohlergehen im Blickfeld haben, müßte er in einem Dauerspannungszustand leben. Ununterbrochen müßte er Angst haben. Angst um sich selbst. Denn ununterbrochen ist sein Selbst in Gefahr, diesbezüglich können wir uns keinen Illusionen hingeben. Ginge es uns im letzten wirklich nur um die Aufrechterhaltung des inneren Gleichgewichts und des eigenen Wohlergehens, schwebten uns unablässig Fragen auf den Lippen wie: „Werde ich Erfolg haben?", „Werde ich glücklich werden?", „Ist man mit mir zufrieden?", „Wird mir für das Gute, das ich tue, gedankt?", „Wird mir das Böse, das ich tue, angekreidet?" und so fort. Fragen, die zwangsläufig eine Dauerspannung erzeugen, weil sie niemals zur Gänze befriedigend beantwortbar sind.

Weil aber der Mensch kraft seiner Fähigkeit zur Selbsttranszendenz über sich selbst hinausschauen kann, indem er sich der Verwirklichung eines sinnvollen Vorhabens widmet oder auf andere Menschen hinorientiert, wird er ruhig und gelassen, die Spannung fällt von ihm ab. Was macht es schon aus, wenn er keinen Erfolg hat, nicht immer glücklich ist, wenn ihm nicht für alles gedankt, aber auch nicht alles angekreidet wird? Er dient seiner selbsterwählten Aufgabe, er ist da, wenn der Nächste ihn braucht, und damit soll es gut sein. Er lebt ein sinnvolles Leben, was kann ihm dann noch passieren? Wer „das Seine“ getan hat, dem kann niemand und nichts mehr etwas anhaben. Wer sich „selbstlos“ an die Welt verliert, für den verliert die Welt ihren Schrecken.

Soweit die Erkenntnisse der Logotherapie. Und nun zu dem Ereignis aus meiner Kindheit, von dem ich berichten möchte. Es muß 1946 oder 1947 gewesen sein. Wien war zerbombt, aber das fiel mir als Vorschulkind natürlich nicht auf. Es war sogar ganz lustig, über die Schutthaufen zu klettern und mit „echten“ Bausteinen aus altem Ziegelgemäuer zu spielen. Daß alle Mütter von der ständigen Furcht geplagt wurden, wir Kinder könnten beim Herumstöbern auf eine verirrte Mine steigen, die noch in irgendeinem Bombentrichter herumlag und darauf wartete, bei der geringsten Erschütterung hochzugehen, gehört genauso zum Couleur der damaligen Zeit wie die regelmäßigen Begräbnisse von Kindergartenfreundinnen von mir, welche an Unterernährung und Schwäche hinwegstarben.

Gut erinnere ich mich an die rußgeschwärzten Kerzen auf unserem Wohnzimmertisch, die an den dunklen Winternachmittagen und -abenden den kärglich eingerichteten Raum schaurigschön beleuchteten, wenn wieder einmal die Stromversorgung zusammengebrochen war. Heute noch liebe ich das Kerzenlicht, weil es mir ein so anheimelndes Gefühl des „Daheimseins“ vermittelt, des Geborgenseins im Schoß der Familie, und sei es draußen vor den Fenstern noch so unwirtlich und frostig.

Meine Familie bestand damals aus meinen Eltern, meinen Großeltern mütterlicherseits, deren Wohnung im Krieg abgebrannt war, und mir, also fünf Personen. Daß zwei Zimmer als Lebensraum dafür knapp sind, habe ich bis zu meinem Abitur nicht registriert. Denn mit dem Begriff „Wohnung“ verband ich in Gedanken hauptsächlich unseren großen, schweren Wohnzimmertisch, an dem wir alle, wenn wir zu Hause waren, zu sitzen pflegten, jeder an seinem angestammten Platz. Da wurde gelesen, gegessen, genäht, gebastelt, da wurden später meine gesamten Hausaufgaben geschrieben, immer zwischen Aufdekken und Abräumen, Anklecksen und Saubermachen. Da wurde auch miteinander *gesprochen* – wie war das schön, das Gespräch miteinander in Freud und Leid, da wurde geteilt und mit-geteilt, und niemand war jemals allein. Ja, der große Tisch war unsere lebendige Wohnung, der Rest aus Betten und Schränken nur tote Staffage. Hintergrundkulisse für das Herz der Familie.

An so einem Abend muß es gewesen sein, als die Kerzen brannten, der Wind vor den recht undichten Fenstern heulte, was sich daran zeigte, daß die Vorhänge mit dem flackernden Kerzenschein um die Wette schaukelten, und wir alle um den großen, schweren Wohnzimmertisch herumsaßen. Doch halt, wir waren nicht komplett, mein Vater fehlte noch. Er kam spät von der Arbeit im Bundeskanzleramt, wo er auf Grund seiner vielfältigen Sprachkenntnisse nach dem Krieg einen Posten bekommen hatte. Später als sonst? Möglich. Vielleicht war meine Mutter bereits etwas besorgt, denn es gab ja noch kein Telefon, über das er eine verzögerte Rückkehr hätte ankündigen können, und die Zeiten waren unsicher. Leute wurden wegen fünf Schillingen in der Tasche umgebracht. Doch ich muß gerecht bleiben: Die Zeiten waren nicht unsicherer als heute, eventuell waren sie sogar noch um eine Nuance menschlicher, denn wenn man schon raubte, dann aus Hunger und Verzweiflung. Heute wird auch wegen ein paar Mark oder wegen gar nichts getötet, aus Spaß und Langeweile …

An jenem besagten Abend hatte es glücklicherweise einen erfreulichen Grund, daß mein Vater spät heimkam. Er hatte etwas „organisiert“. Feierlich öffnete er seine mehrfach zusammengeflickte Aktentasche und holte zwei Orangen heraus. Die ersten Orangen, die ich in meinem Leben sah! Natürlich habe ich keine Vorstellung, wie und wo er sie aufgetrieben hatte – falls es in der Familie besprochen wurde, dann habe ich nicht hingehört. Ich wollte nur eines: damit Ball spielen, aber schnell wurde ich belehrt, daß „Bälle“ solcher Art einem anderen, mehr prosaischen Zweck dienen. Es kann sein, daß meine Mutter, die vor dem Krieg zehn Jahre lang Lehrerin gewesen war, die Gelegenheit beim Schopf ergriff, um mir eine Einführung in die Lehre von den Vitaminen zu erteilen, aber auch davon ist damals gewiß nichts bei mir hängen geblieben, so aufgeregt waren wir alle über das unerwartete Geschenk.

Danach wurde es noch feierlicher. Die Orangen wurden in die Mitte des Tisches gelegt, und während wir die Linsen- oder Brotsuppe, die es fast täglich als Abendbrot gab, auslöffelten, hingen unser aller Blicke an den mild glänzenden Früchten, die eine leckere Nachspeise versprachen. Wie lange hatten meine Großeltern und Eltern schon Hunger gelitten und gedarbt? Sieben, acht, neun Jahre? Es war kein Thema bei uns zu Hause, aber unausgesprochen stand es wohl in ihren mageren Gesichtern und umrandeten Augen geschrieben.

Endlich war es soweit. Die Teller waren in die Küche gewandert, der Tisch war wieder sauber abgewischt, da nahm mein Vater ein Messer und schälte behutsam die beiden Orangen, damit kein Tropfen ihres kostbaren Saftes verlorenging. Nach dieser Zeremonie trennte er vorsichtig die einzelnen Spalten ab, zählte sie, dividierte sie durch fünf und legte vor jeden von uns, die wir gespannt um den großen, schweren Tisch herumsaßen, das abgezählte Häufchen Orangenspalten hin, das einem Fünftel entsprach.

Was dann geschah, verschmolz zu jenem unauslöschlichen Bild, das sich tief bei mir eingebrannt hat. Zunächst herrschte Stille und jeder sah begehrlich auf sein „Häufchen" nieder. Dann begann einer – und ich weiß nicht einmal mehr wer – sein Häufchen mit einer schlichten, einfachen Handbewegung zu dem meinigen herüberzuschieben. Der nächste folgte, und der nächste. Oma und Opa, Mutti und Papa schoben stillschweigend ihre abgezählten Orangenspalten auf meinen Platz und ich – aß sie alle auf einen Sitz! Sie schmeckten himmlisch, und ich machte mir als vier- oder fünfjähriges Kind nicht die geringsten Gewissensbisse daraus, der zuschauenden Familie vorzuschwärmen, wie saftig und süß sie waren. Aber ich erinnere mich noch an das Lächeln auf den im Kerzenschein fleckigen und vom Hunger gefurchten Gesichtern rundum; es war ein Lächeln der Freude.

Wie gesagt, dieses Bild hat sich tief bei mir eingebrannt. Es sank auf den Grund meiner Seele und ruhte dort, bis es 20 Jahre später in einem Hörsaal wieder zum Leben erwachen sollte. Zu diesem Zeitpunkt hatte ich als junge Psychologiestudentin bereits die Werke von Freud, Adler und aus der Pawlowschen Schule mit größtem Interesse durchgelesen und wußte eine Menge über die Macht der Triebe im Menschen, über die zu konditionierenden Reflexe und dergleichen. Da verschlug es mich in die Vorlesung von Viktor E. Frankl, einem kleinen, weißhaarigen Professor, von dem ich bis dahin nichts gehört hatte. Er trat vor uns Studenten, und es war, als spräche er eine andere Sprache als die übrigen Psychologielehrer. Er behauptete, daß der Mensch zwar einerseits ein Tier mit Trieben und Reflexen geblieben sei, doch andererseits sich über das Animalische in sich selbst erheben könne, sich selbst *tran-*

szendieren könne in der Hingabe an eine Aufgabe und in der Liebe zu anderen Menschen. Ja, daß der Mensch in Wahrheit ganz Mensch nur dort wird, wo er sich unterordnet einem ihm aufgetragenen und ihm abverlangten Sinn, den es zu erfüllen gilt, der ihn aber zugleich beglückt und durchdringt und erspüren läßt, wozu er auf der Welt ist.

Der kleine, weißhaarige Professor hatte kaum zehn Minuten gesprochen, da erstanden vor meinem geistigen Auge wieder der alte Tisch, die rußigen Kerzen und vier Personen, die einem Kind Orangenspalten zuschieben, die sie selbst bitter benötigen ... plötzlich wußte ich: der Professor hat recht. Die Selbstranszendenz des Menschen gibt es, mehr noch, sie ist das menschliche Spezifikum, das uns erst *Mensch sein* läßt. Eine Psychologie, die dies übersieht, kennt den Menschen nicht.

Heute sind sie alle tot, meine Großeltern und meine Eltern. Doch daß sie nicht mehr unter uns weilen, nimmt ihnen nichts weg von dem, was sie getan haben. In der Ewigkeit ist die Handbewegung, mit der sie einst die Früchte ihres Lebens zu mir herüber geschoben haben, aufgehoben wie alles andere: unverlierbar. Hätte ich ohne sie meinen Weg als Psychologin zu den Herzen meiner Mitmenschen gefunden?

Vielleicht.

Vielleicht auch nicht.

Teil I:
Logotherapeutische Hilfe in der Erziehung*

* Dieser Buchtitel ist eine Neuauflage der wichtigsten Kapitel des vergriffenen Buches „Auch deine Familie braucht Sinn“ von Elisabeth Lukas, Verlag Herder, Freiburg, 2 Auflagen 1981–1988.

Eine Psychotherapie mit menschlichem Antlitz

Viktor E. Frankl hat die von ihm entwickelte Psychotherapierichtung einmal als eine „Psychotherapie mit menschlichem Antlitz" charakterisiert. Und zwar deshalb, weil in ihrem Zentrum das Menschlichste des Menschen steht: die „geistige Dimension des Menschen" und damit unser aller Ringen und Fragen, Suchen und Sehnen nach Sinn. Knüpfen wir bei diesem Bild des nach Sinnerfüllung strebenden Menschen an. Allein das Sichtbarmachen solchen Strebens bedarf einer spezifischen Vorgangsweise, denn Sinnerfüllung ist kein Zustand, der mit Befriedigung festgestellt wird, sondern so etwas wie eine positive Sphäre, die das Leben eines Menschen umgibt und durchdringt und ähnlich wie „die Gesundheit" sich eigentlich nur dann bemerkbar macht, wenn sie fehlt. Aber selbst dann, wenn sie fehlt und sich also ganz erheblich bemerkbar macht, ist den wenigsten Menschen bewußt, *was* ihnen fehlt, sondern sie klagen vielmehr über die Folgeerscheinungen dieses Fehlens, wiederum vergleichbar der Gesundheit, deren Fehlen weniger wahrgenommen wird als die in der Folge einsetzenden Schmerzen. Wie in der Logotherapie vorgegangen wird, soll das folgende Beispiel zeigen:

Fall Nr. 1:
Es handelte sich um eine Frau mittleren Alters, die schon jahrelang an Depressionen litt und mitunter sogar Selbstmordgedanken hegte. Vom Nervenarzt bekam sie ständig Aufmunterungstabletten, sogenannte Energizer, verschrieben, doch hatte sie keine besondere Lust, diese regelmäßig einzunehmen, und alles in allem freute sie das Leben überhaupt nicht.

Wenn man einen solchen Patienten vor sich hat, muß man sich hüten, voreilige Diagnosen zu stellen, denn Depressionen können einen verschiedenen Ursprung haben. Die klassische Psychologie unterschied *endogene* und *exogene* Depressionen, wobei endogen bedeutet, daß die Depression in Zusammenhang mit einer organischen Krankheit des Zentralnervensystems steht, und exogen bedeutet, daß keine organische Krankheit vorliegt, sondern die Depression eine pathologische Reaktion auf äußere schwerwiegende Veränderungen darstellt, wie es zum Beispiel der Verlust eines Arbeitsplatzes ist. Es gibt aber auch eine Form von sogenannter *noogener* Depression, die lange unbekannt blieb, weil die geistige Dimension des Menschen für die Psychologie noch unentdeckt war, und die praktisch auf eine Unterforderung dieser geistigen Dimension zurückgeht. Wieder war es Frankl, der nicht nur diese noogene Depression entdeckte, sondern auch entschieden darauf hingewiesen hat, daß ähnliche psychische Krankheitsbilder gänzlich unterschiedliche Krankheitsursachen haben können und dementsprechend anderer therapeutischer Hilfe bedürfen.

Es war deshalb meine Pflicht, bei der Patientin mit den langjährigen Depressionen zunächst zu klären, ob nicht ein endogener oder exogener Faktor mitspiele, oder ob es sich um eine noogene Depression handle. Eine endogene Erkrankung konnten wir zum Glück ausschalten, da dies ärztlicherweise verneint wurde, und auch nicht die dafür typischen Anzeichen wie z. B. starke Beschwerden am Morgen mit extrem trockenem Mund u. a. vorhanden waren. Exogen ließ sich schließlich auch keinerlei Anhalt finden, wodurch die Depressionen ausgelöst worden sein könnten, denn im Leben dieser Patientin war es recht ruhig, gleichmäßig und spannungsfrei zugegangen, sie war gut verheiratet, hatte keine Kinder zu versorgen, brauchte nicht zu arbeiten, hatte ein hübsches Heim und relativ wenig Sorgen.

So paradox es klingt, aber wenn es jemandem so besonders gut geht über längere Zeit, dann liegt der Verdacht einer noogenen Verstimmung, das heißt, einer geistigen Unterforderung, immer recht nahe. Ich ließ mir deswegen von der Patientin ihren Tagesablauf schildern, was sie denn so mache, und führte sie selbst zu der Feststellung, daß sie eigentlich keinen Grund zum Traurigsein habe, denn praktisch könne sie weitgehend tun und lassen was sie wolle, und Tausende Menschen würden sie darum beneiden. Diese Einsicht änderte natürlich nichts an der Tatsache, daß sie in ihrem depressiven Zustand todun-

glücklich war. Nun führte ich sie behutsam weiter, indem ich sie fragte, ob es ihr immer schon so gut gegangen sei, oder ob sie auch einmal eine Zeit der Not kennengelernt habe. Sofort erinnerte sie sich an einen Zeitabschnitt von ungefähr drei Jahren, in welchem sie wegen einer schweren Krankheit ihrer Schwester gebeten worden war, deren Haushalt zu übernehmen und deren Mann und zwei große Söhne mitzuversorgen.

Fast mit Schaudern dachte sie daran zurück, daß der Mann und die beiden Söhne beim Essen so schwierig gewesen wären, daß sie manchmal dreierlei Essen hatte auf den Tisch stellen müssen. Auch hatte sie die gesamte Wäsche und das Putzen des Einfamilienhauses ihrer Schwester mitübernommen und war in diesen drei Jahren vor lauter Arbeit kaum zu ihrem eigenen Haushalt gekommen.

Wir hatten also im Gespräch einen deutlichen Gegensatz herausgestellt, nämlich das Sich-gut-gehen-lassen-Können ihres gegenwärtigen Lebens und die Schwierigkeiten und Sorgen dieser drei Jahre, in denen sie für die Schwester eingesprungen war. Und nun brauchte ich nur noch die zentrale Frage zu stellen: Was war mit den Depressionen während der drei schweren Jahre gewesen, in denen sie so viel hatte arbeiten müssen?

Nun, die Patientin war selbst verblüfft, denn an Depressionen in dieser Zeit konnte sie sich überhaupt nicht erinnern. Nein, so sehr sie nachdachte, die Depressionen waren langsam entstanden, als die Schwester wieder gesund war, und sie selbst wieder wenig zu tun hatte.

Die Patientin war in diesem Gespräch sehr nachdenklich geworden, denn zum erstenmal war ihr eine Vermutung aufgedämmert, die sie früher nie geahnt hätte, nämlich daß da ein Zusammenhang bestehen könnte zwischen ihrer Auslastung und ihrer Gemütsverfassung. Bisher hatte sie stets den Schluß gezogen, daß, nachdem es ihr im Leben sehr gut ginge, sie aber keine Freude am Leben empfinden könne, sie krankhaft, abnormal, ja geradezu verrückt sein müsse, und das hatte ihre Depressionen verständlicherweise verschärft; nun aber konnte ich ihr etwas anderes beweisen, daß nämlich gerade das Gutgehen kein ausreichender Indikator für innerliche Zufriedenheit ist, und daß mitunter Arbeit, Sorge und Mühe wesentlich stabilere Gemütszustände erzeugen.

Oft ist es schon der erste fruchtbare Ansatz einer Therapie, dem Patienten klarzumachen, daß seine noogen depressive Verstimmung *keine* Abnormität, sondern eine ganz normale und klar erkennbare Reaktion auf eine geistige Unterforderung ist und eigentlich nur anzeigt, *daß* da eben geistige Kräfte vorhanden sind, die auch betätigt werden wollen, daß ein überschüssiges menschliches Potential brachliegt und nicht ausgenützt wird, und dadurch das ganze Leben sinnlos erscheint, weil die Zielsetzung des einzelnen Tages, aber auch des gesamten Wirkungskreises fehlt.

„Ich habe immer das Gefühl, ich bin für gar nichts gut", sagte die Patientin, als sie erkannt hatte, was ich ihr zeigen wollte, „niemand braucht mich wirklich, und nichts Wichtiges geschieht durch mich."

Ja, das ist es, was der Mensch sucht: gebraucht zu werden, für etwas gut zu sein, nicht nur genießen und so dahinleben, das ist ihm einfach zu wenig, das verträgt er psychisch überhaupt nicht. Die Erkenntnis des eigenen Strebens und Ringens nach Sinnerfüllung ist schon der erste Schritt in ein gesundes und zufriedenstellendes Leben!

Als unsere Patientin dies verstanden hatte, blieb uns noch die gemeinsame Aufgabe, etwas zu suchen, das ihrem Leben einen neuen und zusätzlichen Inhalt zu geben vermochte. Sinn geben, das kann niemand, auch nicht der Therapeut, denn jeder muß selbst herausfinden, was ihm persönlich Sinn gibt und seinen ganz speziellen Platz im Leben bedeutet, aber bei der Sinnsuche helfen, das kann der Logotherapeut sehr wohl. Deswegen ließ ich mir von der Patientin ausführlich erzählen, wie sie denn damals den Haushalt und die Verköstigung der vielen Personen geschafft hatte, als sie für ihre Schwester eingesprungen war. Stolz erwähnte sie, daß sie eine gute Köchin sei, sonst hätte sie nie so viele verschiedene Gerichte für jeden Geschmack in relativ kurzer Zeit herstellen können, und fast habe man ihren Kochtöpfen nachgeweint, als die Schwester wieder in ihre Familie kam und das Kochen selbst übernahm. Nun fragte ich die Patientin, ob sie eventuell bereit wäre, wieder für andere Leute zu kochen, aber sie meinte sofort, sie habe es ja gar nicht nötig, ihr Mann verdiene genug. Daß es nicht um den Gelderwerb ging, sondern um die Reduzierung ihrer noogenen

Depression, war eine Vorstellung, die sich erst allmählich bei ihr festigen mußte. Doch eines Tages fanden wir das Richtige: Die Frau bekam die Möglichkeit, im Sozialdienst bei der Aktion „Essen auf Rädern" ehrenamtlich mitzuhelfen. Sie trug Essen aus an alte und behinderte Menschen, und als sie hörte, daß manche ihrer Schützlinge nur noch Diätkost vertragen würden, stellte sie sich öfter selbst in die Großküche und half mit, Speisepläne zu entwerfen, Suppen zu würzen oder Salate anzurichten.

*Seither sind fast drei Jahre vergangen**, *aber die Depressionen der ehemaligen Patientin sind nicht mehr zurückgekommen, und ich glaube, sie werden auch nicht wiederkommen. Denn diese Frau hat etwas zu ihrer Aufgabe gemacht, das zu den wertvollsten und schönsten Zielsetzungen im Leben überhaupt gehört, nämlich das* Da-Sein für andere Menschen. *Wer für andere da ist, bleibt selbst psychisch gesund, diesen Zusammenhang sehen wir immer wieder in der psychologischen Praxis und verstehen ihn auch im Sinne des logotherapeutischen Menschenbildes, das die Selbstsucht als Grundmotiv des Menschen in der Psychologie endgültig überwunden hat.*

Dieses einfache Beispiel der Behandlung einer noogenen Depression mag als Verständnisgrundlage dienen, um eine der wichtigsten Konsequenzen in der Psychotherapie, nämlich die von Frankl entwickelte psychotherapeutische Methode der *Dereflexion* zu besprechen.

Dereflexion ist sozusagen das Gegenteil von Selbstreflexion, sie bedeutet also ein Abwenden von jeder Selbstbeobachtung, von jedem Sich-selbst-wichtig-Nehmen, von allem gedanklichen Kreisen um das eigene Ich. Hier kommen wir jedoch in Konflikt mit dem „Zug der Zeit", denn der heutige Trend läuft eher dahin, sich selbst sehr stark in den Mittelpunkt zu stellen, die eigenen Bedürfnisse sehr wichtig zu nehmen und nach Möglichkeit durchzuboxen, und leider auch das Selbst in fast abgöttischer Weise zu lieben.

Daß dies eigentlich nicht im Sinne der Natur des Menschen ist, erzählt uns eine Grenzwissenschaft, die in den letzten Jahren große Fortschritte gemacht hat, nämlich die Psychosomatik.

* Text verfaßt 1981.

Psychosomatische Beschwerden, an denen ein hoher Anteil der Bevölkerung heute leidet, sind keine eingebildeten Beschwerden, sondern oft sogar sehr schmerzhafte und heftige körperliche Beschwerden, für die jedoch eine organische Grunderkrankung fehlt. Und die psychosomatisch erkrankten Menschen sind bei weitem keine Hypochonder, auch wenn sie von den Ärzten, die nichts finden können, manchmal so hingestellt werden, sondern Menschen, die an ihrer Erkrankung leiden und oft sehr verzweifelt sind. Nun zeigt sich bei psychosomatisch gestörten Menschen immer wieder eines, nämlich daß sie ihren eigenen Körper und den jeweiligen Zustand ihres Wohlbefindens sehr stark *beobachten* und schon die geringste Veränderung ängstlich registrieren. Gerade das aber führt die psychosomatischen Beschwerden verstärkt herbei, was ich an einem Fall von Herzneurose demonstrieren möchte.

Fall Nr. 2:
Zu mir kam eine junge Frau, die wegen wiederkehrender Anfälle von „Herzrasen“ bei verschiedenen Ärzten gewesen war und überall nur bestätigt bekommen hatte, daß das EKG in Ordnung und ihr Herz gesund sei. Einzig der Blutdruck war etwas niedrig und instabil, sonst fehlte ihr organisch nichts. Deswegen hatte man sie schließlich in die psychotherapeutische Praxis „abgeschoben“, und sie kam zu mir.

Ich veranlaßte sie zunächst einmal, genau Buch zu führen, wann das Herzrasen auftrete und was sie unmittelbar vorher getan und gedacht habe. Schon nach wenigen Wochen war erkennbar, daß die Anfälle von Herzklopfen meistens in Ruhepausen auftraten, z. B. vor dem Fernseher oder wenn sie abends im Bett las, also keineswegs etwa nach einer körperlichen Überanstrengung oder bei irgendeiner seelischen Aufregung. Die genauere Untersuchung des Phänomens ergab folgenden Zusammenhang: Ihr etwas labiler Blutdruck dürfte gelegentlich in solchen Ruhepausen etwas absinken, woraufhin sich automatisch die Herzfrequenz etwas steigert, um die Blutzirkulation aufrechtzuerhalten. Das ist bei jedem Menschen so, es handelt sich um eine ganz normale Kreislaufkompensation. Aber unsere Patientin hörte besonders feinfühlig in sich selbst hinein und beobachtete ihren Herzschlag übergenau, wodurch sie diese leichte Herzfrequenzsteigerung überhaupt erst bemerkte.

Wenn sie dies aber bemerkte, dann war sie sofort sicher, alsbald wieder einen schweren Herzanfall erleiden zu müssen, was ihre Angst extrem in die Höhe trieb. Angst bedeutet jedoch physiologisch eine Reizung des sympathischen Nervensystems, die unter anderem die Herzfrequenz nochmals um einiges steigert. Sowie sie nun spürte, daß das Herz noch schneller klopfte, fühlte sie sich in ihrer Angst bestätigt, es näherte sich ja offensichtlich tatsächlich ein Anfall, sie geriet in panische Angst und trieb sich auf diese Weise mehr und mehr selbst in den Herzanfall hinein.

Man sieht, es muß nicht immer eine großartige seelische Ursache, ein verdrängtes Trauma, eine schlechte Kindheit, ein schwerer Schock u. dgl. angenommen werden, um psychophysische Störungen zu erklären, es können auch kleine, zufällige Ursachen große Wirkungen haben. Das Beispiel mit der Herzneurose ist in zweierlei Hinsicht sehr lehrreich, denn es zeigt zum einen, daß die Selbstbeobachtung und das ständige in sich selbst Hineinhorchen gar nicht gesund, ja sogar zum Teil gefährlich ist, und zum anderen, daß, biologisch betrachtet, Ruhe und Schonung nicht in jedem Fall das Beste ist. Es ist nämlich eine besondere Tragik, daß Herzneurotiker wie diese Patientin dazu neigen, sich übermäßig zu schonen, um bloß keinen Anfall heraufzubeschwören, also weder Sport treiben noch sich vermehrt körperlich anstrengen, was alles geradezu kontraindiziert ist. Im Gegenteil, es würden sich ihr Blutdruck und ihre Herzregulation sofort stabilisieren und normalisieren, wenn sie sich viel bewegen würden, und schon ein paar Kniebeugen könnten bei leichtem Abflachen des Blutdrucks mit darauffolgender Herzfrequenzsteigerung genügen, um den gesamten Kreislauf wieder in Ordnung zu bringen. Aber das Grundproblem liegt ja ganz wo anders, es liegt darin, daß diese Patientin nicht über sich selbst hinweg blicken kann, sich nicht mit etwas anderem so intensiv beschäftigt, daß sie das bißchen Herzklopfen übersieht, überhaupt nicht merkt, gar nicht registriert oder jedenfalls für unwichtig nehmen kann. Denn das allein würde ihre Angst von vornherein verhindern, der Herzschlag würde sich einpendeln, und es würde überhaupt nichts passieren.

Nun, es gibt verschiedene Ansätze in der Psychotherapie, um Angst zu reduzieren, doch im psychosomatischen Bereich hat sich die Dereflexion von Frankl sehr bewährt. Das Leitmotiv dieser psychotherapeutischen Methode ist es, dem Patienten zu vermitteln: „Denk nicht an Dich, vergiß Dich, Dein Körper macht alles ganz von allein automatisch richtig, wenn Du ihm nicht dazwischenfunkst und ihn nicht störst!"

Dieses Leitmotiv kann nur auf indirektem Weg vermittelt werden, denn jemandem zu sagen, woran er *nicht* denken soll, ist keine Hilfe, man muß einen anderen, und zwar einen sehr bedeutsamen Denkinhalt vorgeben, um die Aufmerksamkeit des Patienten dorthin zu lenken und sie dadurch von seinem Selbst abzulösen.

Es ging also bei unserer Patientin darum, etwas zu finden, womit sie sich gedanklich beschäftigen konnte, wenn sie wieder eine leichte Herzfrequenzsteigerung verspürte. Dabei genügte aber keineswegs irgendeine Ablenkung, z. B. wenn man ihr raten würde, sie solle bei Eintritt der Beschwerden beginnen, ein Kreuzworträtsel zu lösen; denn wenn jemand fürchtet, einen Herzanfall zu bekommen, dann interessiert ihn kein Rätsel mehr! In der Dereflexion muß man an einen Wert mit Sinnerfüllungscharakter herankommen, an etwas, dem zuliebe der Patient bereit ist, sich selbst in den Hintergrund zu stellen und sein eigenes Befinden einfach zu übersehen.

Ich suchte deshalb nach jenem Inhalt im Leben dieser jungen Frau, der ihr am meisten bedeutete, und es stellte sich heraus, daß dies ihr Mann war. Sie war erst seit kurzem verheiratet, und sie erzählte mir, daß sie in den gemeinsamen Stunden mit ihm so glücklich sei, daß sie die ganze Welt vergessen könnte und auch – sich selbst. Nun vereinbarte ich mit diesem Manne, der ja auch an einer Wiederherstellung seiner Frau interessiert war, daß sie ihn immer dann, wenn sie das Gefühl habe, es könnte sich ein Herzanfall nähern, anrufen oder, wenn er zu Hause war, ein Gespräch mit ihm beginnen sollte, wobei sich das Gespräch jedoch um alles, nur nicht um ihre Krankheit drehen dürfe. Die Frau bekam den Auftrag, „ob das Herz klopfe oder nicht", sich ganz auf ihren Mann einzustellen, an seine Sorgen zu denken, ihn zu fragen, wie es ihm gehe, und sich an seiner Stimme zu erfreuen. Ihm zuliebe solle sie den Herzanfall Herzanfall sein lassen und nur an ihre glückliche Partnerschaft und ihre gemeinsamen Pläne denken.

Die Frau versuchte es, der Mann half ihr dabei, und es war überra-

schend, wie schlagartig die Herzbeschwerden aufhörten, und wie sehr sich die beiden jungen Menschen darüber freuten. „Mein Mann ist meine beste Medizin“, sagte die junge Frau zu mir, als sie wieder einmal in der Praxis war. Immer noch ist ihr Blutdruck nicht ganz in Ordnung, obwohl ich sie mittlerweile auch zu mehr sportlicher Aktivität überreden konnte, was ihrem Kreislauf sehr gut bekommt, aber sie hat wieder Vertrauen zu ihrem Körper gefaßt und keine Angst mehr vor einem plötzlichen Herzrasen, das auch nicht mehr auftritt. Seit ein paar Monaten erwartet sie nun ihr erstes Kind und ist so ausgefüllt mit Vorfreude und Vorbereitungen, daß sie, wie sie sagt, für Herzanfälle „sowieso keine Zeit mehr hat“. Das Leitmotiv der Dereflexion ist durchgedrungen, sie beobachtet sich nicht mehr krampfhaft, und die psychosomatische Störung ist verschwunden.

Auf ähnliche Weise kann man bei anderen psychosomatischen Störungen helfen, zum Beispiel bei nicht organisch bedingten Potenzstörungen oder bei den sehr verbreiteten Einschlafstörungen.

In den meisten Fällen von psychogener Potenzstörung oder Frigidität spielt dieselbe ungesunde Selbstreflexion, die wir bei dem eben besprochenen Fall erlebt haben, eine kausale Rolle. Ein Mann will seine Erektion erzwingen, oder eine Frau ihren Orgasmus, beide beobachten sich schon während des ganzen Liebesspieles, denken nur an ihren eigenen Körper, ob sie wohl etwas spüren, sind enttäuscht, daß sich nichts tut, bekommen es vielleicht mit der Angst zu tun, daß sie in ihrer Geschlechtsrolle nicht vollkommen seien, also kein „richtiger Mann“ oder keine „richtige Frau“ seien, versuchen es noch verkrampfter zu erzwingen, und natürlich geht es nicht. Die ärztlichen Praxen sind heute voll mit solchen Patienten, und oft gibt es zusätzlich große Dramen in der Ehe, Partnerschaft und Familie.

Daß es auf breiter Ebene zu diesen Störungen kam, dafür ist zum allergrößten Teil die vermarktete Aufklärungswelle verantwortlich, die uns seit Jahrzehnten mit einer Überbewertung des Sexualaktes überschwemmt, wodurch der Eindruck entsteht, das Leben sei nicht mehr lebenswert, wenn man nicht fast täglich einen sexuellen Höhepunkt erlebe. Die Leute sind verunsichert und beginnen sich zu beobachten, es kommt zu einer „Hyperreflexion“ und „Hyperintention“ der Sexualität, wie Frankl es ausdrückt, jeder will mehr und mehr sexuell erleben, nachdem ihm dies als unbedingt erforderlich eingetrichtert worden ist. Aber der menschliche Organismus ist nicht auf dauernde Lustproduktion angelegt, und vor allem ist menschliche Sexualität nicht einfach trennbar von einer *personalen Liebesbeziehung*. Die körperlichen Funktionen, die sich bei einer Liebesbeziehung ganz automatisch und von selbst ergeben, werden bei einer Aufmerksamkeitsreduktion auf den eigenen Lustgewinn und bei einer isolierten Hyperstimulation sofort gestört und lassen sich nicht mehr erzwingen. Frankl, der diese Zusammenhänge schon bei Beginn dieser unglücklichen soziologischen Entwicklung erkannte, pflegte seine potenzgestörten Patienten damit zu heilen, daß er ihnen für gewisse Zeit den Koitus sogar untersagte, sie aber dafür anhielt, bei den Liebesspielen wieder an den Partner zu denken und nicht an den eigenen Lustgewinn, sich dem Partner liebend hinzugeben und nicht den eigenen Körper zu beobachten. Meistens konnten diese Patienten das Koitusverbot dann gar nicht lange einhalten, weil die automatischen Körperfunktionen bei der Dereflexion von selbst regenerieren.

Auch die Einschlafstörungen zeigen vielfach dieselbe Genesis, nämlich daß jemand abends im Bett daran denkt, wann er endlich einschlafen könne, sich selbst beobachtet, ob ihm wohl schon bald die Augen zufallen, und letzten Endes den Schlaf erzwingen will, was praktisch nicht funktionieren kann, weil allein das Beobachten, Denken und Grübeln über das Einschlafen den Betreffenden wachhalten. Auch hier kann der dereflektorische Ansatz ausgezeichnet helfen, indem dem Patienten geraten wird, sich nicht um seinen Schlaf zu kümmern, sondern etwas ganz anderes zu überdenken. Welcher Denkinhalt dann therapeutisch gewählt wird, das steht wieder im Zusammenhang mit der *Sinnfrage,* denn was dem Patienten nicht wichtig und sinnvoll genug erscheint, das wird ihn auch nicht von seiner gesteigerten Selbstbeobachtung weglocken können. Findet man jedoch den richtigen Denkinhalt, der für den Patienten hinreichend bedeutungsvoll ist, dann ist der Patient meist schneller eingeschlafen, als er eigentlich möchte, weil er seine Müdigkeit vergißt.

Es ließe sich noch manches dazu sagen, doch worauf es mir ankommt, ist, aufzuzeigen, daß ein Menschenbild, das den Menschen als ein sinnorientiertes Wesen mit einer geistigen Dimension darstellt, nicht mehr den Menschen allein auf sein Selbst zentrieren kann! Die fundamentalste Konsequenz aus dem logotherapeutischen Menschenbild ist die Erkenntnis der sogenannten *„Selbsttranszendenz“* des Menschen, das heißt: der Mensch greift in seinem Denken, Fühlen und Handeln immer zugleich über sich selbst hinaus, in seine Umwelt, zu seinen Mitmenschen, hinein in das vielfältige Reich der Möglichkeiten, von denen er einige wenige realisieren möchte. Und tut er dies nicht, klebt er am eigenen Befinden, an der eigenen Lustbefriedigung, an der Beobachtung eigener körperlicher oder seelischer Zustände, ja, nimmt er überhaupt nur sich selbst wahr und wichtig, dann ist er krank, dann kommt es zu einer so radikalen Einengung seines persönlichen Gesichtsfeldes, daß er dies weder psychisch noch physisch verträgt, dann rebelliert alles in ihm, sein Verstand, seine Emotion und auch die automatische Regulation seiner Körperfunktionen.

Hierin begründet sich auch die enorme Gefährdung durch eine Wegwerf- und Überflußgesellschaft, wie wir sie in den westlichen Ländern hatten und teilweise noch haben. Je weniger Arbeit im weitesten Sinne dem einzelnen abverlangt wird, je weniger Sorgen er sich zu machen braucht, je mehr ihm zur reinen Konsumation angeboten wird, und je passiver seine Freizeitinteressen sich gestalten, desto weniger Mobilisierungshilfen gibt es für seine Selbsttranszendenz; im Extremfall sitzt er mit vollem Bauch und dickem Bankkonto in seiner Luxuswohnung und weiß nicht, was er sich noch wünschen soll, weil alle seine Wünsche finanzierbar sind. Ein solcher zielloser Endzustand kommt schon fast einem Verlust des Mensch-Seins gleich, weil alle kognitiven Verbindungslinien zur Welt und zum Leben nach dem Wörtchen „ich“ abgeschnitten sind, und die eigene Existenz absolut sinnlos erscheint. Niemand kann nur existieren, um seine eigene Existenz möglichst angenehm aufrechtzuerhalten, das widerspricht dem geistigen Niveau des Menschen.

Selbst Kinder und insbesondere junge Menschen brauchen das Verstehen eines Sinnzusammenhanges, sowohl bei ihrer Arbeit als auch beim Spiel, in der Familie wie in der Gemeinschaft, und der Protest der heutigen Jugend, der uns oft erschüttert und in den schrecklichsten Formen begegnet, könnte seine Wurzeln in diesem Problem haben.

Man muß bedenken, wie anders etwa Kinder in ländlichen Verhältnissen aufwachsen als in der Großstadt. Kinder, die in die Landwirtschaft integriert sind, helfen von klein auf bei der Arbeit, aber sie wissen von Anfang an, immer und überall, warum und wozu sie dies tun. Wenn sie die Hühner füttern, verstehen selbst die Kleinsten, welchen Sinn dies hat, oder wenn sie bei der Kartoffelernte helfen, ist der Sinn ihres Handelns und des Handelns ihrer Eltern unmittelbar gegeben. Arbeit und Freizeit verschmelzen zu einer Einheit, die sich aus dem Wechselspiel der Kräfte zwischen Anstrengung und Erholung ergibt, aber vom gleichen Sinnzusammenhang durchzogen wird: der Bauer, der den ganzen Tag über auf dem Feld gearbeitet hat, setzt sich vielleicht am Feierabend auf eine Bank vor dem Haus und blickt zufrieden über die Felder, die unter seinen Händen gedeihen.

Ich will das Landleben nicht idealisieren, sondern nur gedanklich herausarbeiten, wie sehr im großstädtischen Leben alles auseinanderklafft und der Sinnzusammenhang gerade für Kinder in Verlust gerät. Die Arbeit ist da von der Freizeit streng getrennt, Arbeit der Eltern bedeutet, daß sie aus dem Haus gehen; Arbeit für die Kinder bedeutet Schulaufgaben machen, deren Notwendigkeit sie nicht immer einsehen können. Als einziger Sinn für das tägliche Weggehen der Eltern wird meist das Geldverdienen angegeben; als einziger Sinn für die Schule wird auch oft den Kindern dargelegt, daß sie etwas lernen müssen, um später einen ordentlichen Beruf zu bekommen, um eben Geld zu verdienen.

Der Sinn des Spieles ist oft nur der, sich selbst zu unterhalten, und die moderne Spielwarenindustrie erzeugt beklagenswert sinnarme Gegenstände: Hunde, die auf Knopfdruck bellen können, Kriegsschiffe, mit denen man den Gegner versenken kann. Autobahnen, auf denen die tollsten Rennwagen im Kreise rasen, oder Marsmenschen mit utopischen Gesichtern, die man auseinandernehmen und wieder zusammensetzen kann. Welchen Sinn soll ein Kind in all dem sehen; es ist meist ganz lustig, sich damit zu beschäftigen, aber allzu schnell auch wieder uninteressant. Wie glücklich waren noch Kinder, die sich z. B. aus einem Ast selbst ein primitives Schifflein schnitzten, um es im Teich schwimmen zu lassen, sie wußten noch, wozu ihre Mühe beim Schnitzen gut war, sie hatten noch ein Ziel vor Augen, da war noch so etwas wie eine kindliche Selbsttranszendenz.

Unsere Wohlstandskinder können oft gar nicht selbstvergessen spielen. Sie wissen auch nicht, warum sie etwa aus Legosteinen einen Turm bauen sollen, den sie am Abend vor dem Fernsehen sowieso wieder zerlegen und aufräumen müssen; viele Spielsachen sind von einem Sinnzusammenhang weit entfernt und stehen nur als nutzlose Ziergegenstände im Kinderzimmer herum.

Sinnentfremdete Arbeit bei den Eltern und sinnentfremdetes Spiel bei den Kindern, wie sollen junge Menschen, die in diesem Milieu aufwachsen, ihr eigenes Leben einmal sinnvoll gestalten können? Das vielgenannte Wort vom Geld-Verdienen zieht bei ihnen kaum, dagegen protestieren sie im Grunde, wenn sie gegen die Ordnung des Establishments Sturm rennen.

Aber damit, daß man etwas verneint, hat man noch keine Lösung gefunden, und so verzweifeln viele junge Menschen heute an ihrer eigenen Sinnsuche, für die sie keine Vorbilder mehr haben in den geänderten Lebensbedingungen ihrer Umwelt.

Kürzlich war in Deutschland ein Artikel in der Zeitung, der sich mit dem Thema „Was tun, wenn Kinder Eltern schlagen?“ befaßte. Diese Frage ist gar nicht so abwegig, denn die Brutalität nimmt auf allen Seiten zu, und die Jugendlichen, über die Medien tagtäglich mit Krimis und Greueltaten gefüttert, werden schon auch tätlich gegen ihre Eltern. Nun wurde ein Soziologie- und Psychologie-Professor, dessen Name mir bekannt ist, zu diesem Thema befragt, besonders dazu, was er den bedrohten Eltern raten würde zu tun. Ich zitiere seine Antwort wörtlich: „Bedrohte Eltern sollen dem Kind schnell eine Vase in die Hand drücken, die es gegen die Wand werfen kann. Das löst seine Aggressionen!“ riet der Professor.

Es ist nicht zu verwundern, daß wir Psychologen keinen guten Ruf haben, denn wer nur ein wenig gesunden Menschenverstand hat, wird sagen: „Um Himmels willen, ist es schon so weit mit uns gekommen?“ Aber das sind die verheerenden Auswirkungen eines Menschenbildes, das den Menschen a priori als ein Sammelbecken aufgestauter Triebregungen dargestellt hat, welche alle nach Möglichkeit abreagiert werden müssen, wobei die geistige Dimension völlig ausgeklammert ist. Die „armen Kinderchen“ haben ihre Aggressionen unbewußt aufgestaut, und wenn sie dann mit dem Messer auf den Vater losgehen oder mit der Faust auf die Mutter, dann müssen eben die Eltern für eine andere Aggressionsabfuhrmöglichkeit sorgen, aber abreagieren müssen sich die Kinder auf jeden Fall ...

Welch ein ungeheuerlicher Denkfehler: Es wird überhaupt nicht mehr gefragt, was zu dem familiären Konflikt geführt hat, oder ob es nicht eine andere Möglichkeit der Konfliktlösung geben könnte, nein, die Aggressionen müssen abfließen, notfalls über Mutters schönste Blumenvase; nur wird dann die Mutter ihrerseits wieder Aggressionen ins Unbewußte verdrängen und *die* wieder eines Tages am Kind abreagieren müssen – das Denkmodell führt sich selbst ad absurdum.

Fall Nr. 3 (Gruppe):
Wir haben in unserer psychologischen Beratungsstelle ein therapeutisches Experiment unternommen mit 6 extrem aggressiven Kindern, die seit langem ihren Eltern große Sorgen bereiteten, weil sie mit ihren Spielsachen nur destruktiv umgehen konnten. Es waren Kinder, die einen neuen Teddybären zwei Tage lang besaßen, dann war dessen Bauch aufgeschlitzt oder ein Bein ausgerissen, Kinder, die ein neues Auto dazu benützten, die Räder abzumontieren und die Antennen abzubrechen, die in den Bilderbüchern die Seiten zerknüllten, und den Bällen die Luft ausließen, Kinder, die nicht spielen, sondern nur zerstören und das Zerstörte in die Ecke werfen konnten.

Wir ließen die Eltern dieser Kinder alle zerstörten und kaputten Spielsachen und deren Bestandteile einsammeln und baten sie, diese Sammlung zur ersten Therapiestunde mitzubringen. Unsere Heilpädagogin wurde nun angeleitet, mit den 6 Kindern ein therapeutisches Werken besonderer Art zu unternehmen, und zwar sollte aus den mitgebrachten kaputten Materialien Stück für Stück etwas Neues, Ganzes und Schönes gebastelt werden, und noch dazu in mühsamer Gemeinschaftsarbeit.

Alle Kinder mußten Ideen beitragen, denn die Dinge sollten nicht einfach repariert, sondern zu neuen Spielsachen kunstvoll zusammengebaut werden. Zum Beispiel wurden aus verschiedenen Puppen und Kleidungsresten Vertreter der wichtigsten Menschenrassen nachmodelliert mit jeweils einem für ihr Volk typischen Gegenstand in der Hand. Die Kinder malten, nähten, feilten, hämmerten, stopften Bäuche aus, zogen Gesichter nach, klebten Hüte und strickten Ministrümpfchen, sie bastelten kleine Strohhütten und überzogen Tierfiguren mit Pelz- und Wollresten. Jeder fertige Gegenstand wurde unter den Kindern ausgelost und dem glücklichen Gewinner geschenkt.

Das Denkmodell, das hinter diesem Versuch stand, war die Einsicht, daß ein *Sinnzusammenhang* für die Kinder hergestellt werden mußte, den sie mit ihren Spielsachen verknüpfen konnten, ein *Wertbewußtsein* über die sie umgebenden Dinge, eine *Aufgabe,* der sie ihre Kräfte im Konstruktiven statt im Destruktiven widmen sollten. Die Kinder wurden vom reinen Konsumieren der ihnen geschenkten Güter weg und zu einer zielgerichteten Aktivität geführt, bei welcher sie durch ihre Ideen und ihre Arbeit selbst beitragen konnten bei einer Art *Schöpfungsprozeß,* bei der Schaffung von etwas „außerhalb ihnen selbst Liegendem", wie es der geistigen Konzeption des Menschen entspricht.

Keines der Kinder dachte im entferntesten daran, die mühsam selbst hergestellten Gegenstände wieder leichtfertig zu zerstören, und Eltern, die gesehen haben, wie behutsam und liebevoll diese Kinder ihre selbstgebastelten Stücke nach Hause trugen, glaubten ihren Augen nicht zu trauen. Nach einem halben Jahr mußten wir die Therapie einstellen, weil wir keine kaputten Spielsachen als Grundmaterial mehr geliefert bekamen; alle sechs Kinder hatten gelernt, adäquat mit ihren Sachen umzugehen.

Ob wir das auch erreicht hätten, wenn wir den Kindern wertlose Tonvasen zur Verfügung gestellt hätten, die sie in der Therapiestunde an die Wände hätten schmettern können? Ich glaube es nicht, ich bin überzeugt, ihre Aggressivität hätte sich nur potenziert, und sie hätten schließlich auch das Wohnzimmer ihrer Eltern in ein Schlachtfeld verwandelt unter dem ihnen einsuggerierten Hinweis, sie „müßten ihre Aggressionen loswerden". Wie im Kleinen, so ist es im Großen, und wer unserer heutigen Jugend helfen will, der muß sinnvolle Aufgaben für sie finden und an sie delegieren, der muß aber auch bereit sein, ihr selbst ein sinnerfülltes Leben vorzuleben, in dem nicht die Triebbefriedigung dominiert, sondern das Gewissen, der Wille und die Vernunft.

Wir müssen noch eine weitere Konsequenz aus dem logotherapeutischen Menschenbild besprechen, die sich nicht so sehr auf die Selbsttranszendenz, sondern auf die „Selbstdistanzierungsfähigkeit" des Menschen bezieht. Wenn es nämlich innerhalb der geistigen Dimension möglich ist, über sich selbst hinauszuwachsen, sozusagen seinem eigenen beschränkten Ich zu entwachsen, wie wir bei der Dereflexion gesehen haben, dann bedeutet dies, daß ein *Abstand* zu sich selbst und den eigenen Gefühlen gefunden werden kann, und aus dieser Distanz – bildlich gesprochen – auch wieder auf das eigene Selbst zurückgeblickt werden kann, allerdings in einem ganz anderen Maßstab, in einer neuen Stellungnahme, die ohne diese Distanz nicht möglich wäre.

Um bei einem Vergleich zu bleiben, so ließe sich die Selbsttranszendenz analogisieren mit dem Hinauswandern aus dem heimatlichen, eng begrenzten Dorf in die weite Welt, um Neues zu erforschen und zu begreifen, und die Selbstdistanzierung wäre dann der Blick von der weit entfernten Bergspitze zurück ins heimatliche Tal, das nun in einer ungewohnten, aber der Wirklichkeit angepaßteren Perspektive erscheint und die ganze Relativität seiner Größe und Bedeutung aus der Distanz besser erahnen läßt. Wer nie aus dem Dorf hinauskommt, wird das Dorf für die ganze Welt halten, oder die ganze Welt für ein Dorf, er wird in einer ständigen Fehleinschätzung seiner selbst und seiner engeren Umwelt leben. Das Gleichnis ist deshalb günstig, weil eine bestimmte Art psychisch Kranker, nämlich der *Neurotiker* tatsächlich oft in Gefahr ist, sich selbst fehleinzuschätzen, und zwar genauso seine engeren, kleinlichen Belange zu hyperinterpretieren und bei weitem zu wichtig zu nehmen, wie eben im Gleichnis der Dorfbewohner, der nie hinauskommt, und der vielleicht die kleine Bergkapelle vor seinem Haus für eine der größten Kirchen der Welt hält.

Die typische neurotische Verstimmung kann laienhaft direkt dadurch definiert werden, daß jemand „aus der Mücke einen Elefanten macht", daß er also alles Mögliche sehr tragisch nimmt und dadurch aus einem tragischen Leben gar nicht mehr herausfindet. Eine überhöhte Sensibilität und gesenkte Reizschwellen im Emotionalbereich bewirken heftige psychische Reaktionen schon auf kleine Vorkommnisse, und kommt einmal wirklich eine ernstere Lebenskrise, dann dreht der neurotische Patient mitunter völlig durch und erleidet einen psychischen Kollaps.

Frankl war nun der erste, der auf die geniale Idee kam, daß dem Neurotiker therapeutisch dadurch geholfen werden könne, daß seine Selbstdistanzierungsfähigkeit gestärkt und aufgebaut wird, und er somit aus der Distanz, die er zu sich selbst gewinnt, heraus auch eine neue Einstellung zu den kleinlichen Belangen seiner engeren Umwelt findet. Der Gedanke erwies sich als durchschlagend im gesamten therapeutischen Raum, und die nach diesem Konzept entwickelte Methode der „paradoxen Intention“ hat inzwischen weltweite Anerkennung gefunden. Ein Beispiel soll zeigen, wie dabei vorgegangen wird.

Fall Nr. 4:
Bei einer Elternberatung berichtete mir eine Mutter, daß sie täglich überaus große Ängste ausstehe und bald nur mehr mit Beruhigungsmitteln existieren könne. Und zwar sei sie mit ihrer Familie in ein neues Einfamilienhaus am Stadtrand eingezogen, für welches sie jahrelang gespart hätten, und nunmehr fühle sie sich dort ständig bedroht, besonders wenn ihr Mann nicht zu Hause wäre. Sie bilde sich dann ein, daß jemand um das Haus schleiche, daß die Fensterläden knarren würden, sie höre das Gartentor quietschen und glaube, jeden Augenblick von Einbrechern überfallen zu werden.

Erschwerend kam dazu, daß ihr Ehemann beruflich einen Schichtdienst hatte, der ihn an jedem zweiten Tag erst sehr spät nach Hause kommen ließ. Wenn die Frau gegen 18.30 h ihr kleines Kind ins Bett gebracht hatte, pflegte sie dann voller Angst und Verzweiflung wach zu bleiben, bis ihr Mann gegen Mitternacht heimkam, und obwohl eine teure Alarmanlage installiert worden war und alle Zugänge stets fest verschlossen und verriegelt wurden, konnte sich die Frau einfach nicht beruhigen. Durch Wind und Wetter gab es immer irgendwelche nächtlichen Geräusche, die genügten, um sie in helle Aufregung zu versetzen.

Hier haben wir eine neurotische Verstimmung, wie sie im Lehrbuch steht; Kleinigkeiten wie die nächtlichen Geräusche werden zu großen Angstauslösern, die Ängste stehen in keinem sinnvollen Verhältnis zu den wahren Gegebenheiten; typisch auch, daß die Ängste zunehmen, sobald das Kind zu Bett gebracht ist, also die Mutter von allen Arbeiten und Aufgaben entlastet ist und mehr „Muße“ hat, sich in ihre Angstvorstellungen hineinzusteigern. Es ist das Kleben an den eigenen kleinen Belangen, das Überbewerten des Selbst und seiner Wichtigkeit, das Hyperreflektieren einer an sich harmlosen Situation.

Was ich der Frau sagte, war folgendes: Solange sie Angst hat, hat die Angst auch Macht über sie und stört ihr Wohlbefinden. Um dieser sinnlosen und störenden Angst die Macht zu nehmen, solle sie ihre eigene Angst verspotten. Dies könne sie am besten, wenn sie sich innerlich genau das wünsche, wovor sie sich fürchte, denn niemand kann sich zugleich etwas wünschen und dasselbe auch fürchten, Wunsch und Furcht hemmen sich gegenseitig.

Wenn sie also allein zu Hause sei, solle sie sich laut vorsagen: „Ach wäre das schön, endlich einmal überfallen zu werden, das wünsche ich mir schon so lange, und niemals klappt es, und dabei hätte ich so guten Whisky zu Hause, den ich den Einbrechern anbieten könnte, und auch sonst allerlei Schätze, die sie interessieren würden! Wo bleiben sie bloß, es ist so langweilig zu Hause, nie tut sich etwas, rein gar nichts passiert, in jedem Krimi geht's turbulent zu, nur bei mir zu Hause nicht, na hoffentlich klopft bald einer an die Tür, ich warte schon sehnlichst darauf …" usw.

Natürlich klingt das recht lächerlich, eben *paradox,* doch gerade in seiner Lächerlichkeit erfüllt dieser humorvoll formulierte paradoxe Wunsch seinen Zweck, denn er soll ja gar nicht ernst genommen werden, er dient nur dazu, einer ebenso lächerlichen Angst den „Wind aus den Segeln zu nehmen", denn wer über den paradoxen Wunsch lacht, der kann nicht zugleich vor Angst zittern. Ist aber die Angst geschwächt, dann reduziert sich auch die neurotische Verstimmung, der Patient wird ruhiger, sein Verstand übernimmt die emotionale Kontrolle, und alle psychischen Funktionen normalisieren sich.

Die Frau konnte erst gar nicht glauben, was ich ihr riet, doch ich bestand darauf, daß sie den ihr genannten Trick zu Hause des Abends ausprobieren solle, und übte mit ihr geeignete Texte zum sich selbst Vorsagen ein.

Nun braucht die Wirkung einer paradoxen Intention eine gewisse Zeit, es ist wie bei dem Auspendeln zweier Waagschalen. Solange die Waagschale mit der Angst überwiegt und der paradoxe Wunsch nur zögernd und ungläubig formuliert wird, solange bleibt die neurotische Verstimmung Sieger. Wird einmal die paradoxe Intention intensiviert und der konträre Wunsch entschieden geäußert oder gedacht, dann überwiegt plötzlich die gesunde Waagschale, und das Gewicht der Angst verliert sich.

So kam es auch bei dieser Mutter: Wochenlang übte sie die paradoxe Intention, aber in ihrem Innersten lauerte noch immer sprungbereit die Angst und konnte stets wieder durchbrechen. Eines Tages jedoch, als ein besonders heftiger Wind wehte und es rings ums Haus rauschte und knackste, war die Frau so aufgeregt, daß sie in ihrer Verzweiflung das Fenster öffnete und laut hinausschrie, die Einbrecher mögen doch endlich kommen, sie könne sie schon gar nicht mehr erwarten. Natürlich kam niemand, sie selbst aber begann zu lachen, und das löste den Bann. Als ihr Mann in dieser Nacht heimkam, staunte er nicht wenig, als er sah, daß seine Frau schon ruhig schlief, und noch dazu bei offenem Fenster! Wenn die paradoxe Intention einmal gewirkt hat, kann sie immer wieder herangezogen werden, um die neurotische Angst niederzukämpfen, und es dauerte von diesem Zeitpunkt an nicht einmal mehr einen Monat, bis die Frau völlig geheilt war.

Um zur Selbstdistanzierung zurückzukommen: Seine eigene Angst verspotten kann man nur, wenn man sich von dieser Angst innerlich distanziert, wenn man nicht identisch ist mit seinen Gefühlen, sondern wenn über diesem Gemütsbereich nochmals eine Instanz existiert, eben die geistige Dimension, innerhalb welcher zur eigenen Gemütsverstimmung auf anderer Ebene Stellung genommen werden kann, ja ihr sogar *getrotzt* werden kann. Frankl spricht wiederholt von einer „Trotzmacht des Geistes", von der einmaligen Chance des Menschen, sich über seine eigenen Emotionen hinwegzusetzen und sie aus der geistigen Perspektive heraus zu relativieren, wie im Gleichnis der Wanderer auf sein Dorf, dem er entstammt, zurückblicken kann aus der Distanz dessen, der diesem Dorf entwachsen ist.

Alle neurotischen Übersteigerungen schrumpfen auf das ihnen zustehende Gewicht zusammen, wenn sie aus geistiger Distanz heraus betrachtet werden, und die paradoxe Intention ist eine sehr bewährte Methode, um diese nötige Distanz zu erringen. Vor allem ist sie eine Methode, die einem Menschenbild entspringt, das dem Menschen überhaupt eine Distanzierungsfähigkeit zuspricht und sich nicht mit der reinen Registratur von angeborenen oder erworbenen Bedürfnissen und deren Abreaktion zufrieden gibt.

Selbsttranszendenz und Selbstdistanzierungsfähigkeit sind also Konsequenzen des logotherapeutischen Menschenbildes. Schließlich möchte ich noch eine dritte, und zwar die vielleicht wichtigste Konsequenz erwähnen, die im härtesten Widerspruch zu allen anderen psychologischen Denkansätzen steht, und der wir doch am meisten in unserer heutigen Zeit bedürfen: Es ist die erstaunliche Fähigkeit des Menschen, *„ein Leiden in eine menschliche Leistung zu verwandeln“* (Frankl).

Was ich bisher vorgestellt habe, die noogene Depression, psychosomatische Beschwerden, sinnlose kindliche Aggressivität und eine neurotische Verstimmung, waren alles Leiden, die sozusagen „überflüssig“ waren, die eigentlich nicht sein müßten, wie immer sie auch zustande gekommen waren. Aber ich glaube, wir sind uns einig, daß es auch Leiden gibt, die aus heiterem Himmel über einen Menschen ohne dessen Zutun hereinbrechen und Angst, Kummer, Sorge und innere Not verursachen. Ein geliebter Mensch ist gestorben, eine schwere Krankheit ist ausgebrochen, ein berufliches, finanzielles oder familiäres Unglück hat sich ereignet, oder eine Fehlentscheidung ist getroffen worden. Es gibt Dinge im Leben, die sind nicht wieder gut zu machen, für die gibt es keine Heilung und keinen Ersatz, sie bedeuten einen unaufhebbaren Verlust, eine schwere Verwundung, einen Schlag des Schicksals.

Solch ein Leid kann man nicht wegtherapieren, und doch ist es möglich, etwas in der Begegnung mit dem Leid zu verändern, und das ist die persönliche Einstellung zum Leid. Denn innerhalb der geistigen Dimension steht es jedem Menschen frei, wie er sich zu seinem Schicksal einstellt, und in welchem Sinnzusammenhang er sein Leiden betrachtet. Er kann als ein verzweifelt Fragender und Anklagender gegen sein Schicksal Amok laufen oder selbst eine positive Antwort suchen, er kann sich in dumpfer Resignation gehen lassen oder durch die Art, wie er sein Leiden auf sich nimmt, ein leuchtendes Beispiel für andere geben.

Fall Nr. 5:
Ein junger Mann, der durch eine lang anhaltende Erkrankung in seiner beruflichen Laufbahn Schiffbruch erlitten hatte, sagte einmal zu mir: „Ich bin so froh, daß ich geheilt und wieder gesund bin, aber es bleibt mir jetzt noch die Aufgabe, mit meiner Vergangenheit fertig zu werden.“

Nun, er hatte nicht die Wahl, seine Vergangenheit zu verändern, das bisherige berufliche Versagen war eine unleugbare Tatsache, aber er hatte sehr wohl die Wahl zu entscheiden, ob er deswegen den Kopf hängen lassen und keinen Versuch einer Rehabilitation mehr unternehmen würde, oder ob er gerade trotzdem in einer ungeheuren Anstrengung den Versuch wagen würde, aus seiner Situation das Beste zu machen und dadurch sein Schicksal doch noch zu meistern.

Viele großartige Menschen sind im Feuer des Leides geschmiedet worden, und oft wird ein inneres Reifen *nur* über einen leidvollen Reifeprozeß errungen. Es ist nicht wahr, daß ein Leid über Verdrängung und Störimpulse aus dem Unbewußten nur *negative* psychische Folgen zeitigen kann, die Wirklichkeit lehrt uns etwas ganz anderes, sie zeigt uns an zahllosen Beispielen, daß es gute, ja geradezu heldenhafte Einstellungen zum Leiden gibt und daß die wertvollsten Menschen oft diejenigen sind, die durch ein tiefes Leid gegangen sind.

Auch der junge Mann, den ich erwähnt habe, war imstande, aus dem Leid seiner Vergangenheit ein Zeugnis menschlicher Leistungsfähigkeit zu machen, indem er sich selbst zu einem wesentlich höheren geistigen Niveau hinaufarbeitete, als es ihm vielleicht je gelungen wäre ohne diese Leiderfahrung.

Wer sein Leid als eine Art Bewährungsprobe auffaßt, als eine Frage des Schicksals an ihn, auf die er die optimale Antwort zu finden hat, der wird sein Leid niemals als völlig sinnlos ansehen, er wird immer zumindest *den* Sinn darin erkennen, daß es gilt, eine Herausforderung anzunehmen, „trotzdem ja zum Leben zu sagen“, wie Frankl es formuliert, und in dieser Bejahung zu zeigen, wessen der Mensch fähig ist.

Wer also kommt mit einem Leid aus der Kindheit, das er nicht bewältigt glaubt, und meint, es nachträglich ausagieren und aufarbeiten zu müssen, dem kann man nur sagen, er möge im Gegenteil *stolz sein auf sein Leid,* denn Leid und Not sind oft die *Voraussetzung für eine geistige Weiterentwicklung.* Gerade diejenigen Menschen, deren Kindheit nicht ganz ideal verlaufen ist, entwickeln sich leichter zu geistig und menschlich hochstehenden Persönlichkeiten als verwöhnte Wohlstandskinder, denen immer alles Glück in den Schoß gefallen ist, und die mit Liebe und elterlicher Fürsorge nur so überschwemmt worden sind.

Die Logotherapie ist eine Psychologie, die sich zum „homo patiens", zum leidenden Menschen bekennt, ja sogar in der Art, wie jemand sein unabänderliches Leiden trägt, eine Möglichkeit sieht, sein Leben mit Sinn zu erfüllen. Und wenn heute viele Menschen an der Sinnlosigkeit ihres Lebens verzweifeln, Menschen, denen es von den äußeren Lebensbedingungen her blendend geht, und auf der anderen Seite Menschen stehen, denen ein schweres Leid widerfahren ist, die es jedoch in einen Sinnzusammenhang einbetten können und auf diese Weise nicht nur heroisch ertragen, sondern sogar in eine menschliche Leistung verwandeln, dann sind das unübersehbare Gegensätze, die zum Nachdenken anregen und aufrütteln sollten.

Wir alle wollen irgendwie, daß es uns gut geht, und doch spielt dieses Gutgehen nicht die entscheidende Rolle in unserem Leben. Was wirklich wichtig ist, ist, daß wir früher oder später einen Sinn in unserem Dasein erkennen und ihn nach Möglichkeit erfüllen, sei es durch aktive Tatkraft, sei es in einem mitmenschlichen Erleben, sei es auch durch die heldenhafte Einstellung zu einem Leid. Niemand und nichts kann die geistige Freiheit des Menschen einschränken, wenn wir es nicht selbst tun, und kein Schicksal kann uns in die Knie zwingen, wenn wir nicht gewillt sind, uns vor ihm zu beugen.

Beugen jedoch sollten wir uns nur vor *einer* Instanz, die der letzte Sinn von allem sein könnte – wie immer wir sie benennen wollen.

Triebhaftigkeit contra Willensfreiheit

A) Einstellung zur Sexualität

Die Psychotherapie hat seit ihrem Bestehen als eigenständige Wissenschaft einen großen Teil ihrer Anstrengungen und Forschungen der menschlichen Sexualität gewidmet. Dadurch hat sie wesentlich dazu beigetragen, diesen eigentlich kleinen Teilbereich unseres Lebens ins öffentliche Blickfeld zu rücken. Spätere Generationen werden rückschauend auf unsere Zeit gewiß sagen: „Das war das Jahrhundert, in dem die Tabus um die menschliche Sexualität in der zivilisierten Welt gesprengt wurden", genauso wie sie sagen werden: „Das war das Jahrhundert, in welchem die Atomkraft entdeckt und angewendet wurde", oder: „Das war das Jahrhundert, in welchem die Erde zum erstenmal verlassen und nach anderen Planeten gegriffen wurde".

Und ebenso wie man heute nicht sagen kann, ob es eigentlich gut ist, daß atomare Prozesse in Gang gesetzt und ausgelöst werden können, oder ob es gut ist, daß der Mensch die Hand nach dem Weltraum auszustrecken beginnt, genausowenig kann heute gesagt werden, ob es gut ist, daß die Tabus um die Sexualität zu fallen begonnen haben. So wenig wir solche Entwicklungen aufhalten können, so wenig vermögen wir auch die Folgen vorauszusehen. Es ist das ewige Dilemma des Menschen, daß er nicht nur – wie das Tier – mit seiner Umwelt, sondern auch mit sich selbst, mit den von ihm selbst heraufbeschworenen Problemen fertig werden muß.

Die Einstellung zur Sexualität hat sich also in unserem Jahrhundert in unserem Kulturkreis grundlegend geändert. Und nachdem wir immerhin schon neun Zehntel dieses Jahrhunderts hinter uns gebracht haben, so ist uns wenigstens *ein* großer Überblick, *eine* Erkenntnis gegeben, die allerdings von manchen philosophisch-psychologischen Grundannahmen abweicht.

Ursprünglich war man davon ausgegangen, daß die Unterdrückung, Verheimlichung und Tabuisierung sexueller Bedürfnisse die menschliche Gesundheit und speziell die psychische Gesundheit störe und schädige. Sigmund Freud, der nun einmal auf diesem Gebiet bahnbrechend war, versuchte an Hunderten von Krankengeschichten nachzuweisen, daß Neurosen und Hysterien entstünden auf Grund unbefriedigter und unterdrückter sexueller Bedürfnisse. Sein theoretisches Konzept basierte auf der festen Annahme, daß unbefriedigte Triebregungen in traumatischer Form ins Unbewußte verdrängt würden und von dort aus die seelische Gesundheit beeinträchtigen könnten; und dementsprechend war auch sein therapeutisches Konzept im *Aufdecken* und Bewußtmachen solcher verdrängter Triebregungen und mitunter im *Ausleben* der aufgestauten Bedürfnisse begründet.

Wahrscheinlich hätte Freud, wenn er einen Blick in unsere Gegenwart hätte werfen können, sein Konzept selbst revidiert. Denn in Wirklichkeit hat alles Aufdecken, alles Nicht-Unterdrücken und alles Ausleben von Sexualbedürfnissen *nichts* zur psychischen Gesundung des Volkes beigetragen. Das ist ein seltsames Ergebnis, welches uns heute, nachdem mehr als ein dreiviertel Jahrhundert zunehmender Emanzipation in der Sexualität vergangen ist, immer noch verwundert. Kaum je hatten die Menschen unserer Kultur so viele sexuelle Freiheiten wie heute, so viel sexuelle Stimulanz, so viele Chancen zum Partnerwechsel, so viel sinnliche Anregung durch Technik und Medien, und so viele Möglichkeiten, offen und ungeniert über ihr Triebleben zu diskutieren wie heute; selten noch hat sich eine Jugend so ungehindert ihrer Sexualität bedient und ein solches Übermaß an sexueller Aufklärung mitbekommen wie heute – und bei alledem gab es noch niemals so viele Konflikte, so viele sexuelle Probleme, so viele Ehe- und Partnerschaftsdramen, wie sich auch in den psychologischen Beratungsstellen zeigt.

Die zunehmende Freizügigkeit in der Sexualität mag eine Errungenschaft des Fortschrittes sein, ein Beitrag zur Volksgesundheit war sie nicht.

Lange blieb dieses außerordentlich unbefriedigende Ergebnis ohne Erklärung, bis die Entwicklung der modernen Motivationsforschung und nicht zuletzt die Logotherapie eine Antwort darauf fand, die lautet: „Innerhalb der geistigen Dimension des Menschen *gilt das Homöo-*

staseprinzip nicht." Homöostase bedeutet Gleichgewicht, und in unserem Zusammenhang das „innere Gleichgewicht eines Individuums".

Ein Individuum ist dann mit sich und der Umwelt im Gleichgewicht, wenn seine Bedürfnisse befriedigt sind und es sich in einem Zustand wunschlosen Behagens befindet. Zum Beispiel ist eine sattgefressene Katze, die hinter dem wärmenden Ofen liegt und zufrieden schnurrt, in vollem inneren Gleichgewicht, sie hat keinerlei Bedürfnis, ihre Situation zu ändern, sie steht unter keinem Triebzwang oder äußeren Druck, der ihr unangenehm ist und den sie zu beseitigen sucht, sie ist nach menschlicher Diktion „wunschlos glücklich".

Man könnte meinen, es gibt auch für uns Menschen nichts Schöneres auf Erden, als dieses innere Gleichgewicht zu erreichen, nämlich „vollkommene Ausgeglichenheit" und „wunschloses Behagen", und genau das haben auch alle frühen psychologischen Theorien seit Freud als höchstes therapeutisches Ziel angesehen. Der unruhige, gestörte, geplagte Patient muß demnach sein inneres Gleichgewicht wiederfinden, und es muß alles getan werden, um ihn in diesen Homöostasezustand überzuführen. Er muß seine Triebe abreagieren, seine aufgestauten Bedürfnisse formulieren, seine unterdrückten Wünsche durchsetzen und sich von jeglichem äußeren oder inneren Druck befreien. Es war nicht nur der therapeutische Ansatz, der unter das Zeichen des Homöostaseprinzips gestellt wurde, es war schon fast ein Menschenbild, das den Menschen als Kampfplatz innerer Spannungen darstellte, die alle möglichst entlastet und gelöst werden sollten, um den Idealzustand des inneren Gleichgewichts wieder herzustellen. Und dazu gehört natürlich auch die Entlastung von sexuellen Spannungen oder von Aggressionstendenzen, was durch „*Abreagieren-lassen*" in irgendeiner Form zu erreichen versucht wurde.

Hierher passen alle therapeutischen Methoden, bei welchen man Leute „sich ausweinen" oder „ausschreien" (Urschrei) läßt bzw. bei welchen Kinder mit Schaumgummihämmern aufeinander losschlagen oder Sand an die Wände werfen dürfen, um sich abzureagieren. Auch die Propagierung von Pornobildern in Magazinen oder Sexfilmen blüht auf dem Hintergrund, „sexuelle Spannungen im Volk abfließen zu lassen" (abgesehen vom Geld, das sie einbringen!). Alles, wie gesagt, im Dienste des Homöostaseprinzips.

Aber die Hypothese hat sich als *falsch* erwiesen. Ein Mensch, der in vollkommenem inneren Gleichgewicht mit sich und der Umwelt ist, der also keine Wünsche und keine Bedürfnisse mehr hat, der alles, was überhaupt erstrebenswert für ihn wäre, besitzt und kein Ziel mehr vor Augen sieht, für das er sich einsetzen müßte oder das er anstreben könnte, ein solcher Mensch ist nicht extrem glücklich und psychisch gesund, sondern – er dreht durch, er „spielt verrückt", er stirbt nahezu an Langeweile und erlebt eine *tiefe innere Leere.* Er fällt in *existentielle Frustration,* weil das Leben scheinbar jeden Sinn verloren hat.

Welch eine Erkenntnis! Das Wirtschaftswunder und die Wohlstandszeit haben uns die Beweise dafür geliefert, unübersehbare Beweise, die keiner wissenschaftlichen Sanktionierung mehr bedurften. Das Idol unserer Generation, der Supermann, der sich alle sexuellen Träume erfüllen kann, der hübsche Mädchen am laufenden Band „serviert" bekommt, der alle seine Launen ausleben kann, ungestraft hinschlägt, wenn er zornig ist, immer straflos durchkommt, wenn er das Gesetz umgeht, der Traummann, der Star unserer Gesellschaft, der sich alle finanziellen Wünsche erfüllen kann, den Superwagen, den Privatjet, der jede Augenblicksregung erfüllen kann mit Einfluß, Macht und technischer Raffinesse, welchem Schicksal treibt er zu? Es kommt der Zeitpunkt, da freut ihn das Leben nicht mehr, es kommt der Augenblick, da ist er seelisch am Ende, übersättigt, lebensüberdrüssig, lebensunfähig. Der Traum der Superlative erschöpft sich sehr schnell, und was bleibt, ist gähnende Leere.

Der Mensch ist eben ein denkendes Wesen und kann als Träger einer *geistigen Dimension* nicht nur konsumieren und genießen, es reicht einfach nicht aus zur psychischen Gesundheit und inneren Erfüllung.

Maria Simon, klinische Psychologin der Würzburger Universitäts-Frauenklinik, schreibt im Zusammenhang mit der „Abtreibungswelle" folgendes: „Gewachsen sind die Ansprüche der Menschen auf individuelle Befriedigung. Gewachsen ist die kritische Beurteilung aller traditionellen, moralischen und institutionellen Schranken solcher Befriedigung. Das „Ende der Bescheidenheit" wurde proklamiert. Gewachsen ist die Neigung zur Brutalität gegenüber allem, was sich individuellen Ansprüchen in den Weg stellt. Und da dies oft individuelle Ansprüche anderer sind, hebt sich das emanzipatorische Bewußtsein vielfach selbst wieder auf. Emanzipation ist oft nur ein anderes Wort für Hedonismus, für das Streben nach individueller Lustmaximierung. Hedonismus aber hat seit jeher einen Hang zur Brutalität. Er kennt zwar eine gewisse Solidarität, aber nur die der Genußfähigen und Genießenden. Wer kein möglicher Partner in der Gemeinschaft der Genießenden ist, soll dieser Gemeinschaft dienen oder aber lieber gar nicht sein."

Genauso ist es, nicht nur das „Ende der Bescheidenheit" ist angesprochen, auch das Ende der Emanzipation naht. „Genießen auf Kosten anderer" kann nicht für alle möglich sein, wie „Genießen um des Genusses willen" nicht einmal für einen allein möglich ist. Und daß Hedonismus von jeher zur Brutalität tendiert, ist ausreichend geschichtlich erwiesen.

Die Kriminalstatistik des Jahres 1977 war bereits überschrieben mit den Worten: „Im Teufelskreis von Langeweile und sinnloser Zerstörungswut", weil man keine anderen vorherrschenden Motive mehr für die zunehmenden Verbrechen und Vergehen fand. Die Selbstmordstatistiken schlossen sich dem an und weisen auch heute noch auf den durchschnittlich hohen Lebensstandard der Selbstmörder hin, der die Tat umso unbegreiflicher erscheinen läßt, wenn nicht Lebensüberdruß und Übersättigung angenommen würden. Und besonders die Drogenforschung kennt das Leitmotiv der Süchtigen: „... das erste Mal habe ich es aus Langeweile probiert ..."

Brutalität, Kriminalität, Selbstmord und Süchtigkeit als Folgereaktionen auf Reichtum, erfüllte Wünsche und Langeweile, psychische Massen-Entgleisungen als Ergebnis einer Entwicklung, die beglücken und befreien sollte – ist das zu fassen?

Das Homöostaseprinzip läßt sich beim besten Willen nicht mehr aufrechterhalten. Die Möglichkeit, sich viele Wünsche erfüllen zu können, bietet *keine Gewähr* für die Stabilität psychischer Gesundheit, im Gegenteil, sie ist eine Gefahr, für die Gemeinschaft wie für den einzelnen, weil das menschliche Leben dadurch als *sinnärmer* erlebt wird: es fehlen die Ziele, für die es sich lohnt zu arbeiten, zu kämpfen, ja sogar Opfer zu bringen und Wünsche zurückzustellen.

Heute wissen wir: Was der Mensch für seine psychische Gesundheit unabdingbar braucht, ist nicht, daß er alle seine Wünsche befriedigen kann, sondern daß eine Reihe von Wünschen *offen bleiben,* und zwar in Form anstrebenswerter Lebensinhalte und persönlicher Ziele, die es zu verwirklichen gilt. Das Engagement erst hält die Persönlichkeit intakt, auch wenn es Opfer kostet und eigene Bedürfnisse einschränkt, das Engagement für eine Idee, für andere Menschen, für eine Sache, wofür immer, baut eine menschliche Existenz auf und erfüllt sie. Das *Prinzip der Selbsttranszendenz* steht dem Homöostaseprinzip gegenüber, wie der Mensch dem Tier gegenüber steht; zwischen beiden gibt es Analogien, aber keine Identität, weil eine ganze dimensionale Stufe dazwischensteht.

Denken wir z. B. an die Mütter, die sich jahrelang für ihre Familie und ihre Kinder aufgeopfert und fast alle eigenen Wünsche in den Hintergrund gestellt haben, und die oftmals gerade *dann* an Depressionen leiden, wenn die Kinder erwachsen sind, und keine Arbeit mehr zu tun bleibt – nach dem Homöostaseprinzip unerklärlich! Danach müßten sie während der Belastungen durch die Kinder todunglücklich sein und nach dem Fortfallen dieser Belastungen endlich zufrieden und innerlich ausgeglichen sein, doch das Gegenteil ist der Fall.

Der Mensch muß im Unterschied zum Tier wissen, wozu er lebt. Das müssen keine hochgesteckten Ziele sein; seine Pflichten gut zu erfüllen, oder seiner Familie eine entsprechende Basis zu bieten, oder selbst ein interessantes Hobby kann schon sehr viel zur inneren Sinnerfüllung beitragen, was simple Bedürfnisbefriedigung auf menschlicher Ebene nie und nimmer zu geben vermag. Das Homöostaseprinzip ist heute im wissenschaftlichen Raum gefallen und damit ein ganzes Kartenhaus von psychologischen Theorien und Hypothesen!

Eine der gefallenen Hypothesen ist die, daß „Glück" (oder auch „Lust") ein erstrebenswertes Ziel sein kann. Um dies zu verstehen, erinnern wir uns nochmals an den Indikationsbereich der logotherapeutischen Methode der Dereflexion. Wir stellten fest, daß es psychosomatische Beschwerden gibt, die allein dadurch entstehen, daß irgendeine normalerweise automatisch ablaufende Körperfunktion wie Herzrhythmus, Einschlafvorgang oder Erektion zu stark beobachtet wird, also zum Aufmerksamkeitszentrum erhoben wird, was diese Körperfunktion stört. Wird jedoch die Aufmerksamkeit in die Außenwelt zurückgelenkt, regeneriert sich die gestörte Körperfunktion und läuft (nicht als Ziel sondern) als „Nebeneffekt" ganz normal ab. Wie nun in der Psychotherapie der automatische Nebeneffekt, der blockiert sein kann, meist eine vegetative Körperreaktion ist, so ist in der Philosophie der automatische Nebeneffekt, der heute vielfach blockiert ist – das Glück.

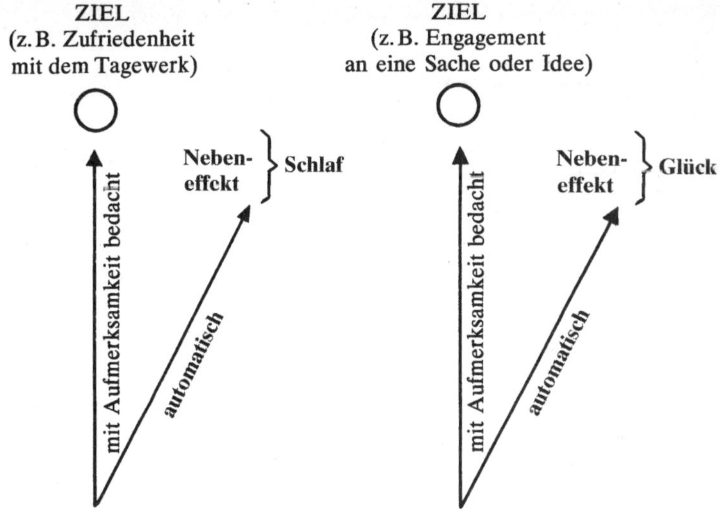

Wann immer die Aufmerksamkeit zum Nebeneffekt abgelenkt wird, „blockiert die Automatik“. Glück läßt sich nicht erhaschen, wie sich Schlaf nicht erzwingen läßt, ohne Ziel kein Nebeneffekt, ohne Engagement und Sinnerfüllung kein inneres Glück, „*je mehr man erzwingt, desto weniger gelingt*“, dieser Satz gilt auch in der Psychologie.

Wir haben vorhin das Bild jener Mütter aufgezeigt, die voll inneren Engagements für ihre Familie sorgen, auch wenn sie eigene Wünsche hintanstellen müssen. Dieses Sorgen für die Familie, das Zusehen, wie sich die Kinder unter ihrer Obhut zu jungen Menschen entfalten, das macht der Mutter Freude. Nun ist es aber nicht so, daß sie intensiv für ihre Kinder sorgt, damit sie sich *selbst* eine Freude bereitet, sondern sie sorgt dafür, daß sich *die Kinder* gut entwickeln, und ihre eigene Freude an der guten Entwicklung der Kinder stellt sich automatisch als Nebeneffekt dazu ein.

Lustgewinn kann im Humanbereich kein Hauptziel sein, sondern nur als Nebeneffekt einen Hauptzweck begleiten. Frankl, der in der modernen Motivationsforschung bahnbrechend war, hat den *Effektcharakter* des Glücks wiederholt nachgewiesen, er drückt ihn so aus: „Je mehr es einem um die Lust geht, desto mehr vergeht sie einem auch schon.“ Lust allein läßt sich nicht anstreben, nicht erzwingen, sie ist kein menschenadäquates Intentionsobjekt. Die Erfüllung von Wünschen um der Lust willen hinterläßt uns – „wunschlos unglücklich".

Ein anderes Beispiel: Wir können Freude und Lust empfinden, wenn wir einer schönen Musik lauschen, aber die Lust stellt sich nicht deswegen ein, weil wir an unser eigenes Vergnügen dabei denken, sondern weil wir uns ganz der Schönheit und Harmonie der Melodien hingeben; und nicht anders ist es auch im sexuellen Bereich. Freude und Lust stellt sich nicht ein, wenn man selbst beim Intimkontakt durch den Partner befriedigt werden will, sondern wenn man sich mit ganzer Liebe dem Partner hingibt. Beim gesunden menschlichen Sexualverhalten ist das Ziel das „Du", der andere, und die eigene Lust stellt sich als Begleiterscheinung ein.

In dem Maße aber, in dem Menschen ihr Augenmerk auf die eigene Lust oder auf den Sexualakt selbst wenden, in dem Maße vergeht ihnen auch schon die Lust bei der Sache, sie suchen den Nebeneffekt ohne das Hauptziel und finden nur – Enttäuschung. Existentielle Frustration und sexuelle Frustration laufen parallel, wie Sinn und Liebe korrelieren; wird kein Sinn gesehen, verliert das Leben an Wert, wird keine Liebe gesehen, verliert die Sexualität an Sinn.

Wir beginnen heute zu ahnen, warum die ärztlichen und psychologischen Praxen mit Sexualstörungen überfüllt sind, die *sexuelle Inflation,* wie Frankl es nennt, ist über uns hinweggezogen.

Wie jede Inflation, auch die auf dem Geldmarkt, mit einer Entwertung Hand in Hand geht, so kam es auch im sexuellen Bereich zu einer Entwertung, und zwar wurde das eigentliche Ziel menschlicher Sexualität, die *Liebesbeziehung* zwischen zwei Menschen, entwertet. Das personale Element der Zweisamkeit ging zum Teil verloren, Gefühle und Zuneigung für den Partner wurden unmodern, Rücksichtnahme und Behutsamkeit im Umgang mit dem Partner wurden als Hemmungen denunziert, Enthaltsamkeit und Wartenkönnen auf den anderen wurden als Unfähigkeit belächelt, die Orientierung am primitiven Lustgewinn sowie das Demonstrieren von Potenz und Prahlen mit einschlägigem Wissen ersetzte echte Zärtlichkeit und echte Bindungen.

Wie immer man weltanschaulich darüber denken mag, vom psychologischen Standpunkt aus wäre nichts dagegen einzuwenden gewesen, wenn diese Entwicklung eine menschheitsbeglückende gewesen wäre – und als eine solche war sie noch unter den alten Vorstellungen des

Homöostaseprinzips auch gedacht gewesen –, aber die sexuelle Inflation hat genauso wie die existentielle Frustration gezeigt, wie wenig sich tierisches Verhalten auf menschliche Verhältnisse übertragen läßt. Im tierischen Bereich ist sexuelles Verhalten ein in Tausenden von Generationen erlerntes und ererbtes komplexes Verhaltensmuster, das instinktgetrieben automatisch abläuft, wenn gewisse innere und äußere Schlüsselreize zusammenkommen. Der Ablauf hat keine Bedeutung und keine psychische Nachwirkung, er ist ein Teil der Natur dieses Lebewesens. Auch das menschliche sexuelle Verhalten ist noch weitgehend instinktgesteuert, und auch für den Menschen existieren vorprogrammierte Schlüsselreize, aber die ganze hormonelle, psychophysische Steuerung unterliegt einer wesentlich höheren Kontrolle, einer kognitiven Steuerung, für welche Gesetze gelten, welche im Tierreich undenkbar sind.

Erst in den letzten Jahrzehnten ist begonnen worden, diese kognitive Steuerung – oder in logotherapeutischer Diktion: die geistige Dimension des Menschen – genauer zu erforschen. Gewiß sind primitives Instinktverhalten oder sub-kognitive Reaktionsketten leichter zu beobachten, zu messen und vorherzusagen, als komplizierte geistige Denk- und Willensphänomene, die weder isolierbar noch konstant sind, und die sich auch nicht so ohne weiteres in elektrischen Impulsen und psychometrischen Einheiten abbilden. Dennoch sind wir heute zu dem Ergebnis gekommen, daß die innere kognitive Steuerung des Menschen *sinn- und zielgerichtet* ist, daß sie nach einer inneren *Wert-Orientierung* funktioniert, und daß sie die Eindrücke aus der Umwelt sowie das eigene Handeln und Verhalten immer mit einer gewissen *Bedeutung* umgibt.

Es gibt keine Umweltsituation im normalen menschlichen Leben, die nicht zugleich für das sie wahrnehmende menschliche Wesen etwas bedeutet und in einen Sinnzusammenhang eingebettet ist. Wer dieses Buch hier liest, tut dies nicht rein zufällig, seine Augen gleiten nicht irgendwelchen schwarzen Zeichen entlang, weil dies Spaß macht, sondern das Lesen ist vielmehr ziel- und sinngerichtet, der Leser möchte Neues erfahren, er ist an Weiterbildung interessiert. Und wenn er meinen Worten zustimmt oder sie ablehnt, dann orientiert er sich dabei nach seinem eigenen inneren Wertsystem, er vergleicht meine Aussagen mit seinen eigenen Erfahrungen und Überzeugungen.

All das sind eigentlich selbstverständliche geistige Zusammenhänge, nur hat sich die psychologische Forschung leider lange nicht an sie herangewagt.

Analog dazu kann der Sexualakt im menschlichen Bereich nicht nur eine Instinkthandlung ohne Bedeutung sein, auch er wird in einen geistigen Zusammenhang gebracht. Und deswegen ist unser sexuelles Verhalten immer auch schon *mehr* als nur Sexualität, es kommt ihm eine Ausdrucksfunktion zu, welche mit einer Wertorientierung verknüpft ist.

In der geistigen Ebene des Menschen ist Partnerschaft und Zweisamkeit eine *personale Beziehung,* eine Beziehung zu einer anderen Person, und je intensiver diese Beziehung ist, je mehr Wert dieser Person zugesprochen wird, um so sinnvoller wird die Ausdrucksfunktion der Sexualität, der Sexualakt wird zur Inkarnation von Liebe, wie Frankl es formuliert.

Aber wenn die personale Beziehung fehlt und der Sexualakt als psychische Lustquelle per se benutzt wird, fehlt in der kognitiven Steuerung des Menschen die *Bedeutung* dieses Verhaltensmusters, der Sinnzusammenhang. Der Sexualakt hört auf, Ausdrucksfunktion zu haben, er wird zwar emotional noch als angenehm oder erregend, aber geistig mehr oder weniger als Leerlaufhandlung empfunden, und nachdem das emotional angenehme Gefühl abgeklungen ist, was nach dem Höhepunkt sehr rasch der Fall ist, bleibt das Leeregefühl bestehen. Ohne personale Beziehung zu einem Partner kommt es nach sexuellen Handlungen zu einer existentiellen Frustration, genauso, wie es beim Leser zu einer kognitiven Frustration kommen würde, wenn er stundenlang in einem Buch blättern würde, dessen Worte er nicht lesen und dessen Aussage er nicht verstehen kann. Er würde sich nämlich fragen: „Wozu sitze ich hier und blättere?“ Eine Frage, die ein Tier niemals stellen könnte: „Wozu tue ich dies?“

Nach dem letzten Forschungsstand der Motivationstheorie scheint der Zustand, den wir Glück nennen, fast ausschließlich davon abzuhängen, ob wir eine Antwort auf diese Frage finden können: „Wofür lebe ich? Wozu bin ich gut?“ Menschen, die auf diese Frage sicher eine Antwort wissen, sind von erstaunlicher psychischer Gesundheit und Stabilität und können auch bei Schicksalsschlägen nicht so schnell aus der Bahn geworfen werden. Die Frage *wozu?* und *wofür?* ist unumgehbar, solange wir denken, und die Antwort darauf mißt all unserem Tun und Lassen seine Bedeutung bei.

Ich habe erwähnt, daß gegen die allgemeine Enthemmung im Sexualverständnis des Volkes von seiten der Psychologie nichts einzuwenden gewesen wäre, wenn es eine menschheitsbeglückende Entwicklung gewesen wäre. Genauso kann man hinsichtlich der Prostitution denken: Wenn wir von unseren persönlichen Einstellungen absehen, vom psychologischen Standpunkt aus könnte man fragen: warum nicht? Wenn es den Männern Spaß macht und die Mädchen dabei verdienen, wem schadet es? Aber es schadet eben doch, und zwar nicht bloß unter einem moralischen Aspekt, sondern unter einem psychohygienischen Aspekt. Und zwar schadet es aus dem einfachen Grunde, weil ein *Übungs- und Gewöhnungsprozeß* an eine depersonale Sexualität und damit an eine im menschlichen Bereich unzureichende Sexualität einsetzt.

Die Erkenntnis um die Bedeutung von Übungs- und Gewöhnungseffekten haben wir der Lerntheorie zu verdanken, die vor rund sechs Jahrzehnten das sogenannte „soziale Lernen" entdeckte, welches keineswegs immer bewußt vor sich geht, und bei dem *Übung, Verstärkung* und *Vorbild* von maßgeblicher Gewichtung sind. Demnach wird jedes – menschliche wie tierische – Verhalten tief eingeprägt, fixiert und mit hoher Wahrscheinlichkeit künftig beibehalten, wenn es

1. oftmals in der gleichen Weise abläuft: *die Übung,*
2. öfters mit einem positiven Nacheffekt gekoppelt ist, oder man kann auch ganz einfach sagen, „belohnt wird": *die Verstärkung* (der Gewinn),
3. wenn es bei anderen Individuen (Eltern, Gleichaltrigen) oftmals gesehen wird: *das Vorbild.*

Übung, Gewinn und Vorbild sind die drei Hauptpfeiler, auf denen soziales Lernen beruht. Je stärker diese drei Hauptpfeiler, desto höher die Konstanz des gelernten Verhaltens. Nehmen wir ein Beispiel dazu: das Rauchen. Erwiesen ist, daß das Aufgeben um so schwerer fällt, je länger jemand schon raucht, er hat sich an die Verhaltensweise des Rauchens gewöhnt. Erwiesen ist auch, daß jemand, je nervöser, innerlich gespannter, verkrampfter, unruhiger und unsicherer er ist, desto weniger leicht mit dem Rauchen aufhören kann, weil der kurzfristige Entspannungs- und Beruhigungsgewinn durch das Inhalieren von

Nikotin eine besonders hohe Belohnungs- und Verstärkungskraft für einen nervösen Menschen besitzt. Erwiesen ist außerdem, daß Kinder aus Raucherfamilien eher und intensiver zu rauchen beginnen als Kinder aus Nichtraucherfamilien, das Vorbild der Umwelt spielt keine zu geringe Rolle. Natürlich gibt es auch Ausnahmen für diese Regeln, aber die engen Korrelationen zwischen den drei genannten Faktoren und sozial gelernten Verhaltensweisen sind unbezweifelbar gegeben. Das gilt im Negativen wie im Positiven, das gilt z. B. auch für gute Partnerschaften. Auch hier stimmen die Statistiken darin überein, daß Partnerschaften um so gefestigter sind, je länger sie schon andauern, je mehr sie für den einzelnen an Gewinn und Freude bedeuten, und je mehr auch im eigenen Elternhaus oder zumindest im engen Freundeskreis stabile Partnerschaften vorgelebt werden.

Die Logotherapie anerkennt diese Erkenntnisse, wenn sie sie auch nicht so absolut setzt wie die lerntheoretisch orientierte Verhaltenstherapie.

Die Phänomene des sozialen Lernens gelten nun genauso in bezug auf das sexuelle Verhalten, auch dabei spielen Gewöhnung, Belohnung und Vorbild eine entscheidende Rolle. Und besonders gefährlich für die Etablierung einer depersonalen und damit einer unglücklichen, einer menschenunwürdigen und psychohygienisch ungesunden Einstellung zur Sexualität sind zwei von den drei lerntheoretischen Hauptpfeilern des Lernens, nämlich die *Gewöhnung* und das *Vorbild.* Der dritte Faktor, die „Belohnung“ für depersonales Sexualverhalten, der Lustgewinn also, ist so gering, daß er keine große Gefahr zur Etablierung dieses Fehlverhaltens darstellt, im Gegenteil, weil er so gering ist, wird er wieder zur Ursachenbasis für sexuelle Störungen im Sinne von psychogener Impotenz und Frigidität.

Am Beispiel der „Sexualität“ läßt sich die Synthese verschiedener Wissenschaften und ihrer Erkenntnisse eindrucksvoll demonstrieren: auf der einen Seite der Zusammenbruch des Homöostaseprinzips, die logotherapeutische Erkenntnis, daß menschliche Sexualität eine personale Beziehung zwischen zwei Menschen, eine Liebesbeziehung, voraussetzt, und daß ohne diese Zielgerichtetheit der Nebeneffekt „Lust“ kaum erreicht werden kann. Auf der anderen Seite die Erkenntnisse der Lerntheorie, welche drei Hauptursachen zur Erlernung von beständigen Verhaltensweisen aufzeigt: Übung, Verstärkung, Vorbild. Und nun die Synthese von beiden, eingebettet in die Verwirrung einer unruhigen, industrialisierten Zeit:

Nach dem alten Homöostaseprinzip war vor einem halben Jahrhundert die Parole ausgegeben worden: Spannungen um jeden Preis reduzieren, Triebe ausleben, Gefühle ausagieren, Unterdrücktes hinausschreien, Hemmungen fallenlassen, Schamgefühl über Bord werfen und innere Triebkräfte befreien. Jahrzehnte später erkannte die Lerntheorie, daß Gefühle, die abreagiert werden, zugleich *geübt* werden, daß Menschen sich ans Triebe-Ausleben *gewöhnen* können, daß sie letzten Endes gar keine inneren Triebe mehr aufgestaut haben, welche irgendwie abfließen müssen, und trotzdem noch das während der Abreaktion gelernte Verhalten beibehalten, weil es eben *gelernt* wurde – es gab ein bitteres Erwachen in der Psychologie. Man ist heute noch dabei, in den Erziehungsberatungsstellen still und leise die Matschräume oder die Schaumgummihämmer zu entfernen, weil man gesehen hat, daß Kinder, die sich in den Matschräumen austoben konnten, dieses eingeübte Verhalten auch im elterlichen Wohnzimmer fortzusetzen pflegten, oder daß Kinder, die ihre Aggressionen mit Schaumgummihämmern ausagieren gelernt hatten, im Schulhof zu Steinen griffen, um vorhandene oder auch nicht vorhandene Aggressionen an den Köpfen der Mitschüler auszuagieren, so wie sie es in der Therapiestunde gelernt hatten.

Das „Aggressive-Spannungen-reduzieren-Wollen“ war zum schönsten *Triebtrainingsprogramm* für aggressives Verhalten geworden, und nicht anders ging es mit dem Sexualverständnis: Das ursprüngliche „Sexuelle-Spannungen-reduzieren-Wollen“ wurde zum Trainingsprogramm für undifferenziertes, depersonales Sexualverhalten.

Nicht umsonst hat die Psychoanalyse *zwei* vorherrschende Triebkategorien im menschlichen Leben definiert, den Sexualtrieb und den Aggressionstrieb (später „Todestrieb“), und nicht umsonst rollte nach dem so ganz ungewollten Trieb-Trainingsprogramm dieser Epoche die Sexwelle und die Welle der Gewalt über unsere Generationen hinweg – wie könnte man den Zusammenhang übersehen?

Nun und nachdem eine Generation bereits das Prinzip des möglichst freien Triebauslebens gelernt hatte, so wurde diese Generation – nach den Erkenntnissen der Lerntheorie – zum Vorbild für die nächste Generation, der Lernprozeß begann sich zu potenzieren. Heute sind an jedem Zeitungsstand frei zugängliche Pornohefte verkäuflich, die Reklamebilder für entsprechende Filme sind eindeutig, selbst so sinnlose Assoziationen wie zwischen neuen Luxusautos und nackten Mädchen werden offiziell über Reklame und Medien hergestellt, niemand findet etwas dabei, die sexuelle Inflation greift um sich, das Vorbild wird zunehmend wirksam. Unsere Jugendlichen sprechen über sexuelle Dinge in einer Sprache, die die Entwertung und Abwertung deutlich widerspiegelt, und es ist nicht anzunehmen, daß sie anders sprechen werden, wenn sie selbst Mütter und Väter sein werden. Der Ausspruch „Unreife Menschen möchten reife Kinder haben!" läßt sich auch auf diese Situation übertragen.

Übung und Vorbild haben das Ihre getan, käme nun auch noch die echte Befriedigung und ein wahrer Lustgewinn zur befreiten, enthemmten und wahllosen Sexualität dazu, dann könnte nach lerntheoretischen Erkenntnissen nichts und niemand den Durchbruch dieser emanzipatorischen Bewegung aufhalten, dann würde in Zukunft der Sexualakt mehr und mehr den Stellenwert eines Händedrucks einnehmen, den man leicht mit jemandem tauscht, was nicht viel zu sagen hat. Dann wären aber auch keine psychischen Probleme und Störungen damit verbunden.

Jedoch, nach motivationstheoretischen Erkenntnissen ist der Lustgewinn bei der entwerteten, depersonalen Sexualität gering, die Befriedigung minimal, die kognitive Steuerung des Menschen frustriert. Diese Frustration kann zur Quelle psychischer und sexueller Störungen werden, zugleich aber bedeutet sie eine Chance, und zwar die *einzige Chance,* die heutige sexuelle Inflation zu überwinden, indem aus der existentiellen Frustration eine neue, sinn- und zielgerichtete Sexualität, ein Hinwenden zur personalen Liebesbeziehung erwächst.

Noch vor nicht allzu langer Zeit hat der Psychologe Wilhelm Reich wortwörtlich gesagt: „In der Psychologie geht es darum, die die Lustbefriedigung hemmenden Zwänge zu beseitigen."

Man hat inzwischen viele „hemmenden Zwänge" beseitigt, aber heute weiß man, daß man mit den Zwängen auch die Lustbefriedigung mitbeseitigt hat. Ich zitiere Paul Coradi aus der „Zeitschrift für Sozialberatung" Juni 77:

„Die Erfahrungen, die man in den nordischen Ländern mit der sexuellen Freizügigkeit gemacht hat, sind anders. Dem Buch der schwedi-

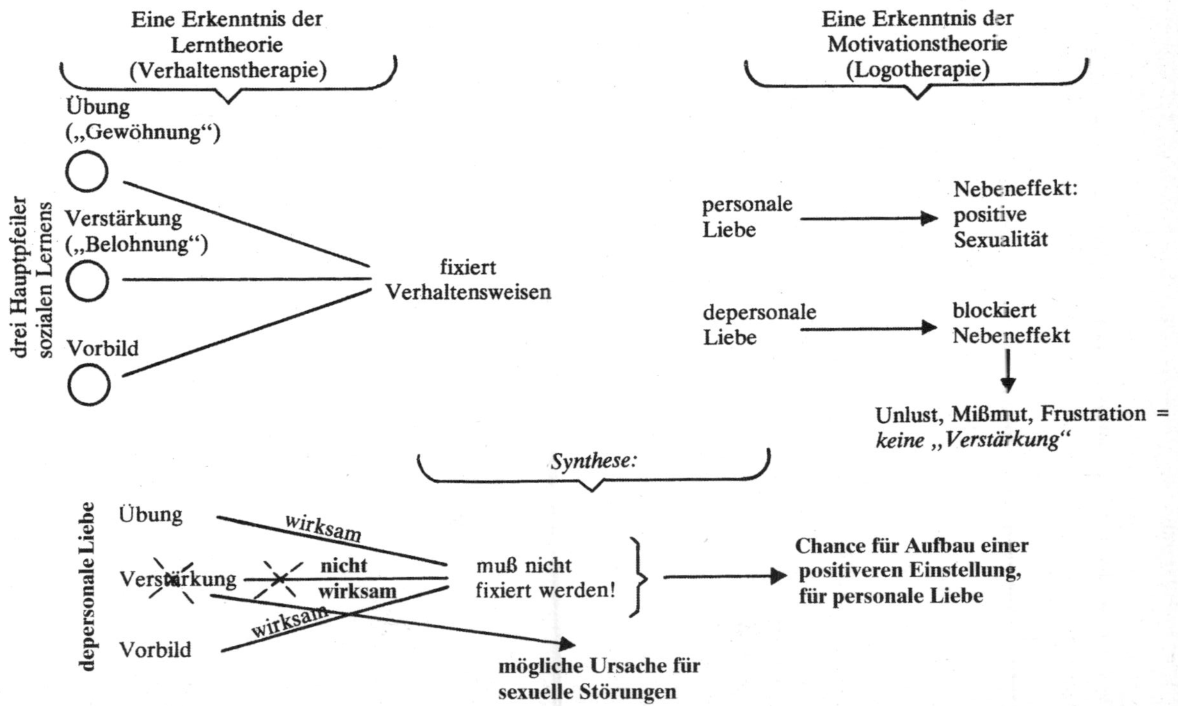
Eine Erkenntnis der
Lerntheorie
(Verhaltenstherapie)
Eine Erkenntnis der
Motivationstheorie
(Logotherapie)
drei Hauptpfeiler
sozialen Lernens
Übung
(„Gewöhnung“)
Verstärkung
(„Belohnung“)
Vorbild
fixiert
Verhaltensweisen
personale
Liebe
Nebeneffekt:
positive
Sexualität
depersonale
Liebe
blockiert
Nebeneffekt
Unlust, Mißmut, Frustration =
keine „Verstärkung“
Synthese:
depersonale Liebe
Übung
Verstärkung
Vorbild
wirksam
nicht
wirksam
wirksam
muß nicht
fixiert werden!
Chance für Aufbau einer
positiveren Einstellung,
für personale Liebe
mögliche Ursache für
sexuelle Störungen

schen Journalistin Maria Scherer: ‚Das Fiasko‘ oder ‚Die herrenlose Frau‘ und dem Aufsatz der deutschen Psychagogin Christa Meves ‚Leiden an der Emanzipation‘ kann entnommen werden, daß die Befreiung im sexuellen Bereich bald zu neuen Formen der Unterdrükkung und zu großen psychischen Schäden führt. Die durch unzählige Reize wachgehaltene Phantasie und ein triebhaft gesteuerter Wille potenzieren die Triebe. Die innigste Vereinigung zweier Liebender wurde zur technisch perfekten Lustbefriedigung – im Endeffekt unter Mißbrauch des Partners – degradiert. Die sexbesessene Frau konsumiert aktiv wahllos Männer, der sexgesteuerte Mann übt auf seine Partnerin eine schließlich unerträgliche Diktatur aus. Die Folgen sind: Innere Leere, Ekel, Haß, Impotenz, Flucht in den Drogen- oder Alkoholrausch, dann massive psychische Erkrankungen und schließlich Lebensuntüchtigkeit oder Kriminalität.“

Das also war der Stand noch bis vor ca. fünfzehn Jahren. Inzwischen gibt es Anfänge einer „Rehumanisierung der Psychotherapie“ (wie sie von Frankl schon seit Jahrzehnten gefordert wird). Die Eheberater richten ihr Augenmerk mehr auf die positive Partnerschaft als auf Sexualerfolge um jeden Preis, und die logotherapeutische Dereflexionsmethode zeigt Heilungserfolge von Sexualneurosen über die Wiederfindung einer personalen Beziehung auf. Aus der Lerntheorie wissen wir, daß Verhaltensweisen, die wenig Gewinn, Erfolg oder „Genuß“ bringen, allmählich zurückgehen, gelöscht werden, wie man sagt, und es bleibt uns die Hoffnung, daß sich die sexuelle Inflation auf Grund ihrer eigenen Entwertung totläuft. Jede Krise hat ihre Chance, und das ist die Chance der sexuellen Krise von heute. Ob allerdings die „Familie“ diese Krise überstehen wird?

Fall Nr. 6:
Ein Ehepaar meldete sich zur Beratung an, Mann und Frau wollten gemeinsam kommen. Ich lud sie ein zum Gespräch.
Gesprächsfragmente (gekürzt):
Er: Wir – wir wollen uns gerne einmal beraten lassen. Meine Frau und ich führen eine gute Ehe.
Sie: Wir sind 15 Jahre verheiratet, und es hat nie einen schweren Krach gegeben oder Streitigkeiten oder so was, wir haben uns immer verstanden.

Er: *Ja, ja, wir verstehen uns auch jetzt, so ist das nicht, wir wären auch gar nicht gekommen, wenn uns nicht Frau X. empfohlen hätte, zu Ihnen zu gehen.*

Pause

Ich: *Haben Sie Probleme in der Intimsphäre?*

Er: *Ja, ja, so ist es. Meine Frau, wie soll ich sagen, der Arzt meint, sie sei ganz gesund, wenn sie nämlich nicht gesund wäre …*

Sie: *Das ist es nicht, ich bin schon gesund. Ich meine bloß, ist es denn wirklich so unbedingt nötig? Es fällt mir schwer, mich dazu zu zwingen, mein Mann findet das abnormal.*

Er: *Was heißt abnormal, wir sind schließlich Mann und Frau, oder nicht? Aber einmal liest du, einmal nähst du, einmal hast du Kopfschmerzen, jeden Abend eine andere Ausrede –*

Sie: *Das stimmt, ich (beschämt) schiebe den Abend immer hinaus, habe direkt Angst vor dem Schlafengehen, manchmal denke ich schon den ganzen Tag daran, an den Abend, was ich wohl tun soll, den ganzen Tag (schluchzt)!*

Ich: *Sie haben Angst vor dem Begehren Ihres Mannes, weil Sie glauben, es nicht beantworten zu können?*

Sie: *Ja, Frau Doktor.*

Ich: *(zum Mann gewandt) Sie haben die Worte erwähnt: „Wenn Sie nicht gesund wäre …“, haben Sie damit gemeint, daß Sie verzichten würden, wenn Ihre Frau ein körperliches Gebrechen hätte, das dem im Weg stünde?*

Er: *Selbstverständlich, ich bin doch kein Wüstling!*

Ich: *Angenommen, Ihre Frau wäre nun krank und Sie würden verzichten, hätten Sie dann Ihre Frau weniger lieb?*

Er: *Das hat damit nichts zu tun, ich liebe sie ja nicht nur deshalb. Das finde ich überall, wenn es sein muß. Ich liebe sie –*

Ich: *Ja?*

Er: *Na, wie sie ist, als die Frau, die mich durchs Leben begleitet!*

Sie: *(Gerührt) Ich wußte gar nicht, daß du es so siehst!*

Er: *Aber ich bitte dich, wenn du krank wärest, würde ich kein Wort sagen, aber da du nicht krank bist, muß ich annehmen, du willst mich nicht –*

Ich: *Sie irren sich, Ihre Frau ist zwar nicht körperlich krank, aber sie hat eine kleine psychische Störung, die erst behoben werden muß, ehe sie sich Ihnen wieder voll hingeben kann. Ihre Ablehnung ist Ausdruck dieser Störung und nicht Ausdruck fehlender Liebe!*

Sie: *Das stimmt, genauso ist es! Meine Liebe hat damit nichts zu tun, absolut nichts! (Zum Mann gewandt): Ich liebe dich wie am ersten Tag.*

Er: *(Gerührt) Das wußte ich nicht.*

Ich: *(Zu beiden) Sehen Sie, es gibt etwas, das wußten Sie beide nicht voneinander. Sie lieben einander ganz unabhängig von der Güte des sexuellen Zusammenspiels, jeder liebt die Person des anderen um seiner selbst willen. Das ist mehr, als viele andere Ehepaare besitzen, auch wenn sie noch so gut im Bett verkehren. Vergessen Sie vorläufig die kleine Störung, lassen Sie vorläufig den Intimkontakt zur Seite, versuchen Sie, sich auf den Abend zu freuen, denn der Abend ist die Zeit, die Ihnen gemeinsam gehört! Machen Sie auch etwas Gemeinsames aus dem Abend, einen Spaziergang, ein Spiel, ein gemeinsames Pläneschmieden – haben Sie schon Urlaubspläne?*

Er: *Eigentlich noch nicht, aber Sie haben recht, wir sollten beginnen, daran zu denken.*

Sie: *Ja, das finde ich eine schöne Anregung. Ich werde Kataloge aus Reisebüros besorgen, dann können wir abends von schönen Reisezielen träumen.*

Ich: *Geben sie jedem Abend ein kleines Glanzlicht, ein hübsch angerichtetes Abendbrot, ein kleines Mitbringsel vom Dienst, eine Idee, einen Vorschlag, nichts darf zur Routine werden. Ihre Liebe ist so kostbar, daß Sie sie gegenseitig spüren müssen, dann verblassen alle kleinen Störungen, die es gibt oder geben könnte.*

Er: *Wir werden es versuchen, Frau Doktor. Und was soll meine Frau nun speziell tun, um ...*

Ich: *Vorläufig nichts, außer sich auf den Abend freuen, Tag für Tag –*

Sie: *Oh Frau Doktor, ich danke Ihnen!*

Anruf des Mannes nach 14 Tagen:

Er: *Frau Doktor, ich möchte nur sagen, wir wollen eigentlich gar nichts mehr unternehmen. Wir sind jetzt so glücklich miteinander, meine Frau hat sich ganz gewandelt, seit wir bei Ihnen waren. Und deshalb bin ich bereit, auf das andere zu verzichten, wenn sie doch jetzt glücklich ist, was soll's. Ich möchte sie nicht mehr bedrängen.*

Ich: *Das brauchen Sie auch nicht, geben Sie ihr noch ein bißchen Zeit, sie wird wieder gesund werden, vollkommen gesund. Aber ich fände es gut, wenn Sie ihr den Entschluß, den Sie mir mitgeteilt haben, auch sagen würden. An Ihrem Verzicht wird sie Ihre Liebe ermessen können, und an dieser Liebe wird sie gesunden. Und noch etwas, suchen Sie sich einen recht schönen Urlaub aus, ein Landschaftswechsel erleichtert oft einen Wechsel in den Gewohnheiten, reißt aus dem Alltag heraus und gibt neue Impulse!*

Er: *Ja, das werden wir machen. Herzlichen Dank!*

Besuch der Frau nach dem Urlaub:

Sie: *Frau Doktor, ich mußte doch vorbeikommen und es Ihnen sagen, bei uns ist jetzt alles in Ordnung, wie in früheren Zeiten. Wissen Sie, mein Mann wollte sogar verzichten, was sagen Sie? Ein Mann in seinem Alter, das geht doch nicht! Nein, nein, jetzt, da ich weiß, wie sehr wir verbunden sind miteinander, da kann mich das nicht mehr erschrecken. Sein Erstaunen hätten Sie sehen sollen, als ich zu ihm kam, mich anbot, es hat mich einfach glücklich gemacht, ihm meine Liebe zu beweisen …*

Noch gibt es sie, Ehepaare wie diese, aber werden auch die jungen Menschen, die im emanzipatorischen Strudel der sexuellen Inflation mitgerissen worden sind, diesen Weg der gegenseitigen Liebe finden? Wissen sie denn überhaupt noch, was es bedeutet, *jemandem zuliebe* etwas zu tun, auch: zu verzichten?

Es herrscht eine merkwürdige Atmosphäre in unserem sozialen Lebensstil: Alles ist ausschließlich auf das Selbst und auf Unverbindlichkeit programmiert. Das ist ein großer Sicherheitsfaktor und zugleich eine desolate Feigheit, ein wirtschaftliches Plus, aber ein emotionales Minus. Die jungen Menschen leben miteinander und führen „Ehen auf Probe", sehr vernünftig bei den hohen Scheidungsziffern, vernünftig, risikoarm und ohne Herzenswärme. Der Partner kann jederzeit vor die Tür gesetzt werden, wenn er nicht mehr gefällt, wenn er krank oder untauglich wird oder ein besserer Ersatzmann bzw. eine hübschere Ersatzfrau auftaucht. Es ist so wahrhaftig vernünftig, daß einem die Gegenargumente fehlen, auch wenn einen das Grauen beschleicht, die Wegwerfgesellschaft streckt die Hand nach ihren eigenen Mitgliedern aus!

Der Gedanke, daß man *jemandem zuliebe* auch dessen Schwächen und Fehler in Kauf nehmen könnte, auch sein Krank-und-alt-Werden hinnehmen und dem jüngeren und attraktiveren Ersatzmann einen Korb geben könnte, daß man *jemandem zuliebe* sich einmal überwinden und irgendein kleines Opfer bringen könnte, auch wenn es weniger Spaß macht, dieser Gedanke fällt kaum mehr ein, er wird als direkt abwegig betrachtet. Kein Therapeut kann in der Eheberatung vorrangig damit argumentieren, daß doch beide Eheleute *einander zuliebe* den Verzicht leisten mögen, der als trennendes Hindernis zwischen ihnen steht, er würde nur ausgelacht werden.

Und doch ist diese Unfähigkeit, etwas einem Partner zuliebe zu tun, diese Unverbindlichkeit der modernen Liebesbeziehung der äußere und passende Rahmen für das Bild der inneren Leere, Lieblosigkeit, Einsamkeit und sexuellen Leerlaufhandlung.

Wie kommt es, daß junge Menschen, gerade junge Menschen mit ihrem Elan, ihrer Phantasie und Begeisterungsfähigkeit und mit ihrer überschäumenden Emotionalität eine so düstere und unnatürliche Einstellung zur Partnerschaft gewinnen? Sind es Erziehungsfehler, daß sie zu lieben verlernt haben? Gewiß nicht allein, und doch …

Eltern kommen in die psychologische Beratungsstelle und fragen: „Wie kann ich helfen, schützen, bewahren, erklären, wie kann ich bei meinem Sohn oder meiner Tochter das Ärgste vermeiden, wie kann ich das Beste verständlich machen, und letztlich: was ist das Ärgste und was ist das Beste?“ Fragen, die gewiß nicht leicht und nicht pauschal zu beantworten sind, ja, die nicht einmal von der Wissenschaft allein beantwortbar sind, sondern in letzter Entscheidung auch immer Gewissensfragen bleiben.

Was hat denn nun die Psychologie zur *gesunden Sexualpädagogik* anzubieten?

Allzu viel, allzu Widersprüchliches, fürchte ich, dennoch möchte ich versuchen, eine kurze Zusammenfassung der Determinanten gesunder Liebesfähigkeit dem gegenüberzustellen, das über jeder Determination steht, das „Gewordene“ gegenüber dem Willen.

B) Erziehung zur Verantwortung

Sexualerziehung beginnt, wie jeder Erziehungsprozeß, nicht erst in der Pubertät, sondern genauso mit dem ersten Atemzug eines Kindes, wie das Lernen von sozialen Verhaltensweisen überhaupt. Und gerade das, was wir „die Fähigkeit zu einer glücklichen Liebesbeziehung" nennen könnten, muß im Keim ganz früh schon in der Mutter-Kind-Beziehung angelegt werden. Im Trinken an der Mutterbrust, im Wiegen in den Armen der Mutter, in den vielen Zärtlichkeiten des Baby- und Kleinkindalters liegt die Vorprogrammierung für spätere harmonische Emotionalität und Partnerschaft. Man hat lange Zeit nicht gewußt, wie bedeutungsvoll die ersten Tage, Wochen und Monate im Leben eines Kindes sind, man hat geglaubt, es ließe sich vieles später noch nachholen und ist dabei sehr bald an die Grenzen des Durchführbaren gestoßen. Heute weiß man, daß es frühkindliche Prägungszeiten gibt, in denen gewisse Verhaltensweisen gelernt werden müssen, oder sie werden *nie mehr* gelernt, in denen intellektuelle und soziale Reifungsprozesse erfolgen müssen, oder sie werden *nie mehr* erfolgen; eine sehr ernste Sache, über die man nicht einfach hinwegsehen kann. Hierbei handelt es sich keineswegs um „verdrängte" frühkindliche Frustrationen, sondern um echte Lerndefizite, die kaum aufholbar sind.

Die Mutter, und zwar die fröhliche, ausgeglichene, liebevolle Mutter, ist für die Baby- und Kleinkindzeit unentbehrlich, wenn sich das Kind psychisch gesund entwickeln soll. Es gibt zahlreiche Detailerkenntnisse, die allesamt für entscheidende Prägungsphasen in den ersten zwei bis drei Lebensjahren sprechen. So tragen zum Beispiel 98 Prozent aller Mütter instinktmäßig ihre neugeborenen Kinder mit dem Kopf nach links gerichtet im Arm, und man hat festgestellt, daß die Babys auf diese Weise den mütterlichen Herzschlag noch etwas hören können, was sie beruhigt und ihnen das Gefühl der Geborgenheit vermittelt. Wenn das Herzschlaggeräusch fehlt, weil die Babys etwa in ihren Bettchen in der Kinderkrippe liegen, wo sie selten aufgenommen und getragen werden, dann fehlt auch diese Beruhigung für das Gemüt, und spätere Stimmungslabilität ist nicht selten die Folge. Oder es wurde festgestellt, daß Negerbabys und -kleinkinder kaum jemals schreien im Unterschied zu Kindern unseres Kulturkreises. Die Negermütter tragen bekanntlich ihre Babys in Tüchern um den Körper gebunden mit sich herum, und man nimmt an, daß dieser beständige Hautkontakt mit der Mutter entscheidend dafür ist, daß die Babys in ihrer Emotionalität so viel ausgeglichener und stabiler sind, als wir es von den unsrigen kennen *.

Die Erforschung der ersten Lernprozesse des Kindes erbrachte weitere massive Abhängigkeiten des Kindes von der Mutter; das Erkennen und Beantworten des ersten Lächelns, der Lautbedeutungen, die Interpretation einfachster sozialer Interaktionen, alles hängt an der frühen Mutter-Kind-Beziehung, die ausschlaggebend ist für die spätere Gemütsverfassung und Bindungs- und Liebesfähigkeit eines Kindes oder Jugendlichen. Je mehr Isolation, je mehr Distanz zwischen Baby oder Kleinkind und seiner Mutter, desto schwerer die Folgen für das spätere Leben, auch für das spätere Sexual- und Partnerschaftsverhalten; eine Aussage, der in unserer hochindustrialisierten Zeit mit ihrer Emanzipationsbewegung der Frauen und Mütter ein schweres Gewicht zukommt.

Nach Ablauf der frühkindlichen Prägungszeit wird eine andere Komponente in der Erziehung und speziell in der Sexualerziehung wesentlich: die intakte Familie. Jetzt werden sozusagen auch die Väter wichtig, ungeheuer wichtig sogar, weil das Kind ab dem zweiten und dritten Lebensjahr beginnt, auch die Beziehung zwischen Vater und Mutter wahrzunehmen und damit auch – was wiederum von entscheidender Bedeutung ist – als *Vorbild* anzunehmen. Wie Vater und Mutter miteinander sprechen („kommunizieren“), lachen oder streiten, zärtlich sind oder aufeinander losgehen, das alles wird vom Kinde praktisch eingeatmet, in sich aufgesogen, es wird als Modell wirksam, weil es die selbstverständliche und fraglos akzeptierte Wirklichkeit des Kindes darstellt, es ist „so und nicht anders“.

Zur gesunden Sexualerziehung des Kindes gehört eben auch unabdingbar die elterliche Beziehung zueinander, die vor dem Kinde niemals verborgen bleibt. Es gehören die freundlichen Worte, die liebevollen Gesten, die kleinen Zärtlichkeiten zwischen den Eltern, die gegenseitige Rücksichtnahme, die Toleranz und das gegenseitige Verständnis genauso wie der gegenseitig getauschte Kuß und Blick, ein

* Auf Grund dieser Erkenntnis sind mittlerweile auch bei uns Babytragetücher modern geworden, was sehr zu begrüßen ist.

sich gegenseitig die Hand-Drücken oder Über-die-Wange-Streicheln dazu. Sexualerziehung beschränkt sich nicht auf die Aufklärung des heranwachsenden Kindes, eine echte Liebesbeziehung kann nicht in Worten erklärt werden, sie muß *vorgelebt* werden, von den Eltern vorgelebt, das ist der wichtigste Faktor im ganzen Fragenkomplex rund um die Sexualpädagogik.

Das Vorbild ist ja einer der drei Hauptpfeiler der Lerntheorie zur Fixierung von sozial gelernten Verhaltensweisen, und man könnte tatsächlich das Vorbild der Eltern und späterhin auch anderer Bezugspersonen als neuerliche Prägung des Kindes oder Jugendlichen in bezug auf sein eigenes zukünftiges Verhalten deuten.

Zu diesen Prägungsphänomenen kommt der *Erziehungsstil* der Eltern hinzu, der auch für die spätere „Sexualethik" des Kindes von ausschlaggebender Bedeutung ist. Die Frage nach dem optimalen Erziehungsstil ist aus der Erziehungsberatung nicht wegzudenken, deswegen möchte ich einige Gedanken dazu formulieren.

Ich bin grundsätzlich, was Kindererziehung betrifft, eine große Freundin dessen, was ich mit „Vorbereitung aufs Leben" bezeichnen möchte. Wenn wir nämlich ehrlich sind, müssen wir zugeben, daß Eltern für ihre Kinder im Grunde nicht viel mehr tun können, als ihnen einen möglichst guten Start ins Leben zu schenken, alles andere entzieht sich ihrer Einflußnahme. Alles andere ist Schicksal, Zufall, Fügung, Eigeninitiative des Kindes, liegt jedenfalls nicht in den Händen der Eltern. Ob später eine Krankheit auf das Kind zukommt, eine Zeit der Arbeitslosigkeit, eine Wirtschaftskrise, ein Krieg, ob es einen unpassenden Partner heiratet oder sonst ein Unglück hat – Eltern können es kaum verhindern, oftmals müssen sie ohnmächtig zusehen. Es gibt so viele unvermeidliche Schicksalsschläge, daß nicht einzusehen ist, warum man nicht wenigstens *vermeidbares* Unglück zu verhindern trachten sollte. Und vieles, das Eltern in der Erziehung ihren Kindern mitgeben können, würde mithelfen, spätere Dramen zu vermeiden.

Da man jedoch nicht weiß, welche Anforderungen im späteren Leben auf die jungen Menschen zukommen werden und welchen Krisen sie vielleicht ausgesetzt sein mögen, so können Eltern nur eines machen: ihre Kinder vorbereiten, so gut es geht. Die Kinder sollen nicht nur einen guten Start im Leben haben, sie sollen gewappnet sein für alles Schwierige, das auf sie zukommt, und gerüstet sein für jedmögliche Situation, der sie gegenüberstehen werden. Wir vermögen nicht die Probleme von unseren Kindern fernzuhalten, die kommen ganz gewiß auf sie zu, was wir aber tun können ist, den Kindern die Kraft mitzugeben, mit den Problemen fertig zu werden.

Die Probleme der Sexualität sind nur ein kleiner Teil der Probleme, mit denen ein junger Mensch später fertig werden muß, und die gesunde Sexualerziehung ist auch nur ein kleiner Teil der Vorbereitung aufs Leben, die Eltern ihren Kindern schuldig sind, doch hat sie einen engen Konnex mit der Grundhaltung des Erziehungsstils, die wiederum die Weichen stellt für die spätere emotionale Bewältigung des Lebens.

Oft sehe ich in der Praxis Kinder, die aufgezogen werden, als würden sie nie erwachsen. Jede Arbeit, jede Verantwortung wird ihnen möglichst abgenommen, sie dürfen den ganzen Tag tun, was ihnen beliebt, auf der Straße herumlungern, stundenlang fernsehen, sie bekommen zuviel Taschengeld und Süßigkeiten in jeder Menge geschenkt. Dies alles gehört zu ein und demselben Erziehungsstil, dazu gehört auch, daß die Eltern sich kaum je die Mühe machen, ein ernsthaftes Gespräch mit dem Kinde zu führen, auf dessen Interessen einzugehen oder sich aktiv mit dem Kinde zu beschäftigen: mit ihm zu spielen, zu arbeiten, zu wandern oder zu musizieren.

Eltern denken wohl oft, die Kinder werden schon alles in der Schule lernen, oder, die Kinder werden sich schon betätigen, wenn ihnen langweilig ist. Solche Eltern überlassen ihre Kinder *zuviel sich selbst,* sie halten sie künstlich in einer Art Spiel-Dämmerzustand und beziehen sie zuwenig ins wirkliche Leben mit ein. Die Kinder werden größer und stehen eines Tages in einer Welt, in der sie sich nicht zurechtfinden. Die Schulzeit ist aus, und sie müssen den ganzen Tag im Büro mitarbeiten, im Verkaufsladen stehen, in der Lehre mitanpacken – „geschenkt" wird ihnen nichts mehr. Im Gegenteil, sie bekommen ein geringes Gehalt und haben nie gelernt, Geld einzuteilen, statt Spielen gibt es Konkurrenzkampf, Überstunden, Prüfungen und ungeduldige Worte der Vorgesetzten, und da sie es nie erlebt haben, sich mit den Eltern richtig auszusprechen, so suchen sie nicht deren Rat und stehen plötzlich allein in einer Welt, der sie nicht gewachsen sind, auf die sie niemals wirklich vorbereitet worden sind.

Analoges gilt für die gesunde Sexualerziehung, auch auf diesem Gebiet geht es um eine sinnvolle Vorbereitung aufs Leben. Zu einer solchen gehört jedoch nicht nur das ausreichende Wissen um die sexuellen Funktionen („Aufklärung"), sondern vor allem eine *gesunde Sexualethik,* eine Vorstellung von der Verantwortlichkeit Liebender füreinander und der Verantwortlichkeit eigenem und kommendem Leben gegenüber.

Während die Aufklärung in unserer Zeit ausreichend hochgespielt worden ist, sieht es um die gesunde Sexualethik trist aus. Glaubt man denn wirklich, daß die Kinder als Vorbereitung auf ihr späteres Leben nur die entsprechenden medizinischen Informationen benötigen, und daß dies ausreicht für die Fähigkeit zu lieben?

Ich glaube vielmehr, daß von all den Jugendlichen (und auch Erwachsenen), die in ihrer Sexualität oder in einer Liebesbeziehung scheitern, nur ein geringer Prozentsatz daran scheitert, daß sein Wissen um die sexuellen Vorgänge nicht ausgereicht hat. Wenn die Informationen der Eltern zu dürftig gewesen sind, haben sich die Kinder ihr Wissen woanders geholt, aber informiert sind heute nahezu alle jungen Menschen unserer Gesellschaft. Wodurch jedoch die vielen sexuellen Probleme entstehen, das ist die falsche *Einstellung* zur Sexualität und zum Partner als „Sexualobjekt", das ist einfach ein ungesundes Weltbild, ein tragisches Weltbild, das Bild von Eigen-Vorteil und Konsumation.

Dieses Weltbild aber ist das Produkt des gleichen Erziehungsstiles wie das Weltbild von der Arbeit unter dem geringstmöglichen Aufwand oder den dahingelebten Freizeitstunden, die mit nichts Sinnvollem gefüllt werden.

Werden Kinder in dem Spiel-Dämmerzustand belassen, darf es uns nicht wundern, wenn sie als Erwachsene produktive Arbeit scheuen, abends im Wirtshaus oder im Spielsalon herumsitzen oder gleichgültig vor dem Fernseher dösen und grundsätzlich ihr Leben als sinnlos betrachten. Und werden die Kinder in Hinblick auf die Sexualerziehung höchstens mit ausreichenden Informationen über Bau und Funktion der Sexualorgane großgezogen, dürfen wir uns auch nicht wundern, wenn sie als Jugendliche diese Informationen anwenden, wahllos und verantwortungslos, weil sie nichts anderes darin sehen können, als kurze Augenblicke des Lustgewinns.

Sie haben versäumt zu lernen, daß Sexualität nur eine von vielen Ausdrucksformen der Liebe ist, und daß zu einer echten und innigen Bindung noch viele andere Ausdrucksformen dazugehören, wobei diese eine nicht einmal die bedeutendste ist. Sie haben nie an den Partner, sondern immer nur an sich selbst zu denken gelernt! Und die Folgen sind nach wie vor unerwünschte Kinder, vorschnelle Ehen, Abtreibungen, Partnerkonflikte und eine Scheidungsziffer, die deprimierend ist.

Was also im Erziehungsgeschehen dringend not tut, das ist eine Schulung der Liebesfähigkeit des Kindes und seines Verantwortungsbewußtseins.

Wenn ich Eltern diese Zusammenhänge aufzeige, dann fragen sie, was sie dazu beitragen könnten. Die Antwort ist: viel, unendlich viel! So viel Liebe das Kind in der Familie, in der es heranwächst, erlebt, so viel Liebe trägt es später in seine eigene Familie hinein.

Wichtigste Grundlage dabei ist die Art und Weise des elterlichen Gesprächs. Zu einer guten und stabilen Bindung zweier Menschen gehört – mehr noch als ein gutes sexuelles Zusammenspiel – die *Achtung vor dem Partner.* In den vielen alltäglichen Kleinigkeiten, die zwischen Vater und Mutter zur Sprache kommen, ist es ein erheblicher Unterschied, ob in diesem Gedankenaustausch immer noch – auch wenn beide schon viele Jahre verheiratet sind – eine Spur von gegenseitiger Achtung vorhanden ist oder nicht. Abwertende Aussprüche zwischen Eltern wie „Sei ruhig, das verstehst du nicht!“ oder „Das geht dich nichts an!“ oder „Hör auf mit deinem blöden Gerede!“ und ähnliche sind Aussprüche, die die Person des anderen herabsetzen, sind das schlimmste Gift für jede Partnerschaft, und dieses Gift überträgt sich auch noch auf die Kinder.

Man täusche sich nicht. Kinder sind sehr hellhörig für zwischenmenschliche Differenzen und Abwertungen und ergreifen sofort Partei. Wenn Ehestreitigkeiten wiederholt vor Kindern ausgetragen werden, lernen diese Kinder sukzessiv, daß man einem Liebespartner alles bedenkenlos ins Gesicht sagen kann, daß man sich vor einem solchen Partner nicht zu beherrschen braucht. Sie lernen also, daß man zur Frau Nachbarin höflicher und rücksichtsvoller sein müsse als zur Ehefrau, oder daß man den Herrn Nachbar nicht so beschimpfen dürfe wie den Ehemann. Haben sie das einmal gelernt, ist ihre Liebesfähigkeit weitgehend geschwächt, denn sie werden zwar vielleicht in ihrer späteren Ehe die abendlichen Bettszenen bestehen, aber es ist fraglich, ob sie auch den häuslichen Alltag bestehen werden. Liebe muß vorgelebt werden, wir kehren zurück zur Bedeutung des elterlichen Vorbildes, Liebe kann nicht in Worten vermittelt werden.

Lieben heißt deswegen nicht, in allem und jedem nachgeben, aber wenn verschiedene Ansichten zwischen den Eltern auftreten, dann muß auch die Suche nach einem Kompromiß mit ein wenig Achtung vor dem Partner erfolgen und darf die Würde des anderen nicht antasten – und schon gar nicht vor den Augen und Ohren der Kinder!

Fall Nr. 7:
Ein Junge besuchte unsere Legasthenie-Gruppe in der psychologischen Beratungsstelle. Eines Tages holten ihn seine Eltern ab, mußten jedoch noch ein wenig im Vorraum warten, und während dieser Zeit kam es zwischen ihnen zu einem Streit. Als der Junge dies hörte, lief er aus dem Therapieraum zu seinen Eltern und begann ebenfalls auf sie einzuschreien. Ich beendete die Szene, indem ich alle drei zu mir ins Zimmer bat. „Ich weiß nicht, worum der Streit geht", sagte ich, „aber ich mache Ihnen einen Vorschlag. Führen Sie Ihr Gespräch hier herinnen bei mir weiter, aber unter gewissen Spielregeln. Wir setzen uns rund um den Tisch, ich spreche nicht mit, ich bin nur ein Kontroll-Automat. Ich halte eine Taschenlampe in der Hand, die dann aufleuchtet, wenn einer von Ihnen etwas sagt, das die Würde eines anderen verletzt. In dem Fall, wenn die Taschenlampe aufleuchtet, muß derjenige, der gerade spricht, das Letzt-Gesagte sinngemäß wiederholen, jedoch diesmal ohne Herabsetzung des anderen. Dann geht das Gespräch normal weiter. Zur gleichen Zeit spricht immer nur einer, und die Regel mit der Taschenlampe gilt für alle. Wollen Sie es versuchen?"

Die Familie sah zwar den Zweck dieser Übung nicht ganz ein, war aber einverstanden. Anfangs leuchtete die Taschenlampe sehr oft, denn keiner von ihnen war es gewohnt, eine angemessene Form beim Gespräch einzuhalten. Und gerade die Form sollte in diesem Gespräch gewahrt bleiben, der Gesprächsinhalt stand jedem frei. Das sah zum Beispiel so aus: Frau: „Ich find's unverschämt, was du von mir verlangst, was glaubst du denn, wer du schon bist ...!" – Taschenlampe leuchtet auf, sie muß wiederholen – „Ja, also, ... ich finde es nicht ganz richtig, so viel von mir zu verlangen, niemand kann hundertprozentig sein ...".

Es erfordert viel Konzentration vom Therapeuten, stets abzuwägen, wann das Signal richtig ist, und schnell zu reagieren, aber es hilft den Leuten ungemein zur Selbstkontrolle und Kompromißfindung. Nach einer halben Stunde konnte diese Familie miteinander sprechen, ohne sich gegenseitig zu kränken. Jetzt erst erfuhr ich langsam, worum der Streit gegangen war, aber plötzlich schien auch das für alle Beteiligten nicht mehr so wichtig. Sie einigten sich schnell auf eine Lösung. Als ich sie fragte, ob ich sie jetzt beruhigt nach Hause gehen lassen könne, lachte die Frau sogar und meinte verlegen, so eine Taschenlampe, die im richtigen Moment aufleuchtet, könnten sie auch zu Hause öfters brauchen ...

Zur Schulung der Liebesfähigkeit des Kindes gehört außer der Achtung vor dem Partner auch die Aufgeschlossenheit gegenüber der *Natur und allem Lebendigen.*

Kinder sollen nicht mit geschlossenen Augen herumlaufen, sondern von Anfang an die Schönheit rings um uns in der Natur erleben dürfen. Es ist keine Schande, mit einem Kind bei einer kleinen Blüte im Wald niederzuknien und gemeinsam die harmonischen Farben zu bestaunen, oder dem Blätterrauschen im Winde, dem Summen der Bienen, dem Atem des Sommers zu lauschen, Kinder, die von Anfang an zuviel auf das bloße Konsumieren eingestellt wurden, verlieren die Fähigkeit zu einem echten Erlebnis. Sie müssen immer etwas begehren, sie können an keinem Spielwarengeschäft vorübergehen, ohne dies und das aus der Auslage zu wünschen, sie können nicht einmal auf einer Wiese Rast machen, ohne sich nach dem Kofferradio oder dem tragbaren Fernsehgerät zu sehnen – nichts macht ihnen wirklich Freude. Wie arm sie doch sind! Oftmals ist die einzige Beachtung, die sie der Natur zu schenken je gelernt haben, eine destruktive: sie haben vielleicht als Kleinkinder Käfer gefangen oder zum Spaß zertreten, sie haben Fliegen mit Genuß die Flügel ausgerissen und Blumen abgepflückt, wo immer sie sie fanden.

Ein 9jähriger verwahrloster kleiner Bub (Fall Nr. 8) erzählte mir einmal, daß er, wenn tagsüber die Eltern in der Arbeit sind, herumstreune.

„Was machst du denn so, ist dir nicht langweilig?“ fragte ich ihn. „Wenn mir langweilig ist, nehme ich einen Stock und schlage Bienen tot“, war seine Antwort.

Kinder, die zerstören gelernt haben, ohne die Schönheit der Natur jemals kennenzulernen. Auch diese Kinder werden größer, reifen heran, finden Kontakt zum anderen Geschlecht, und wie begegnen sie nun diesen Geschöpfen der Natur, ihrem Sexualpartner? Ich fürchte, sie begegnen ihnen in ähnlicher Weise, sie wollen sie gebrauchen, besitzen, genießen – aber sie sind unfähig, sie zu lieben. Das destruktive Element ihrer Erziehung bewirkt, daß sie Bindungen leichtfertig zerstören und Menschen wechseln, als wären sie Spielsachen, die man austauscht, wenn sie nicht mehr ganz neu sind.

Die Schulung der Liebesfähigkeit gehört zur gesunden Sexualerziehung unabdingbar dazu wie auch die Erziehung zur Verantwortlichkeit. Mädchen werden vielfach von Eltern vor den Gefahren ungeschützten Verkehrs gewarnt; wird aber auch mit den heranwachsenden Söhnen darüber gesprochen, welche Verantwortung sie einer Partnerin gegenüber tragen? Wäre es nicht eine Paradoxie, gerade den Menschen, den man liebt, in Schwierigkeiten zu bringen?

Gegenseitiges Verständnis, verbunden mit hohem Verantwortungsbewußtsein und einem echten Gefühl der Zuneigung wiegen unvergleichlich mehr als die schönste Sexualtechnik und kurze Augenblicke des Rausches in einem im Grunde unbefriedigten Dasein – *dieses* Weltbild sollten die Eltern vermitteln, denn ihr Erziehungsstil formt das Weltbild ihres Kindes zu einem an inneren Werten reichen oder zu einem trostlos leeren.

Eltern glauben meist, sie haben noch viel Zeit, aber sie haben in Wirklichkeit nicht so viel Zeit, die gesunden Einstellungen ihres Kindes vorzuprägen. Sie haben praktisch nur die Zeit zwischen Kleinkindalter und Pubertät, das ist die Prägungszeit des Erziehungsstiles, die Zeit, in der das Kind die Impulse, die von seinen Eltern kommen, in sich aufnimmt, verinnerlicht und zu seiner eigenen Persönlichkeit verarbeitet. Bereits in der Pubertät, in der Zeit der großen Loslösung vom Elternhaus und der Verselbständigung der Jugendlichen, wird alles kritisiert und bezweifelt, was von den Eltern kommt. Dann ist es zu spät, eine Grundlage für ein gesundes Weltbild zu legen. Diese Grundlage muß bereits vorhanden sein, und die Werte wie „Liebe zur Natur“, die Fähigkeit zu lieben, das Bewußtsein der Verantwortung usw. müssen bereits vom Kinde aufgenommen worden sein, als hätte es sie in seiner Kindheit mit der Luft eingeatmet, dann scheinen sie dem Kind so selbstverständlich, daß sie auch in der Pubertät nicht leicht niedergerissen werden.

Die Haltungen des Kindes zur Arbeit, zur Freizeit, zur Sexualität, zum künftigen Partner, zum Leben an sich, all diese Haltungen muß der Erzieher bereits gefestigt haben, wenn das Kind in die Pubertät eintritt, oder er wird sie niemals beeinflussen, und das ist nun die Verantwortung von uns allen, nämlich die jungen Menschen nach besten Kräften aufs Leben vorzubereiten, solange es Zeit ist, und ihnen ein Wert- und Sinnverständnis mitzugeben, welches tragfähig genug ist, die Stürme des Reifens zu überdauern und dem Gereiften ein zufriedenes und sinnerfülltes Leben zu ermöglichen.

Somit lassen sich *drei grundlegende Vorprägungen* für das spätere Liebes- und Sexualverständnis junger Menschen erkennen:

a) Die frühkindliche Prägungszeit, in welcher die Mutter-Kind-Beziehung ausschlaggebend ist,
b) die spätere, man könnte sagen, sekundäre Prägungszeit, in welcher das Vorbild der Eltern-Beziehung zueinander wirksam wird, und
c) die Gesamtprägung des kindlichen Weltbildes durch den elterlichen Erziehungsstil.

Was folgt daraus?

Wenn junge Menschen nun ungesund vorgeprägt sind, wenn die frühe Mutter-Kind-Beziehung bereits gestört war, oder wenn das elterliche Vorbild unglücklich verlaufen ist oder ganz gefehlt hat, wenn der Erziehungsstil beschränkt oder falsch akzentuiert war – was dann?

Ringen wir uns durch, versuchen wir, den Determinismus zu überwinden, geben wir ihnen um Himmels willen eine Chance, diesen verwahrlosten Kindern einer Konsumgesellschaft, die Ideale wie Tüten und Menschen wie Gebrauchsartikel ablegt, wenn sie nicht gewinnbringend sind!

Bleibt nicht trotz aller Vorprogrammierung noch ein Stückchen Freiraum für die Entwicklung und Entfaltung der eigenen Persönlichkeit nach eigenem Willen? Die Logotherapie sagt „ja“, aber die meisten naturwissenschaftlichen Forschungsergebnisse klingen diesbezüglich wenig ermutigend.

So ist zum Beispiel das *Erbgut* von ausschlaggebender Bedeutung, aber nicht nur das Erbe von den Eltern oder Großeltern, sondern auch das gesamte Erbe an Verhaltensweisen von einer ganzen Lebewesenart. Wenn wir heute durch einen finsteren Wald allein spazieren, so kommt uns deswegen jedes leise Ästerauschen und jedes Knistern im Unterholz verdächtig vor, weil es für unsere Ur-Urahnen in der Steinzeit das Nahen wilder Tiere bedeuten konnte, und wir zögern heute noch wie jene mit dem Schritt, selbst wenn weit und breit keine Gefahr gegeben ist. Auch das sind gelernte Verhaltensweisen, nur daß nicht das Individuum, sondern die ganze Art sie gelernt hat, und zwar in einem jahrtausendealten Lernprozeß.

Eine andere unzweifelhafte Einengung unserer Illusion von der Freiheit stellt der Aufbau und die Funktionsfähigkeit unseres *Gehirns* dar. Die geringste Beeinträchtigung oder Veränderung in diesem hochkomplizierten Organ zieht Verhaltenskonsequenzen nach sich; ein Kind mit einer cerebralen Dysfunktion zum Beispiel kann einfach nicht kontrollierter handeln oder besser lernen, genauso wie ein stark Angetrunkener eben nicht sicher aufrecht gehen kann, wenn er es noch so will. Und auch das *Erziehungsmilieu* ist eine enorme Einengung unserer Freiheitsillusion, wie ich dargestellt habe.

Erbgut, Gehirn, Erziehungsmilieu, alles unzweifelbare, determinierende Faktoren – bleibt überhaupt noch ein Freiraum übrig? Jugendliche mit erblicher Belastung (Mutter Prostituierte, Vater notorischer Trinker zum Beispiel), Jugendliche mit Hospitalismusschäden, denen Mutter-Kind-Beziehung, Elternvorbild und alle Vorbedingungen für gesundes Sozialverhalten gefehlt haben, Jugendliche mit organischen Schäden, auf Sonderschulniveau, in der Reifeentwicklung zurückgeblieben, körperlich aber vorentwickelt, unruhig und enthemmt, oder Jugendliche aus katastrophalen Familienmilieus, in denen Streit, Brutalität, auch nächtliche Vergewaltigung und kriminelle Delikte an der Tagesordnung sind, all diese Jugendlichen, fehlentwickelt, fehlgesteuert, fehlgeprägt – bleibt noch ein Freiraum für Gesundung und Renormalisierung übrig? Haben sie überhaupt noch die Möglichkeit, mit oder ohne fremde Hilfe aus eigener Kraft und festem Willen ihr Leben neu und besser zu gestalten, ihrem Leben einen Sinn zu geben? Oder sind sie unweigerlich Opfer ihrer Umstände?

Paul Weiss von der Rockefeller University in New York versuchte vor einigen Jahren auf einem Symposion zum Thema „Willensfreiheit" anhand von Parallelen zwischen Physik und Biologie einen sogenannten *Schichten-Determinismus* zu entwerfen. Dabei zeigte er auf, daß naturwissenschaftlich gesehen ein *Makrodeterminismus* nicht abgeleugnet werden kann, denn die großen Zusammenhänge im Naturgeschehen laufen ohne Zweifel kausal gesteuert ab in einer endlosen Kette zwischen Ursachen und Wirkungen, in der belebten Welt wie in der unbelebten, beim Menschen nicht anders als in der übrigen belebten Welt. Dennoch, sagte Weiss, gilt dieser Determinismus im Mikrobereich des Lebens offensichtlich nicht, es bleibt in kleinsten Bereichen stets ein Variationsspielraum übrig, welcher scheinbar dem Zufall ohne jegliche Vorprogrammierung offensteht. Er formulierte es wortwörtlich so: „Ich könnte ohne weiteres die Gültigkeit dieses Prinzips der Determiniertheit im Großen trotz *erwiesener Unbestimmtheit im Kleinen* auf praktisch jeder Ebene und jedem Gebiet der Biowissenschaften beweisen." Und er führte auch anschließend eine Reihe von solchen Beweisen aus. Für uns Psychologen interessant ist jedenfalls die Erkenntnis, daß selbst in primitivsten biologischen Systemen, bei einfachsten Pflanzen und Tieren schon, ein Mikrospielraum an freier, undeterminierter Entfaltung verbleibt. Wieviel mehr muß dann erst recht dem Menschen auf seiner heutigen hochkomplizierten Entwicklungsstufe ein Mikrofreiraum gegeben sein bei all seiner Makrobestimmtheit?!

Wir können uns nicht plötzlich in die Lüfte erheben und davonfliegen, auch wenn wir es wollen: Makrobestimmtheit durch unseren Körperbau; wir können nicht immer ruhig und gelassen aussehen, wenn wir ein hochgradig nervöses und heftiges Temperament haben: Makrobestimmtheit durch unsere Erbanlagen; wir können nicht ohne Schuldgefühle brutal und grausam handeln, wenn wir zum sozialen Denken und zur Nächstenliebe erzogen worden sind: Makrobestimmtheit durch unsere Erziehung. Aber es finden sich im Mikrobereich zahllose Situationen, in denen wir trotz allem frei entscheiden können, und das sind die *wichtigsten* Entscheidungen in unserem Leben, auch wenn sie sich „nur" auf Kleinigkeiten beziehen.

Wir können mit finsterem Gesicht an jemandem vorübergehen oder ihm aufmunternd zulächeln, wir können uns um mehr oder weniger Verständnis bemühen, uns die Beurteilung anderer Menschen leicht oder weniger leicht machen, den eigenen Schwächen stark oder weniger stark nachgeben. Sie können dieses Buch zu Ende lesen oder ungelesen zur Seite legen.

Auch die Wissenschaft, deren eigentliches Anliegen ja stets der Nachweis einer Determiniertheit im Aufdecken von kausalen Zusammenhängen gewesen ist, zeigt sich heute geneigt, vom absoluten Determinismus, der sich auch auf den Mikrobereich erstrecken sollte, abzusehen, und dem Menschen einen, wenn auch beschränkten, so doch *frei zur Verfügung stehenden* Entscheidungs- und Willensbereich zuzugestehen. Eine Willensfreiheit im Kleinen.

Haben wir Psychologen es also in unserer Arbeit mit Jugendlichen zu tun, die durch irgendwelche Faktoren geschädigt und eher negativ vorgeprägt sind, dann können auch wir daran nichts ändern, das sind Makrodeterminanten. Der Psychotherapeut muß bei seinen Patienten die negativen Faktoren aus deren Vergangenheit hinnehmen. Er kann sie nicht ungeschehen machen, ob er sie im Gespräch „ausgräbt" oder schweigend übergeht, er muß sie immer in sein therapeutisches Kalkül miteinbeziehen. Wir wissen, daß unsere Patienten und Klienten im Makrobereich determiniert sind wie wir selber auch, und wir dürfen vor diesen determinierenden Faktoren die Augen nicht verschließen.

Wenn wir Fälle haben, in denen erbliche Belastungen, Organminderwertigkeiten, Milieuschäden, zerrüttetes Elternhaus, Drogeneinflüsse, Hirnverletzungen oder frühkindliche Verwahrlosung und Hospitalisierung eine Rolle spielen, so glauben wir alle nicht, mit ein paar Gesprächen, mit viel gutem Willen und ein bißchen Psychotherapie dies auslöschen zu können und eine Renormalisierung des Klienten zu erreichen. Unsere Chancen und Möglichkeiten liegen *nur im Mikrobereich,* in dem kleinen freien Spielraum, in welchem Menschen ihre eigenen Entscheidungen treffen können, unabhängig von allem, was gewesen ist, aufgrund ihrer eigenen individuellen Persönlichkeit.

Aber ich möchte dieses „nur" keinesfalls abwertend oder geringschätzig sagen, denn es läßt sich auch innerhalb dieses kleinen Spielraumes unglaublich vieles noch zum Guten wenden; mit vielen kleinen Schritten kann mitunter auch ein relativ großer Weg bewältigt werden! Manchmal gelingt es sogar durch eine geringfügige Hilfestellung im Kleinen, eine Wandlung im Großen zu erzielen, das sind dann die Sternstunden im psychotherapeutischen Alltag.

Auch die jungen Menschen, die mit ihren sexuellen Problemen, Wünschen, Absichten und unreifen Vorstellungen zu uns kommen, auch sie haben immer noch eine gewisse Entscheidungsfreiheit, eine gewisse Variabilität in ihrem Denken und Handeln – selbst dann, wenn alles dagegen spricht, wenn die so wichtige Mutter-Kind-Beziehung gefehlt hat, wenn das so entscheidende Eltern-Vorbild in der Kindheit versagt hat, auch dann, wenn sie sich nun wahllos einem Partner an den Hals werfen müssen, um die Wärme und Zuneigung, die sie versäumt haben, nachzuholen, auch dann, wenn sie gar keiner echten zwischenmenschlichen Bindung mehr fähig sind, weil ihr Emotional- und Sozialverhalten rückhaltlos gestört und fehlentwickelt ist, auch dann, wenn die soziogenen Umweltbedingungen sie in den Strudel der sexuellen Inflation mithineingezogen haben. Immer noch bleibt in der geistigen Dimension eines Menschen, solange sie überhaupt aktionsfähig ist, ein Stückchen Offenheit, Einsichtsfähigkeit, Selbstkontrolle, eine Chance, an sich selbst zu arbeiten und trotz aller negativen Einflüsse sein Selbst zu verändern und sein Leben zu verbessern. Wir müssen daran festhalten, diese Chance jedem Patienten und Ratsuchenden gedanklich zusprechen – wir dürfen *niemanden* als hoffnungslos aufgeben!

Dieses „therapeutische Credo" ist wesentlicher als die kunstvollste psychologische Gesprächstechnik. Wenn der Ratsuchende fühlt, daß wir nicht nur bemüht sind, ihn zu verstehen und ihm zu helfen, sondern daß wir auch daran *glauben,* daß er dazu fähig ist, sich selbst zu verändern, aus eigener Kraft aus dem Dilemma, in dem er steckt, herauszufinden, dann ist das eine ganz andere Gesprächsbasis, als wenn wir von vornherein resignieren, ihm auf Grund der Vorgeschichte nur fehlerhaftes Verhalten zutrauen und uns auf übliche Ratschläge beschränken.

Es ist vielleicht eine der schwierigsten Anforderungen an den Psychotherapeuten überhaupt, daß er zugleich *wissen und glauben* muß, nämlich einerseits wissen, unter welchen Bedingungen und Einflüssen ein Mensch sich verändert, sich gestört verhält, sich selbst oder der Umwelt gefährlich wird, ja nahezu unrettbar für das soziale Leben verloren ist, und andererseits muß er an eben diesen selben Menschen bis zuletzt glauben, an seine Menschenwürde, an seine wenn auch begrenzte Entscheidungsfreiheit, an seine Fähigkeit, sich kraft eines Willensaktes selbst umzuerziehen und seinen Determinanten entgegenzustellen. Denken wir an das Goethewort: „Wenn man den Menschen sieht, wie er ist, macht man ihn schlechter, wenn man ihn aber sieht, wie er sein soll, so macht man ihn zu dem, der er sein kann." Was nützt die ganze *aufdeckende Psychotherapie,* wenn sie Determinanten feststellt und den Patienten in seiner Determination festhält? Nur über eine *Einstellungsänderung* kann der Patient von seinen Determinanten ein klein wenig freigespielt werden, gerade soviel, daß er ihnen nicht ganz verfällt.

Jugendliche lieben die Opposition, sollen sie doch ihrem ungünstigen Schicksal, ihren negativen Umweltfaktoren opponieren! Die Eltern eines Jugendlichen haben diesen vielleicht selbst zu früh, in unreifen Jahren bekommen, haben ihn unerwünscht und ungewollt in die Welt gesetzt, wußten dann nicht wohin mit ihm, und er wurde bei Verwandten und Bekannten herumgestoßen. Welch ein Grund für den jungen Menschen, es genauso wieder zu tun? Hier sollen die Jugendlichen ihren Trotz einsetzen, dem negativen Vorbild sollen sie trotzen, wenn es wirksam zu werden beginnt, und den festen Willen etablieren, es selbst anders und besser zu machen. Und die Gewißheit sollen sie haben, daß es ihnen auch gelingen kann, es selbst besser zu machen und das Unglück nicht fortzusetzen, diese Gewißheit zumindest müssen sie vom Psychotherapeuten erfahren.

Manche Jugendlichen haben im eigenen Elternhaus nicht genug Wärme, Liebe und Verständnis gefunden, und nun wollen sie ausbrechen und das Versäumte beim Freund oder bei der Freundin im Bett nachholen. Was für ein Unsinn, aus lieblosen Verhältnissen auszubrechen und in unbekannte, vielleicht noch lieblosere Verhältnisse hineinzutaumeln! Auch hier muß in den Jugendlichen der Wille geweckt werden, erst festzustellen, ob wirklich die stabile Liebe und Zuneigung bei ihnen selbst und beim auserwählten Partner zu finden ist, die sie so sehr suchen, ehe sie sich an neue und unbekannte Verhältnisse binden.

Man kann frühes Zusammenleben von jungen Menschen nicht generell ablehnen, es kommt immer darauf an, wie intensiv die personale Beziehung zwischen beiden entwickelt ist und wie weit die jungen Menschen dazu überhaupt reif sind. Deswegen halte ich es für sehr wichtig, auch den Partner in die therapeutischen Gespräche miteinzubeziehen. Aus dessen Antworten kann nicht nur der Therapeut Schlußfolgerungen ziehen, auch der Ratsuchende selbst lernt den Freund oder die Freundin in solchen Gesprächen mit Dritten besser kennen. Die Gruppenrepressionen sind heute gewaltig. Jugendliche mit Erfahrung sind gefragt, es wird fast zu einer Zwangsvorstellung, die eigene Potenz demonstrieren zu müssen. All diese Zusammenhänge können im therapeutischen Gespräch aufgezeigt und erläutert werden, wobei man wieder mit der „Trotzmacht des Geistes" operiert. Wollen die jungen Menschen denn Herdentiere sein, müssen sie mit der Masse laufen, haben sie keinen eigenen Willen mehr, kein bißchen eigene Entscheidungsfreiheit, keine Spur von Individualität?

In solchen Gesprächen zu dritt kann manches, was von den Eltern versäumt worden ist, an den Jugendlichen nachgeholt werden, ein Reifungsprozeß kann in Gang gesetzt werden, der vielleicht sogar über den kleinen Mikrobereich hinausgeht, in welchem wir normalerweise agieren. Oft ist es auch möglich, die Eltern zuzuziehen und ihnen Hilfestellung zu geben. Manche Eltern lassen die Kinder in allem und jedem einfach gewähren und versäumen es, ihnen eine gesunde Wert-Orientierung mit auf den Weg zu geben. Es ist auch nutzlos für Eltern, wenn sie sich in einer strikten Oppositionshaltung ihren heranwachsenden Kindern gegenüber festlegen, damit treiben sie die Kinder nur früh hinaus ins eigene Leben.

Solange noch ein halbwegs guter Kontakt der Eltern zu den Kindern vorhanden ist, können sie mit ihnen über Partnerschaft und Sexualität, über Schutz und Vorbeugung, über sinnvolle Lebens- und Familienplanung sprechen.

Schwieriger ist es bei Heimkindern, ihnen fehlt das Vorbild der Liebesbeziehung zwischen Vater und Mutter gänzlich. Aus der inneren Armut heraus sind sie umweltbezogener, orientieren sich stark an der Gruppe, an den Gleichaltrigen, die selbst noch unreif und unwissend sind. Sie werden mitunter typische Opfer der sexuellen Inflation, aber auch bei ihnen, selbst unter diesen unglücklichen Bedingungen, steht immer noch der kleine Spielraum freier Persönlichkeitsentfaltung offen, der bewirken kann, daß zumindest später einmal ein Nachreifungsprozeß einsetzt, und deswegen sind auch bei Heimkindern – und gerade mit ihnen – therapeutische Gespräche über und zum Thema Sexualität sehr wichtig.

Fall Nr. 9:
Eltern riefen verzweifelt in der Beratungsstelle an, ihre Tochter, 17 Jahre alt, habe sich mit einem Kroaten eingelassen und wolle mit ihm zusammenziehen. Sie würde ihre Lehre vernachlässigen, die Berufsschule schwänzen, und habe auch ihre gesamten Ersparnisse abgehoben und anscheinend dem Freund gegeben. Was sollten sie tun? Ich bat sie, das Mädchen zum Gespräch mitzubringen.

Als sie kamen, holte ich mir zuerst das Mädchen allein ins Zimmer. Sie kam mit finsterem, trotzigem Gesicht, auf welchem zu lesen stand, daß ihre Angelegenheiten mich nichts angingen. Ich bat sie zunächst, davon auszugehen, daß ich keine „Anwältin" ihrer Eltern sei, sondern die Aufgabe habe, jeden nach bestem Wissen und Gewissen zu beraten, ob Eltern oder Jugendliche spiele keine Rolle. Hierauf deutete ich an, daß die Kommunikation zwischen ihr und ihren Eltern offensichtlich etwas gestört sei, sonst wäre es ja nicht notwendig gewesen, eine fremde Person einzuschalten, um die bestehenden Konflikte zu lösen.

Gesprächsfragmente (gekürzt):

Mäd.: *Ja, bei denen ist etwas gestört, nicht bei mir! Jetzt wollen sie auf einmal mitreden!*

Ich: *„Auf einmal mitreden", wie soll ich das verstehen? Haben die Eltern früher weniger „mitgeredet"?*

Mäd.: *Ins Internat haben's mich gesteckt, ob's mir gepaßt hat oder nicht, da haben sie sich nicht gekümmert, was mit mir passiert, und jetzt auf einmal, nur weil er schwarze Haare hat – das geht sie einen Dreck an!*

Ich: *Waren Sie lange im Internat?*

Mäd.: *Na so lang, wie sie zerstritten waren, dann ist der Vater wieder zurückgekommen, und ich hab' wieder heim dürfn, in die „schöne" Familie.*

Ich: *Die Eltern haben also eine Zeitlang getrennt gelebt, da ist die Mutter wahrscheinlich arbeiten gegangen und konnte Sie nicht versorgen, nicht wahr?*

Mäd.: *Ja.*

Ich: *Das ist schlimm für Kinder, wenn sich die Eltern nicht gut vertragen –*

Mäd.: *Ach, die haben ja alle Augenblick Streit, nur jetzt sind sie sich einig, weil's gegen mich sind. Und ich bleib' nicht daheim, das sag' ich Ihnen!*

Ich: *Sie möchten diesem vielen Streit entkommen und zum Freund ziehen?*

Mäd.: *Genau!*

Ich: *Sagen Sie, möchten Sie eigentlich Ihr Leben genauso einrichten wie die Mutter: früh heiraten, gleich Kinder bekommen, Streit mit dem Mann, Trennung, arbeiten gehen müssen und die Kinder im Internat unterbringen, dann vielleicht wieder Versöhnung – soll es bei Ihnen ähnlich laufen?*

Mäd.: *Gott bewahre, ich mach' alles anders, ich bin ja nicht bekloppt!*

Ich: *Bitte erzählen Sie mir genau, wie sie es sich vorstellen, wie könnte Ihr Leben verlaufen?*

Mäd.: *Nun ja, … also ich tu' meine Kinder nicht ins Internat!*

Ich: *Sie werden einen Mann haben, der für Sie sorgt, wenn die Kinder klein sind?*

Mäd.: *Ja.*

Ich: *Dachte das nicht Ihre Mutter auch? Sie konnte ja die Streitigkeiten nicht vorhersehen!*

Mäd.: *Na ja, so früh heirate ich nicht. Ich will mir einen richtigen Mann aussuchen, nicht so einen doofen …*

Ich: *Vielleicht hat das Ihre Mutter auch gedacht. Doch dann war Ihr Bruder unterwegs, da schien es ihr doch besser, zu heiraten.*

Mäd.: *Ich hätt' deswegen nicht geheiratet!*

Ich: *Dann wären Sie aber gezwungen gewesen, Ihr Kind gleich von Anfang an in fremde Hände zu geben, und das ist genau das, was Sie nicht wollen. Sehen Sie, nur wenn man lange unabhängig ist und auf eigenen Beinen steht, hat man genug Zeit, sein Leben so schön wie möglich zu planen. Ihre Mutter ist schnell in eine Abhängigkeit von Ihrem Vater hineingerutscht, dadurch konnte sie manches nicht mehr so steuern, wie sie es vielleicht gerne gewollt hat.*

Mäd.: *Genau, ich möchte nicht abhängig sein. Ich werde mein Leben selbst planen.*

Ich: *Sie stehen jetzt an einer Wegkreuzung; vor sich haben Sie drei Wege, aber die Ziele, zu denen diese Wege führen, sind Ihnen unbekannt. Dennoch wissen Sie eines: Auf zwei dieser Wege werden Sie begleitet, Sie sind abhängig von Ihren Begleitpersonen. Der gerade Weg vor Ihnen ist der, auf dem Ihre Eltern Sie noch eine Zeitlang begleiten. Es ist der bequemste Weg, er hat wenig Steigung und erfordert wenig Kraft von Ihnen, aber er hat viele Wurzeln, über die Sie mit Ihren Eltern stolpern können, was jedesmal einen Familienstreit gibt.*

Mäd.: *Den Weg geh' ich nicht!*

Ich: *Noch ein anderer Weg ist relativ bequem, zumindest am Anfang, obwohl er in scharfem Winkel von Ihrem bisherigen Lebensweg abbiegt; es ist der gemeinsame Weg mit dem Freund. Aber wieder sind Sie abhängig von Ihrem Begleiter, so gut seine Kräfte sind, so gut werden Sie weiterkommen. Kann sein, daß dieser Weg zum selben Zielpunkt führt wie der Lebensweg Ihrer Mutter, kann sein, daß Sie einmal keine andere Wahl haben, als genauso zu handeln wie Ihre Mutter, denn es ist der gleiche Ausgangspunkt.*

Mäd.: *Was ist denn der dritte Weg?*

Ich: *Das ist der schwerste, der steilste, der Weg, den Sie allein gehen. Niemand kann Ihnen diesen Weg vorschreiben, er führt nur zu den Zielen, die Sie sich stecken, und Sie kommen so gut voran, wie Ihre eigenen Kräfte sind. Aber Sie sind unabhängig. Sie können sich den Weg einteilen, Sie wählen die jeweiligen Etappen selbst. Dieser Weg unterscheidet sich von dem Ihrer Mutter –*

Mäd.: *Ja aber, wie soll ich das machen? Der Weg würde mir schon gefallen.*

Ich: *Diesen Weg würden Sie zum Beispiel wählen, wenn Sie in ein Lehrlingsheim gingen, um dort zu wohnen. Tagsüber haben Sie Ihre Arbeit, abends sorgen Sie für sich selbst. Sie können sich mit Ihrem Freund treffen, aber Sie müssen sich nicht mit ihm treffen. Sie haben Zeit, ihn zu prüfen, ob er wirklich Ihren Vorstellungen entspricht. Sie können die Eltern besuchen, wenn Sie wollen, aber Sie müssen nicht bei jedem Familienkrach dabeisein. Sie sind selbständig.*

Mäd.: *An das habe ich noch gar nicht gedacht!*

Ich: *Voraussetzung für diesen Weg ist, daß Sie regelmäßig arbeiten, die Lehre und die Berufsschule gut machen, denn nur dann kön-*

nen Sie unabhängig sein, wenn sie sich Ihr Geld selbst verdienen. Außerdem brauchen Sie auf diesem Weg immer ein Ziel vor Augen, auf das Sie zumarschieren, weil Ihnen ja niemand vorschreibt, wohin Sie gehen müssen. Ihre eigenen Ziele sind Ihre Wegweiser, und was Sie erreicht haben, haben Sie aus eigener Kraft erreicht …

Mäd.: *Oh ja, das möchte ich, da werden die Eltern Augen machen, wenn ich alles allein schaffe!*

Ich: *Holen wir die Eltern herein zum Gespräch, und unterbreiten wir ihnen unseren Vorschlag!*

Nach vier Monaten rief ich die Eltern an, um zu fragen, wie es dem Mädchen ginge. Die Mutter erklärte mir, daß es der Tochter sehr gut ginge, sie auch wieder regelmäßig arbeite und sich sogar von dem Freund getrennt habe. „Sie ist doch draufgekommen, daß er sie nur ausnützt", sagte die Mutter. „Und seit sie in dem Lehrlingsheim ist, verstehen wir uns zu Hause viel besser, wenn sie auf Besuch kommt. Ich koch' dann was Gutes, da freut sie sich, und sie bringt mir auch manchmal etwas Wäsche für die Waschmaschine, dann ist sie ganz froh, daß sie noch Eltern hat. Ja, Gott sei Dank haben wir diese Krise überwunden, unsere Tochter wird jetzt zunehmend selbständiger." So hat das Mädchen doch den richtigen Weg gefunden.

Ich leugne nicht, daß unserer therapeutischen Arbeit Grenzen gesetzt sind. Wir können nicht verhindern, daß Jugendliche sich unter „negativem Vorzeichen" sexuell betätigen, unerwünschte Schwangerschaften produzieren und dadurch neue Unglücksketten initiieren, wie wir auch nicht verhindern können, daß grundsätzlich Ehe- und Partnerkonflikte (mit oder ohne sexuelle Problematik) zunehmen in unserer Zeit. Wissenschaft, Forschung und Technik haben uns eine Reihe von Verunsicherungen hinzugeliefert, das Homöostaseprinzip hat sich nicht bewährt, die Sexwelle ist über uns hinweggerollt, das negative Vorbild der Eltern hat sich auf die jeweils nächste Generation tragisch ausgewirkt, Übung und Gewöhnung an depersonale Sexualität hat die entsprechenden Verhaltensmuster fixiert, und das verzweifelte Haschen nach dem Nebeneffekt „Lust" hat eine ungeheure existentielle Frustration nach sich gezogen. Die Jugend von heute ist emotional verunsichert, verarmt, zu kurz gekommen, die Mütter sind berufstätig und haben kaum mehr Zeit für sie, ihre Väter stehen unter dem enormen Streß, den Lebensstandard aufrechtzuerhalten, materielle Güter dominieren über immaterielle Werte ... die Liste der negativen Aspekte kann beliebig fortgesetzt werden. Die gebräuchlichen Verhütungsmittel sind keinesfalls ideal, aber sie sind gewiß besser als die Abtreibung, diese wurde allerdings auch schon legalisiert; zur sexuellen Entwertung kommt die Entwertung menschlichen Lebens, es geht in atemberaubendem Tempo weiter – wohin?

Hier bleibt uns die Wissenschaft die Antwort schuldig, erst rückblickend werden zukünftige Generationen die Folgen der heutigen Entwicklung abzuschätzen vermögen.

Ich glaube daher nicht, daß ich die oft gestellte Frage zur gesunden Sexualerziehung ausreichend zu beantworten vermag – kann man in einer ungesunden Zeit überhaupt gesund erziehen? Eine provozierende Frage, gewiß, vielleicht noch provozierender die Antwort, denn ich möchte die Frage trotz allem bejahen. Ich glaube, man kann.

Man kann auch heute, in einer Zeit, in der die althergebrachten Richtlinien mehr und mehr ihre Gültigkeit verlieren und Normen, Regeln und Dogmen zusammenbrechen, noch immer gesund erziehen, wenn man zur *Verantwortlichkeit* erzieht. Der kleine Freiraum eigener Entscheidungsfreiheit, eigener Kraft und Initiative, der immer und unter allen Umständen dem Menschen gegeben ist, solange er überhaupt menschlich denken kann, diese Willensfreiheit im Mikrobereich ist unsere einzige Berechtigung, auch vom psychologischen Standpunkt aus von Verantwortung und Verantwortungsbewußtsein zu sprechen. Denn hätte der absolute Determinismus recht, wäre der Mensch vollkommen abhängig von seinen Bedingungen und Umständen, das Produkt aus Erbe und Umwelt, dann hätte er niemals die Wahl, sich richtig oder falsch zu verhalten, denn jedes Verhalten wäre die zwangsweise logische Folge der vorangegangenen Ursachen, es gäbe keine Schuld im menschlichen Bereich, aber auch keine Verantwortlichkeit. Da wir jedoch heute dabei sind, den absoluten Determinismus im wissenschaftlichen Raum zu überwinden, so müssen wir uns wieder zur Verantwortlichkeit bekennen. Und eine gesunde Einstellung zur Sexualität ist nichts anderes, als eine Variante gesunden Verantwortungsbewußtseins.

Verantwortung jedoch ist die einzige wahre Freiheit, die es gibt. Deswegen möchte ich das Thema „Sexualität" ausklingen lassen mit einem Wort von Franz-Rudolf Faber, dem Chefarzt einer großen Nervenklinik in Deutschland:

„Der Arzt aber ist aufgerufen,
sich mit der Freiheit seiner Patienten zu verbünden –
gegen die Determinanten des Schicksals."

Die Motivation im Zentrum der Pädagogik

Es gab Zeiten, da kreisten die Probleme der Menschen um die Not des Hungers, um die Sklavenfrage oder um die Religionskriege. Heute zentrieren sich bei uns die Probleme hauptsächlich um den jungen Menschen.

Mit Besorgnis blicken Eltern, Pädagogen, Ärzte, Therapeuten, Ideologen und Politiker auf die Entwicklung unserer jungen Generation, auf die halb kindlichen, halb erwachsenen Wirrköpfe, die man nicht so ganz ernst nehmen kann und doch bitter ernst nehmen muß. Was ist los mit unseren jungen Menschen?

Sie haben Freud und Adler ad absurdum geführt, indem sie sich alle Rechte der Sexualität und der Macht angeeignet haben, ohne dadurch glücklicher zu werden. Die verklemmten, gehemmten, unterdrückten und verschüchterten jungen Leute mit ihren Errötungsängsten und Minderwertigkeitskomplexen, wie sie vor den Weltkriegen beschrieben worden (und entsprechend interpretiert worden) sind, gibt es kaum mehr, der Nachkriegsnachwuchs war vielfach enthemmt, selbstbewußt, brutal, gewissenlos, selbstmordgefährdet, fernseh- und drogensüchtig – zumindest werden die jungen Menschen heute noch sehr oft in diesen Kategorien abgestempelt und ihre Symptome als die einer Verfallsgesellschaft generalisiert. Die Generationskonflikte wachsen ins Gigantische, Weltanschauungen prallen aufeinander, und die gegenseitige Kritik manifestiert sich in Zwietracht und Gewalt. All das ist ja genügend beschrieben worden, vom Anarchismus bis zum Terrorismus, von der Hippi-Szene bis zur steigenden Jugendkriminalität, vom wutentbrannten, hilflosen Drohen der Väter bis zum beschämt-resignierten Achselzucken der Mütter.

Junge Menschen außer Rand und Band, mit sich selbst und der Welt unzufrieden, mit dem dringenden Wunsch, die Welt zu verändern und dabei unfähig, sich selbst zu ändern – wie kam es dazu? Wir Psychologen machen am liebsten äußere Umstände dafür verantwortlich, die Kriegs- und Nachkriegszeiten, den mit dem Fortschritt der menschlichen Entwicklung verbundenen Instinktverlust oder das Niederbrechen der Traditionen, aber weniger gern gestehen wir ein, daß wir *selbst* einen guten Teil dazu beigetragen haben.

Wer hat Freiheit mit Antiautorität verwechselt, wenn nicht die Psychologen, wer hat Faulheit mit Überforderung vermischt, wenn nicht die Psychologen, und wer hat schließlich eine klassische Ausrede zur Hand bei jedem noch so abwegigen Tun und Handeln, wenn nicht ebenfalls die Psychologen? Die Kindheit muß herhalten, die Eltern sind ideale Sündenböcke, und der modernste Sündenbock ist heutzutage die gesamte Gesellschaft, deren „Struktur" (was ist das?) für alle psychischen Leiden der Gegenwart verantwortlich zeichnet – der einzige, dessen Verantwortung im psychologischen Sinne anscheinend keiner Diskussion wert ist, ist der Mensch selbst.

Hunderte von verzweifelten Eltern habe ich im Lauf meiner Praxis gesehen und gesprochen, und fast allen war eines gemeinsam: Jeder, den sie um Rat fragten, hatte ihnen etwas anderes gesagt. Sogar innerhalb der psychologischen Beratungsstellen sind die Beratungskonzepte unterschiedlich; psychoanalytisch orientierte Erziehungsberatungsstellen arbeiten anders als verhaltenstherapeutische Institutionen, die Schule ist oft anderer Meinung als die Erziehungsberater, die Ärzte haben andere Standpunkte als die Psychotherapeuten, die Kinderheime schließlich machen es anders, als man sich's in der freien Praxis vorstellt, und dazwischen stehen die Eltern, mitten im Brennpunkt der verschiedenen Aussagen verschiedener Fachleute, allein gelassen in ihrer Not, mit Kindern fertig zu werden, die ihnen über den Kopf wachsen und über ihre verunglückten pädagogischen Anstrengungen nur lachen. „Die sind ja von gestern!" sagen unsere jungen Leute oft zum Berater und meinen damit ihre Eltern, und sehr oft nickt der Berater dann zustimmend und voller Verständnis, um seine Vertrauensbasis zu den jungen Leuten nicht zu verlieren, weil sie sonst weggehen und auch über ihn lachen würden wie über die Eltern.

Was da nottut, das ist keine Neurosenlehre im Sinne der klassischen Interpretationen von ins Unbewußte verdrängten Traumen, unterdrückten Sexualsymbolen und Minderwertigkeitskomplexen, sondern eine Ausrichtung nach Sinn und Werten beim jungen Menschen und eine „Erziehung zur Erziehung zum Verantwortungsbewußtsein“ bei den Eltern.

Die ältere Generation hier in Deutschland hat zum größten Teil Unglaubliches geleistet, sie hat aus einem kriegszerstörten Land ein blühendes Wirtschaftsparadies aufgebaut. Selbst die Schatten von Arbeitslosigkeit und Inflation in den letzten Jahren haben am Gesamtgebäude noch wenig abzubröckeln vermocht.

Aber *Aufbauen ist schöner als Erben,* denn ein Aufbau ist zielgerichtet und umgibt die eigene Arbeit mit Sinn, erben dagegen beinhaltet zunächst weder Ziel noch Sinn, im Gegenteil, dem in den Schoß gefallenen Erbe wird wenig Wert beigemessen.

Unsere jungen Leute konnten das neugebaute und schwer abgezahlte Eigenheim oder den großen Wagen der Eltern nicht als Lebensinhalt akzeptieren und ihre jugendlichen Ideale nicht an die DM hängen! Ich bin die letzte, die wieder einmal Anklage gegen die Eltern erheben will – Eltern sind auch keine Supermenschen, und in den allermeisten Fällen tun sie, was sie können, für ihre Kinder; wenn überhaupt Anklage erhoben werden sollte, dann müßte sie sich gegen meine eigenen Reihen richten. Warum haben die Kollegen und Kolleginnen jahrzehntelang den Eltern verschwiegen, daß nichts so wichtig ist für ihre Kinder, als ihnen eine Wert-Orientierung mit auf den Weg ins Leben zu geben? Alle Stadien der Kleinkinderzeit und alle erdenklichen Krisen der Pubertät sind ausreichend populär abgehandelt werden, und der wichtigste Schritt des Reifens, der Moment, da der junge Mensch bereit sein muß, seine eigene und höchstpersönliche Aufgabe im Leben zu finden und zu erfüllen, dieser kritische Moment der Sinnsuche im Übertritt zum Erwachsenwerden ist den Eltern vorenthalten worden! Richard Kühn, der ehemalige Jugendamtsleiter in Wiesbaden, faßte die Symptomatik der „heutigen Jugend“ in dem bemerkenswerten Satz zusammen: „Sie sehen im Leben eine Gabe statt eine Aufgabe.“

Der Neurotiker, der sich über die von ihm zu bewältigenden „Aufgaben“ den Kopf zerbricht und daran verzweifelt, ist in den Hintergrund getreten, der Psychopath, der die – wie er glaubt – ihm zustehenden „Gaben“ herrisch fordert, hat seinen Platz eingenommen. Wie sehr haben die Anschauungen mancher zeitgenössischer Fachleute die gesunde Entwicklung einer Sinn- und Wertorientierung beim jungen

Menschen geradezu unterbunden und die Psychopathie indirekt gefördert! Ich will nur drei pädagogische Bereiche aufzählen, für welche dies zutrifft.

Der erste ist der Bereich der *Leistung*. Dieses Wort als Psychologin auch nur auszusprechen, ist schon ein Wagnis. Die Schlagworte vom Leistungsdruck und von der Überforderung der armen Kinder haben solche Mode gemacht, daß sich heute eher die Lehrer vor den Schülern und die Eltern vor den Kindern fürchten. Bloß keine Leistungen fordern und bloß keine Leistungen erbringen, wurde Erziehern und Kindern gleichermaßen eingehämmert; wer lernt, ist ein lächerlicher Streber, wer arbeitet, fügt sich dem Establishment, wer spart, ist ein bedauernswerter Spießer – wie soll eine Generation mit diesem philosophischen Background das Aufbauwerk ihrer Eltern verstehen? Wie sollen diese jungen Menschen jemals Freude an ihrer eigenen Arbeit empfinden, wie sollen sie jemals stolz sein auf das, was sie zu schaffen im Begriff sind, wie sollen sie überhaupt die Motivation finden, Erfüllung in ihrer Arbeit, im Berufsleben, selbst in einer hobbymäßigen Betätigung zu suchen, wenn all dies, was eventuell mit einer menschlichen Leistung verknüpft sein könnte, bis zur Lächerlichkeit abgewertet worden ist?

Der zweite Bereich, in dem die Fachleute mit ihren Thesen kräftig mitgemischt haben, ist der Begriff der *Gruppe*. Eine Zeitlang gab es nur mehr soziologische Gruppen, das Individuum schien gestorben zu sein. Die Gruppe diktiert dem einzelnen, sie setzt ihn Repressionen aus, sie absorbiert ihn, wehe dem, der auszubrechen versucht! Wehe dem Jugendlichen, der nicht mit Bluejeans und ungekämmten Haaren durch die Gegend stapft, er ist nicht „in“. Zigaretten, Alkohol, sogar die Teilnahme an Sekten, alles wird der Gruppe zuliebe akzeptiert; wer nicht schon „mit jemandem geht“, verliert die Anerkennung in der Gruppe, wer sich nicht abfällig gegen Autoritäten äußert, wird in der Gruppe verspottet. Das geht so weit, daß Eltern in die Beratungsstelle kommen und um Rat fragen, weil ihr Sohn oder ihre Tochter abnormalerweise klassische Musik liebt und deshalb Kontaktschwierigkeiten mit den Gleichaltrigen hat. Wer die modernsten Beatgruppen und Pop-Sänger nicht kennt, kann nicht mitreden – was für ein Wahnsinn, alle individuellen Regungen und Interessen, persönlichen Anlagen, Begabungen, Ansichten und Sinnerfüllungen einer imaginären Gruppe unterzuordnen, die nur aus konformen Geistern besteht und nur kollektive Reaktionsmuster potenziert!

Wie sehr haben die Pädagogen und Psychologen den Eltern zugeredet, sich kritiklos der Gruppe zu beugen: Wenn alle Kinder Mickey-Mouse-Hefte lesen, dürfen *Sie* die Literatur *Ihrer* Tochter nicht vorenthalten; wenn alle in der Klasse den Krimi bis Mitternacht sehen, muß es *Ihr* Sohn natürlich auch dürfen. Wie sollen diese jungen Menschen später als Herangewachsene ihren persönlichen Lebensweg finden, ihre spezielle Aufgabe, ihren eigenen Stil, die vielgenannte Selbstverwirklichung, wie sollen sie innerlich zu der einzigartigen und unaustauschbaren Person reifen, die jeder Mensch darstellen soll und muß, wenn sie nichts anderes haben, um sich zu orientieren, als „die anderen“?

Und schließlich noch der dritte Bereich, in dem unsere Humanwissenschaften gefährliche Mißverständnisse ins Volk gestreut haben: der Begriff der *Freiheit.* Bedeutet doch Freiheit in Wahrheit das höchste Maß an Eigenverantwortung und nicht das Chaos gewissenloser Handlungen ohne Rücksicht auf ihre Folgen. Freiheit ist nicht *tun, was man will,* sondern *wollen, was zu tun ist.* Frei ist, wer sich einbezieht in eine Ordnung, die er anerkennt, unfrei aber ist, wer jede Ordnung ablehnt.

In dem Irrtum, daß sie Freiheit gewinnen können, wenn sie Autoritätspersonen schwächen, Regeln über Bord werfen, Gesetze mißachten und Grenzen überschreiten, haben sich junge Menschen vielfach in neue Abhängigkeiten gebracht, die sie nicht einmal immer als solche erkennen. Das Kaputtgehen des Fernsehers kann eine Katastrophe für ein Wochenende bedeuten, weil sie so abhängig davon geworden sind, daß sie nicht mehr wissen, was sie mit ihrer Freizeit anfangen können; sie wissen vielfach nur, was sie *nicht anfangen* wollen, wovon sie frei sein wollen, nämlich von Arbeiten, Aufgaben und Verpflichtungen.

Aber wirkliche Freiheit bedeutet eben das Bejahen eines produktiven Wirkens, die freie Entscheidung zu oder für etwas oder jemanden, das Ausführen eines selbstgestellten Auftrages. Davon ist ein Teil unserer Jugend weit entfernt, er akzeptiert jede Abhängigkeit, die er nicht merkt, selbst von neuen Sektenführern, Showstars oder lächerlichen Modeströmungen, und sein Freiheitswille erschöpft sich in Dokumentationen von Revolte und Protest. Auch hier müßten erzieherische Hilfen von Anfang an geboten werden, um die Fähigkeit zur freien Entscheidung mit Zielgerichtetheit und Verantwortungsbewußtsein zu verbinden und dem heranwachsenden Menschen die Möglichkeit für einen sinnvollen Einsatz seiner Kräfte und Ambitionen zu entfalten.

Das also sind Blitzlichter auf drei wichtige Bereiche, in denen Mißverständnisse und Irrtümer eine folgenschwere Bilanz nach sich gezogen haben. In denselben Bereichen häufen sich auch die Störungen, die an Erziehungsberater und Pädagogen herangetragen werden.

Aus einer internen Statistik über vier Jahre und verschiedene Bundesgebiete geht eindeutig hervor, daß an erster Stelle in der Kinder- und Jugendlichenproblematik Kontaktschwierigkeiten/Aggressivität steht, an zweiter Stelle Schulschwierigkeiten/Konzentrationsstörungen und an dritter Stelle Störungen im Antrieb und Selbstwertgefühl.

Ist es wirklich gewagt, die folgenden Zuordnungen zu vermuten?

Irrtümer im Bereich der Leistung	------------->	Schulschwierigkeiten/ Konzentrationsstörungen
Irrtümer zum Begriff der Gruppe	------------->	Kontaktschwierigkeiten/ Aggressivität
Irrtümer im Bereich der Freiheit	------------->	Störungen im Antrieb und Selbstwertgefühl

Die Zeiten sind vorbei, da sich die Psychologie auf ein bißchen Testen, ein bißchen Hellsehen und ein bißchen Wahrsagen beschränken konnte. Der Boom des Traumdeutens, der graphologischen Charakteranalysen und der Versprecher-Hintergedanken ist vorüber, aber die Stellung und Aufgabe des Psychologen ist immer noch umstritten. Weder in der Medizin noch in der Psychiatrie noch in der Pädagogik ist er ganz zu Hause. Und doch könnte er das so notwendige Verbindungsglied vieler Disziplinen sein, indem er von überall gerade das Maß an Wissen hat, das er benötigt, um den Ratsuchenden als ganzen Menschen zu verstehen und adäquat zu beraten.

Pädagogische Probleme werden an ihn genauso herangetragen wie medizinische Fragen, psychotherapeutische Hilfe wird bei ihm genauso gesucht wie weltanschauliche Stützung. Wenn es den Begriff der „ärztlichen Seelsorge“ gibt, den Frankl geprägt hat, dann gibt es auch eine „psychologische Seelsorge“, ein Grenzgebiet zwischen mehreren Disziplinen, worin alles zu einer Einheit verschmolzen wird: Untersuchung, Beratung, Schulung, Seelsorge, Erziehung, Nächstenliebe und Psychotherapie. Am deutlichsten wird die Notwendigkeit dieser Verschmelzung im Grenzgebiet der *Erziehungsberatung.* Denn Eltern in der komplizierten Welt von heute, in einer Zeit, in der die heile Welt der Märchen, Sagen und oft auch Schulbücher nicht mehr existiert, in einer Welt der Rastlosigkeit und des Geldverdienens, der Unmenschlichkeit und Sinnlosigkeit, solche Eltern brauchen mehr als nur „Ratschläge", sie brauchen wahre psychologische Seelsorge, um mit sich selbst und mit ihren Kindern zurechtzukommen.

Die Logotherapie versteht sich als Psychotherapie, Philosophie und Anthropologie zugleich, aber meines Erachtens enthält sie zusätzlich ungemein wertvolle *pädagogische* Aspekte. Es ist nicht damit getan, die akute Sinnproblematik unserer Zeit im ganzen Spektrum aufzuzeigen, worum es in erster Linie gehen muß, ist, Eltern und Kindern echte Hilfen zu bieten und dadurch das weltweite Umsichgreifen des existentiellen Vakuums zu reduzieren und vielleicht sogar – zu verhindern.

In diesem Sinne möchte ich auf die drei genannten Hauptproblemkreise der Erziehungsberatung näher eingehen, um aus Sicht der Logotherapie einen neuen Maßstab in der Pädagogik zu setzen, der zum Anstoß für prophylaktische Erziehungskonzepte werden könnte.

A) Schulschwierigkeiten/Konzentrationsstörungen

Das Wort „Konzentrationsstörung" ist in den letzten Jahrzehnten sehr populär geworden, und wenn früher Eltern sagten: „Mein Kind ist nicht dumm, es ist nur faul", so neigen Eltern heute dazu, anzugeben: „Mein Kind ist nicht dumm, es kann sich nur nicht konzentrieren".

Trotzdem sind *echte* Konzentrationsstörungen selten. Und auch in der Erziehungsberatung stellen sich häufig andere Ursachen für die verminderte Aufmerksamkeitsleistung von Kindern heraus. *Echte* Konzentrationsstörungen sind zerebral bedingt und können mit pädagogischen Mitteln nur geringfügig beeinflußt werden. Sie stehen in Zusammenhang mit Geburtsschäden, Unfällen, Kopferkrankungen, aber auch frühkindlichen Förderungsdefiziten und Reifeverzögerungen.

Für die Konzentrationsfähigkeit des Menschen zuständig ist die Interaktion zwischen dem Cortex und dem Zwischenhirn, vor allem dessen Hauptgebiet, dem Thalamus. Der Thalamus ist ein wichtiges Sammel- und Koordinationszentrum aller einlaufenden (afferenten) Bahnen, die von Sinnesorganen oder aus dem Körperinnern kommen und im Zwischenhirn „umgeschaltet“ werden. An diesen Umschaltstellen, den Synapsen, können Signale aus Umwelt oder Körperinnerem nun weitergeleitet oder abgefangen werden, je nachdem, welche Bedeutung sie haben, und welche Impulse für den Cortex wichtig sind.

Der Thalamus fungiert wie ein Filter, der wichtige Informationen zum Cortex durchgehen läßt, weil sie gerade für ein bestimmtes Denkmuster gebraucht werden, der aber alles andere abfängt, unterdrückt und sehr oft in sogenannter Entlastungsmotorik über andere Kerne abfließen läßt. Das ist eine sehr bedeutsame Funktion des Zwischenhirns, denn würde der Cortex jederzeit mit allen Umweltreizen, denen wir ausgesetzt sind, überflutet werden, so wäre kein einziger zusammenhängender Denkakt möglich.

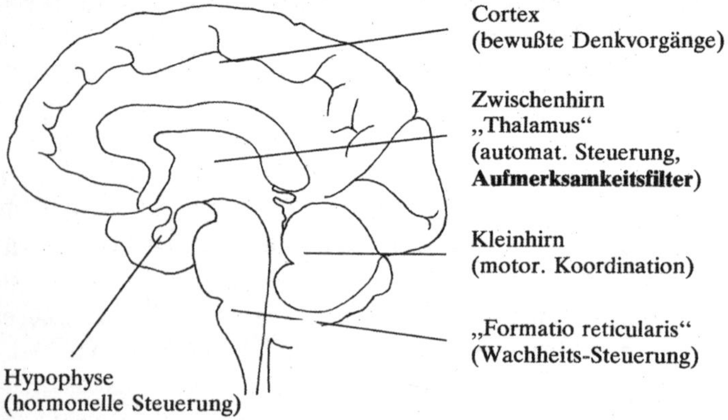

Aus: Biologie des Menschen von Mörike-Mergenthaler, Verlag Quelle & Meyer, Heidelberg.

Es ist bekannt, daß bei einem spannenden Film oder einem schönen Konzert kaum jemand hustet. In dem Moment, da der Film oder die Musik zu Ende sind, husten, räuspern und schneuzen sich die Leute wieder. Neurologisch bedeutet dies, daß der Thalamus, solange der Cortex mit dem Film oder der Musik beschäftigt (darauf „konzentriert") war, nebensächliche Störungen wie Hustenreiz und ähnliches unterdrückt hat. Erst wenn die angespannte Konzentration des Cortex beendet ist, werden wieder die untergeordneten Reize weitergeleitet und damit bewußt.

All dies mag sehr vereinfacht dargestellt sein. In der Erziehungsberatung ist es aber mitunter sinnvoll, solche Zusammenhänge auch Eltern verständlich aufzuzeigen, damit sie sich keinen zu falschen Vorstellungen hingeben. Beispiele wie das folgende können zusätzlich zur Verdeutlichung beitragen. Angenommen, jemand möchte einen hübschen Wintermantel kaufen. Er wandert durch eine Geschäftsstraße, wobei jede Auslage, die Kleidungsstücke und insbesondere Mäntel enthält, seine Aufmerksamkeit auf sich ziehen wird. Es kann jedoch sein, daß er an Uhrengeschäften oder am Zeitungskiosk völlig achtlos vorübergeht, ja, es kann sogar passieren, daß er an seiner Nachbarin vorbeiläuft, ohne sie zu erkennen und zu grüßen, weil er so in die Mantelsuche vertieft ist.

Das heißt, das Zwischenhirn hat vom Cortex den „Auftrag" erhalten, alle Informationen, die zum Thema Bekleidung und speziell Wintermantel passen, sofort weiterzuleiten, während andere, unwichtige Informationen zurückgestellt werden. Und nun tritt der Filter in Kraft und selegiert die optischen und akustischen Eindrücke aus der Umwelt (oder auch aus dem Körperinnern, z. B. Hungergefühl) nach diesem Auftrag. Würde man den Betreffenden nach dem Einkaufsbummel fragen, ob Pelzkragen auf Wintermänteln modern sind, könnte er bestimmt Auskunft geben, würde man ihn aber fragen, ob Uhren zur Zeit eher Leder- oder Stahlbänder haben, wäre er wahrscheinlich außerstande zu antworten, obwohl er an vielen Uhrengeschäften vorbeigekommen ist.

Dieses funktionale Zusammenspiel im Gehirn ist also für das konzentrierte Denken Voraussetzung, indem cortikale Zentren vor Stör-Einflüssen abgeschirmt werden; Konzentration im medizinischen Sinne ist nichts anderes als *gezielte Selektion wichtiger* und *Ausfilterung unwichtiger Information.*

Außer dem Kriterium der Wichtigkeit gibt es noch zwei weitere Gründe für die unverzügliche Weiterleitung von Signalen:

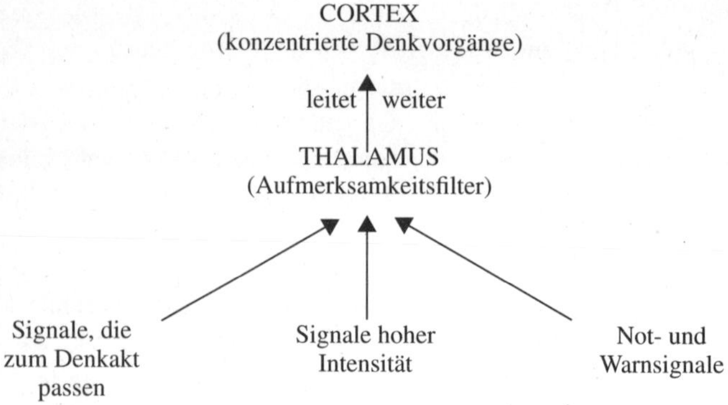

a) wenn sie von starker Intensität sind, und
b) wenn sie Not- oder Warnsignale sind.

Mit zunehmender Reizstärke nimmt die Möglichkeit der Reizabschirmung ab; wer durch eine Geschäftsstraße geht, in welcher aus einem Lautsprecherwagen laute Werbesprüche dröhnen, kann nicht umhin, diese mit anzuhören, auch wenn er auf Mantelsuche ist. Außerdem besteht eine existentiell notwendige Programmierung für die Weiterleitung aller Reize, die Gefahr in irgendeiner Form bedeuten können; wenn hinter dem Mantelsuchenden plötzlich Autoreifen quietschen, dann wird er dessen gewahr werden, auch wenn er in andere Gedanken vertieft ist. Ein schönes Beispiel dafür ist die junge Mutter, die im Schlaf das leiseste Wimmern ihres Babys hört, aber ruhig weiterschläft, wenn ein Lastwagen an ihrem Haus vorüberdonnert. Der winzige Notruf wird bis in den Cortex geleitet, obwohl im Schlaf das gesamte Aktivationsniveau des Cortex bis unter die Bewußtseinsgrenze herabgesetzt ist.

Die Konzentrationsfähigkeit eines Menschen ist also abhängig vom intakten Informationsfiltersystem im Zwischenhirn, wenn dies auch nicht den alleinigen Voraussetzungsfaktor beinhaltet. Die hormonelle Funktionalität, kontrolliert durch die Hypophyse, spielt zusätzlich eine wichtige Rolle, indem sie die Geschwindigkeit der Energieverarbeitung im Cortex beeinflußt. Auch die formatio reticularis, das Zentrum, welches den Wachheitsgrad des Cortes reguliert, nimmt Einfluß auf die Konzentrationsfähigkeit, welche sich, wie jeder weiß, mit zunehmender „Müdigkeit“ (Herabsetzung des Aktivationsniveaus) verschlechtert.

Störungen in all diesen Zentren oder deren Koordination können bewirken, daß zur gleichen Zeit zu viele Störimpulse vom Cortex verarbeitet werden müssen, was zu den *echten* Konzentrationsstörungen im klinischen Sinne führt. Für unsere pädagogischen Überlegungen wollen wir diese echten Konzentrationsstörungen jedoch ausklammern, weil sie einer Behebung durch entsprechende Elternberatung nicht zugänglich sind.

Ist in der ärztlich-neurologischen Untersuchung sichergestellt worden, daß keine solche cerebrale Dysfunktion als Ursache für die vorliegenden Konzentrationsstörungen und Schulschwierigkeiten angenommen werden kann, so stellt sich die Frage an den Psychologen, was statt dessen die Störungen verursacht.

Nun gibt es im Grunde nur *drei große Bedingungen,* die unerläßlich notwendig sind, damit eine Leistung zustande kommt, nämlich

a) die entsprechenden Fähigkeiten,
b) ausreichende äußere Umstände,
c) der feste Wille dazu.

Lassen Sie mich dies an einem einfachen Beispiel veranschaulichen:

Die gewünschte Leistung sei, daß jemand einen Berg besteigt und den Gipfel erreicht. Zunächst braucht er gewisse Fähigkeiten, vor allem physischer und speziell muskulärer Art: Er muß kräftige Beine haben, er muß einen gesunden Kreislauf besitzen, und insgesamt muß der Körper sportlich durchtrainiert sein, damit der Betreffende nicht auf halber Strecke schon erschöpft ist. Würde man von einer großen Anzahl Menschen Muskeln und Kreislauf prüfen, bekäme man einen gewissen Prozentsatz, welcher geeignet und tauglich wäre, einen Berg zu besteigen. Zusätzlich könnte man auch noch psychische Fähigkeiten wie Ausdauer und Durchhaltevermögen oder Liebe zur Natur in die Eignungsprüfung miteinzubeziehen. Aber die Wahrscheinlichkeit, daß alle diese für geeignet befundenen Leute demnächst einen Gipfel stürmen werden, ist nicht sehr groß, denn wer sagt uns, ob sie überhaupt – wollen?

Wer nicht auf den Berg gehen *will,* wird dies nicht tun, auch wenn er es von seinen Fähigkeiten her *könnte.* Es wird also weder derjenige auf den Berg gelangen, der gerne möchte, dessen Beine aber zu schwach sind, noch wird derjenige auf den Berg gelangen, der kräftige Beine hat, aber nicht den geringsten Wunsch nach Bergsteigen verspürt.

Ganz ähnlich ist es auch mit dem Lernverhalten, und das ist der Grund, warum die Testergebnisse, die wir Psychologen über ein Kind erstellen, selten zu den tatsächlichen Schulleistungen passen. Denn wir können nur feststellen, ob ein Kind *fähig* ist, ein bestimmtes Lernpensum zu bewältigen, aber ob das Kind auch *den Willen dazu hat,* ist eine andere Sache.

Man soll den Willen des Menschen nicht unterschätzen, er ist eine unglaublich starke Kraft, wie wir aus der Logotherapie wissen, ja, er ist im Zweifel die stärkere Kraft. Es gibt zahllose Beispiele dazu, daß der Wille allein Menschen zu Leistungen befähigt hat, denen sie von ihren Kräften her kaum gewachsen waren. Im Zweifel wird also der Schwächere, der den Berg um jeden Preis erklimmen möchte, eher den Gipfel unter höchster Anstrengung erreichen, als der Stärkere, der ohne Lust und großes Interesse am Berg dahinspaziert!

Fähigkeiten und Motivation liegen im Menschen selbst, es kommt aber zu jeder Leistung noch eine äußere Variable hinzu: und zwar muß ein Mindestmaß an *äußeren Durchführungsmöglichkeiten* gegeben sein. In unserem Beispiel wird keiner den Gipfel erreichen, wenn er nicht wenigstens Bergschuhe hat. Er wird ihn auch nicht erreichen, wenn ein Schneesturm über den Gipfel rast, oder wenn er keine Wanderkarten und Weginformationen besitzt.

Das bedeutet, sowohl Kraft als auch Wille reichen nicht aus, wenn die äußeren Umstände „einen Riegel vorschieben". Und genauso kann ein Kind trotz Fähigkeiten und bester Absichten keinen hinreichenden schulischen Erfolg haben, wenn es keine Bücher und Unterlagen hat, wenn es keine Ruhe bei der Arbeit und keine Zeit zum Lernen hat, oder wenn ihm bereits am Vormittag die Augen vor Müdigkeit zufallen. Oder wenn zu Hause ununterbrochen Zank und Streit ist und das Kind in die emotionalen Auseinandersetzungen der Erwachsenen hineingezogen wird.

Wenn Leistungsstörungen beim Kinde vorliegen, müssen die Eltern nicht immer gleichermaßen beteiligt sein: Am meisten Verantwortung tragen sie für die äußeren Umstände der Lernsituation des Kindes, welche sie weitgehend bestimmen, am wenigsten Verantwortung tragen sie für die (angeborenen) Fähigkeiten des Kindes, die sie akzeptieren müssen. Wenn wir aber genauer nachschauen, welche Störungen den drei Bereichen zutiefst zugrunde liegen, dann geht uns eine Erkenntnis

Voraussetzungen für das Zustandekommen menschlicher Leistungen:

	Fähigkeiten	–	**Motivation**	–	**Äußere Umstände**
	↓		↓		↓
	„ich kann"		„ich will"		„ich habe die Möglichkeit" dazu
	↑		↑		↑
beim Kind:	von Eltern nur ein wenig beeinflußbar (Förderung)		von Eltern zunächst stark, später immer weniger beeinflußbar		vorwiegend von den Eltern abhängig

auf, die sich mit den grundlegenden Erkenntnissen der Logotherapie deckt, nämlich daß in letzter Instanz die *Motivation von Eltern und Kind* selbst Träger des gesamten Leistungsprozesses, und eine *gestörte Motivation von Eltern oder Kind* somit Ursache der Leistungsstörungen ist.

Störungsschema im Leistungsbereich

Fähigkeiten	–	**Motivation**	–	**Äußere Umstände**
S ↓ **t**	**ö**	**r** ↓ **u**	**n**	↓ **g**
Fähigkeiten reichen nicht aus: *falsche Einstufung* des Kindes		**Motivationsschwäche des Kindes**		Ungünstige Umstände, z.B. *Reizüberflutung* des Kindes
↓				↓
Motivationsstörung der Eltern				**Motivationsstörung der Eltern**

Falsche Einstufung, Motivationsschwäche und ungünstige Reizüberflutung des Kindes führen nahezu zum selben Ergebnis wie echte Konzentrationsstörungen. Das Kind ist nicht mehr imstande, seine Aufmerksamkeit längere Zeit auf eine Sache zu lenken, es wird unruhig, zappelig, nervös, läßt sich von jeder Kleinigkeit stören, wird mutlos, gibt schnell auf, hat keine Lust weiterzumachen, reagiert aggressiv auf Drängen und Ermahnungen von seiten der Eltern und drückt sich vor dem Lernen, so oft und so gut es kann. Kurz: Es hat *keine Freude mehr* an seiner eigenen Arbeit. Es gibt jedoch für die schulische Entwicklung des Kindes nichts Hemmenderes als dies, daß das Kind keine Freude mehr hat.

Meine umfassende Erfahrung in der Erziehungsberatung hat mich gelehrt, daß fast immer, wenn die fehlende Konzentration von Kindern im Elterngespräch auftaucht, wenigstens eine der drei Störungsursachen nachweisbar vorhanden ist: falsche Einstufung, Motivationsschwäche oder Reizüberflutung des Kindes. Sucht man nach den Ursachen falscher Einstufung oder Reizüberflutung, dann gelangt man wieder zu einer Motivationsschwäche, diesmal allerdings bei den Eltern. Somit ist in jedem Falle eine Motivationsstörung die zutiefst liegende Ursache, und forscht man wiederum nach deren Begründung, so kommt man nicht mehr weiter, weil es bei der menschlichen Motivation kein auflösbares „Dahinter" mehr gibt. Eine Störung in der Motivation, ob beim Kind oder bei den Eltern, ist eine *Basisstörung,* wie wir sie erst dank der Logotherapie richtig verstehen können, nämlich eine Störung im Bereich jener essentiellen menschlichen Fähigkeit, die Frankl mit dem „Willen zum Sinn" bezeichnet. Wer die Motivation als Grundsubstanz des geistigen Lebens anzweifelt und Ursachen für Motivation und Motivationsstörungen sucht, der sucht zugleich Determinanten unseres Seins, er baut die Theorie des Determinismus auf, die wir überwinden wollen. Denn *hat der Mensch eine abhängige Motivation, dann hat er keine,* ist er nicht „Herr seines Willens", ist er „Untertan seiner Bedingungen".

Sehen wir uns die drei Störungskategorien im einzelnen an:

1. Ungünstige Umstände, Reizüberflutung

Es ist wohl einsichtig, daß am Arbeitsplatz Ruhe herrschen muß, wenn ein Kind sich auf seinen Lernstoff konzentrieren soll. Fast scheue ich mich, solche Selbstverständlichkeiten niederzuschreiben, doch habe ich vor kurzem erst von einer Untersuchung gelesen, nach welcher zwei Drittel aller Kinder ihre Aufgaben bei Schlagermusik machen, und es bleibt nur zu hoffen, daß diese Angaben übertrieben sind. Gerade aus dem Wissen um das Zusammenspiel der verschiedenen Zentren des menschlichen Gehirns ist leicht ableitbar, daß Denkprozesse durch den ständigen Einfluß von Störreizen empfindlich gestört werden müssen. Es ist ganz und gar unmöglich, daß einströmende Signale von lauter Musik, Straßenlärm, Gekreisch und Gekicher von Geschwistern oder lautstarkem Geschimpfe der Eltern im Zwischenhirn ausgefiltert werden könnten, damit der Cortex für die Konzentration auf die Schularbeiten freigehalten wird. Eine starke, permanente Reizüberflutung bedeutet praktisch eine Überbeanspruchung des Aufmerksamkeitsfilters im Zwischenhirn, sie dringt ein zum Cortex, stört dort die bewußten Denkprozesse und vor allem die Einprägung von Lernmaterial, und fließt schließlich meist über zusätzliche Motorik ab. Das ergibt dann die Nervosität, das Zappeln und die Unruhe solcher Kinder, wobei diese Unruhebewegungen neuerliche Störreize zum Gehirn senden. Hierher gehört auch die altbekannte Tatsache, daß mit zunehmender Schülerzahl in einer Schulklasse die allgemeine Aufmerksamkeit der Schüler während des Unterrichts absinkt, weil eben 40 Schüler mehr Störreize produzieren als 20 Schüler.

Im Grunde geht es jedoch nicht nur um die kurze Spanne Zeit, in welcher gelernt wird oder Aufgaben gemacht werden. Die Reizüberflutung ist viel mehr als nur eine Störung am Arbeitsplatz, sie ist schon fast eine *Krankheit unserer Zeit!*

Mir fällt immer wieder auf (z. B. wenn ich eingeladen bin), daß eine Familie abends beim Essen sitzt, der Fernseher läuft, und man spricht auch noch miteinander. Das sind drei verschiedene Funktionen, die vom Gehirn aus gesteuert werden müssen, und das geht nur, indem alles oberflächlich geschieht, auf Kosten der Hingabe, oder auch der – Konzentration. Man wird weder das Essen besonders genießen können, noch wird man vom Fernsehfilm allzuviel mitbekommen, noch wird man imstande sein, ein besonders nettes Gespräch zu führen; im Grunde findet dieses Abendessen bereits unter dem Aspekt einer Reizüberflutung statt.

Natürlich könnte man einwenden, daß es nicht so wichtig ist, daß Kinder das Essen bewußt genießen, ein sehr geistreiches Gespräch führen oder den Film in allen Details mitbekommen, aber das Gefährliche ist, daß sie sich an diese oberflächliche und wenig intensive Lebensart *gewöhnen.* Sind Kinder heute noch imstande, nur zuzuhören, etwa einem Musikstück zu lauschen, den Klang zu genießen, der Aussage der Musik nachzusinnen, ohne gleichzeitig etwas anderes zu tun? Sind Kinder noch imstande, durch den Wald zu spazieren und einfach nur diese Wanderung zu genießen, zu schweigen, auf die Stimme des Waldes zu hören, auf die Blumen am Wegrand zu achten, nichts sonst –? Können sie wenigstens noch richtig spielen, ein Spiel von Anfang an bis zum Ende durchführen, ganz darin versunken, so daß sie kaum etwas ringsum wahrnehmen?

Wenn Eltern wollen, daß sich ein Kind bei der Arbeit, beim Lernen konzentrieren kann, dann müssen sie auch dafür sorgen, daß sich das Kind in der Freizeit, also auch beim Spiel, voll konzentrieren kann.

Es sollte dem Kinde zur Gewohnheit werden, sich einer Sache *ganz* zu widmen, und nicht sich drei oder vier Dingen zur gleichen Zeit oberflächlich zu widmen. Wenn ferngesehen wird, dann soll *nur* ferngesehen werden, und zwar vom Anfang an bis zum Schluß einer Sendung und nicht mittendrin, und nicht ein wahlloses Programm, sondern ausgesuchte Sendungen. Wenn gespielt wird, dann soll das Kind ungestört spielen und das Spiel auch zu einem Ende bringen, nicht eines nach dem anderen beginnen und zur Seite legen. Wenn Eltern dies beobachten, ist es wichtig, daß sie sich die Zeit nehmen und mitspielen, wobei sie Hilfen geben können, um das angefangene Spiel zu einem befriedigenden Ende zu führen. Was das Kind den Eltern abschauen muß, das ist die *Hingabe an eine Sache,* was immer es ist, die Fähigkeit, sich zu engagieren, sich zu vertiefen, sich zu konzentrieren. Hier stoßen wir auf eine entscheidende logotherapeutische Erkenntnis: Die Selbsttranszendenz muß bereits im Kindesalter geweckt und gefördert werden!

Aber nun kommen die großen Einwände in der Erziehungsberatung: Eltern sind heute vielfach in ihrer Erziehungsaufgabe überlastet und dadurch gezwungen, mehrere Dinge gleichzeitig zu tun. Mütter, die spät abends nach Hause kommen, müssen Abendessen kochen, Schularbeiten nachsehen und mit den Kindern sprechen, sie sind müde und können alles nur schnell und unter Hast und Druck machen. Damit kommt große Unruhe und gefährlicher Unfriede in die Familie, und die

Kinder verlieren das wichtigste Vorbild, nach dem sie sich richten sollten, um ruhig und konzentriert ihre Arbeit zu erledigen. Je mehr Überlastung der Eltern, desto mehr Unruhe in der Familie, und je mehr Unruhe in der Familie, desto weniger können die Kinder konzentriertes Verhalten annehmen.

Die Überlastung unserer Eltern ist oft eine einseitige: Es wird ihnen ein sinnloser Streß abgefordert, während ihnen andererseits sinnvolle Aufgaben und Ziele fehlen. Solche Überlastung ist nicht durch ein Mehr an Freizeit, sondern nur durch ein Mehr an Sinnerfüllung zu kompensieren. Die Frustrationen durch Überlastung und durch Unterforderung liegen sehr eng nebeneinander und zeigen vielfach ähnliche Störungsbilder: Erschöpfte Eltern lassen sich am Wochenende gehen, völlig entlastete Personen wissen mit ihrer Freizeit nichts anzufangen. Nahezu jede Mutter und auch sehr viele Väter, die eine Erziehungsberatungsstelle aufsuchen, klagen darüber, selbst erholungsbedürftig, unglücklich, übernervös und am Ende ihrer Kräfte zu sein. Wenn den Erwachsenen die innere Ruhe fehlt, dann können sie von ihren Kindern kein ruhiges und konzentriertes Verhalten verlangen.

Ich bin nicht überzeugt davon, daß man sich vom Trend der Zeit immer und überall mitreißen lassen muß. Man sollte sich ein Stück innere Ruhe bewahren, und wenn es sein muß, über einen Verzicht auf etwas anderes. Denn wenn hoher Verdienst, hoher Lebensstandard und Zweitwagen auf Kosten von Gesundheit und Kindern gehen, dann ist der Preis zu hoch gewesen. Der menschliche Organismus, speziell das vegetative Nervensystem und der Kreislauf, sind nicht bestimmt für ein Übermaß an Hektik und Simultanbelastung, weswegen man den Eltern guten Gewissens sagen kann: Wenn es ihnen gelingt, die enorme Reizüberflutung der heutigen Zeit wenigstens aus dem Familienleben zu verbannen und statt dessen eine Insel der Ruhe und Zusammengehörigkeit aus ihrem Zuhause zu machen, dann haben sie schon den wichtigsten Schritt zur Behebung der Konzentrationsstörungen ihrer Kinder getan.

Außer der Reizüberflutung gibt es auch noch andere ungünstige äußere Umstände, die die Leistungsfähigkeit der Kinder hemmen wie kaputte Ehen, Desinteresse der Eltern, schlechter Arbeitsplatz, falsche Ernährung usw. Es ist jedoch typisch für unsere derzeitige Gesellschaft, daß nicht Mangelerscheinungen (fehlende Schulsachen, fehlende Zeit zum Lernen) das Bild der negativen äußeren Faktoren bestimmen, sondern ein *Zuviel* (Reizüberflutung) zum zentralen Störfaktor geworden ist.

2. Fähigkeiten reichen nicht aus: falsche Einstufung des Kindes

Ich habe absichtlich „falsche Einstufung" und nicht „Überforderung" gesagt, um die Mißverständnisse, die auf diesem Gebiet der Pädagogik herrschen, nicht noch zu vergrößern. Denn auf keinem Gebiet der Pädagogik gibt es so unterschiedliche Meinungen wie auf diesem.

Es ist oft darauf hingewiesen worden, aber vielleicht soll es noch einmal geschehen: Der Intelligenzquotient ist *kein* wesentliches Kennzeichen des Menschen, er ist nichts als ein Durchschnittsmaß einiger Fähigkeiten, und seine Aussage beschränkt sich auf eine geschätzte Obergrenze der intellektuellen Kapazität.

Hat zum Beispiel ein Kind einen Intelligenzquotienten von 70, dann bedeutet dies, daß es den normalen Schulweg aller Voraussicht nach nicht durchlaufen können wird, hat es aber einen Intelligenzquotienten von 130, dann steht nirgends geschrieben, daß es nicht in der Schule versagen wird. Erinnern wir uns an das Beispiel vom Bergsteiger: Wenn er nicht will, werden ihn die kräftigsten Beine nicht auf den Gipfel tragen.

Was also für den Schulerfolg eines Kindes maßgeblich ist, das ist seine *Motivation* und nicht sein Intelligenzquotient, dieser setzt nur eine gewisse Höhe als Mindestvoraussetzung fest.

Noch weniger Zusammenhang bezüglich des Intelligenzquotienten gibt es bei speziellen Arbeitsgebieten, denn es kann jemand mit einer sehr durchschnittlichen Intelligenz auf einem Fachgebiet eine hohe Begabung haben und auf diesem Gebiet daher überaus leistungsfähig und erfolgreich sein, und genausogut kann jemand trotz hoher Allgemeinintelligenz in einem bestimmten Fachgebiet versagen, weil ihm dieses eben nicht liegt oder ihn nicht freut.

Was den Menschen kennzeichnet, ist nicht sein Intelligenzquotient, sondern allenfalls sein *Begabungsprofil.*

Nun leben wir in einer Zeit des Kollektivismus: Was alle haben, muß man selber auch haben, was alle tun, möchte man selber auch tun, die Gruppe dominiert, und der Individualist ist Außenseiter. In Wirklichkeit ist der Mensch aber kein Kollektivwesen, und das drückt sich aus in seinem individuellen Begabungsprofil.

Für ein solches Begabungsprofil gilt der Satz:

Eignung oder Fähigkeit	=	Begabung (angeboren	+	Trainingsmenge (erlernt)

Da es unmöglich ist, Begabung und Trainingsmenge gesondert zu messen, bezieht sich das Begabungsprofil immer auf beides und müßte daher eigentlich „Eignungsprofil“ heißen, doch der Ausdruck „Begabungsprofil“ hat sich mittlerweile durchgesetzt. Wird zum Beispiel ein Mensch von 16 Jahren auf seine sprachlichen Fähigkeiten untersucht, wird seine anlagenmäßige Sprachbegabung und zugleich die gesamte sprachliche Förderung oder Nichtförderung, die er in seinem 16jährigen Leben erfahren hat, gemessen, beides mischt sich zum gegenwärtigen Sprachstand und Sprachschatz.

Werfen wir einen Blick auf ein durchschnittliches Begabungsprofil:

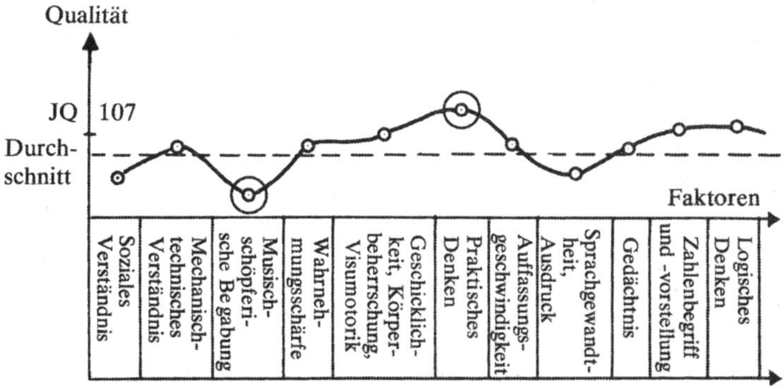

Die Anzahl der Faktoren, welche man für ein Begabungsprofil wählt, kann unterschiedlich sein, da jeder Begabungsbereich wieder neu unterteilbar ist. So läßt sich der sprachliche Bereich wie in obiger Zeichnung zu einem Faktor zusammenfassen oder auch in „verbales Gedächtnis“, „Wortflüssigkeit“ und „Ausdrucksfähigkeit“ untergliedern.

In der psychologischen Fachliteratur gibt es Begabungsmodelle mit 10 Faktoren bis hin zum Guilfordschen Modell mit 120 Faktoren, aber das ist nur ein Einteilungsproblem. Grundsätzlich ist eines wichtig: Nicht alle Begabungsbereiche bilden sich gleichermaßen in den Schulleistungen ab. Zum Beispiel „Praktisches Denken", „Musische Begabung" oder „Soziales Verständnis" kommen gewöhnlich in der Schule nur am Rande zum Tragen, wohingegen der numerische und verbale Bereich sowie Gedächtnisleistungen für Noten und Schulaufstieg sehr viel wichtiger sind.

Ein Kind mit dem abgebildeten Begabungsprofil wird vermutlich im Zeichnen, Malen oder Musizieren nicht gerade hervorragend sein, dafür könnte es in Mathematik und vielleicht auch in Physik (praktisches Denken!) gute Leistungen erbringen. Auch im Turnen wird es ganz gut sein, wohingegen es in Deutsch oder Englisch etwas kämpfen dürfte. Das alles sind sinnvolle Überlegungen, rechnet man jedoch das Gesamtprofil in den Intelligenzquotienten um, welcher im obigen Beispiel bei IQ = 107 liegen mag, so erhält man einen wenig aussagekräftigen Durchschnittswert.

Wie jeder Mensch sein individuelles Gesicht und seinen individuellen Körperbau hat, so hat auch jeder sein individuelles Begabungsprofil, welches genauso Wachstum und Veränderungen offensteht, wie eben Körper, Psyche und Geist überhaupt. Es ist anzunehmen, daß die Rindenfelder des Cortex von Mensch zu Mensch unterschiedliche Entwicklungen aufweisen und daß sich darin organische Substrate der unterschiedlichen Begabungsprofile erkennen lassen. Wie manch einer längere Zeit tauchen kann, weil er einen starken Brustkorb besitzt, und ein anderer dafür auf weite Entfernung gut lesen kann, weil er scharfe Augen besitzt, und wie Brustdehnung und Augenschärfe bis zu einem gewissen Grad trainierbar sind, so mag es sich auch mit den Zentren und Rindenfeldern des Cortex verhalten, von deren unterschiedlicher Struktur und Zuständigkeit man heute dank der Computertechnik mehr weiß als früher.

Bei einem durchschnittlichen, normalen Begabungsprofil findet sich fast immer irgendwo eine größere Begabungsschwäche und irgendwo auch mindestens ein Begabungsschwerpunkt. Es gibt keinen Menschen, der nicht auf *einem* Gebiet befähigt wäre, es sei denn, das ganze Gehirn ist in Mitleidenschaft gezogen, aber selbst bei Sonderschülern

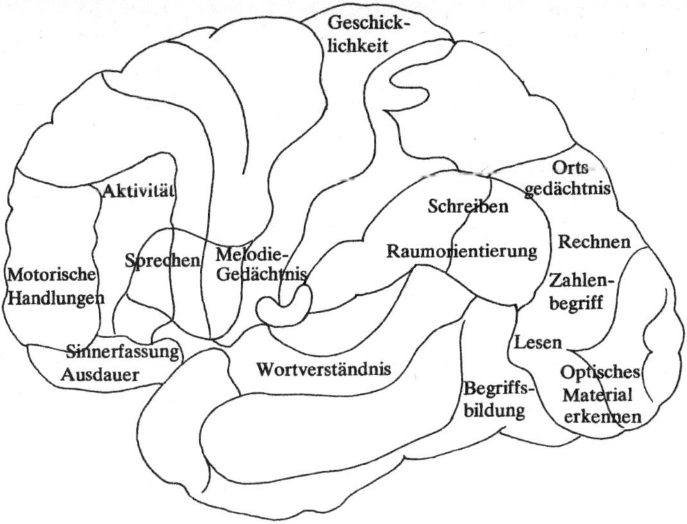

Aus: Biologie des Menschen von Mörike-Mergenthaler, Verlag Quelle & Meyer, Heidelberg.

und Lernbehinderten habe ich immer auch Bereiche gefunden, in denen passable Leistungen erbracht werden konnten, wenn sie nur erkannt und gefördert wurden.

Aber leider gibt es große Mißverständnisse bei der Beurteilung von kindlichen Leistungen, insbesondere Schulleistungen. Blicken wir noch einmal auf das aufgezeichnete Begabungsprofil zurück. Angenommen, dieses Kind bringt in Englisch die Note 3, also eine Durchschnittsnote. Das ist für dieses Kind eine hervorragende Leistung, denn das bedeutet, daß es so viel geübt und gelernt hat, daß ihm sogar eine bessere Leistung gelungen ist, als sie eigentlich seinen Fähigkeiten entspricht. Die Eltern aber rümpfen vielleicht die Nase und fragen, warum es nichts Besseres zuwege gebracht hat.

Ein anderes Mal bringt dieses Kind in Mathematik die Note 2. Das ist für sein Begabungsprofil keine besondere Leistung und entspricht durchaus den Fähigkeiten des Kindes. Die Eltern loben es aber sehr und heben die Leistung hervor. Das ist die *eine Art* von Mißverständnissen, bei welchen Leistungen nicht im Vergleich zu den individuellen Fähigkeiten eines Menschen, sondern im Vergleich zu allgemeinen Normwerten gesehen werden.

Die *zweite Art* von Mißverständnissen entsteht beim Vergleich zweier Menschen miteinander, ohne daß deren unterschiedliche Fähigkeiten berücksichtigt werden.

Ich zeichne die Begabungswerte von zwei Kindern in zwei Begabungsbereichen auf:

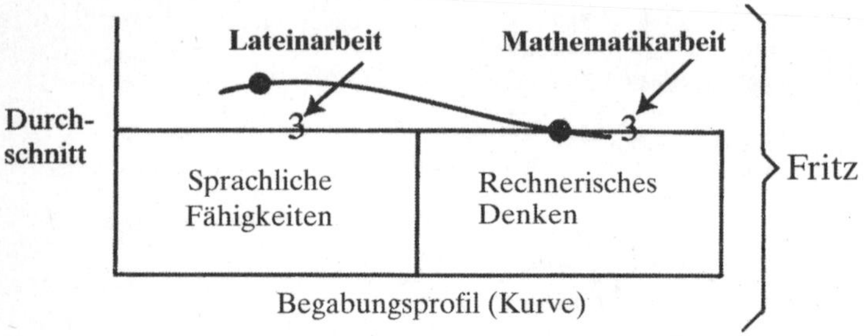

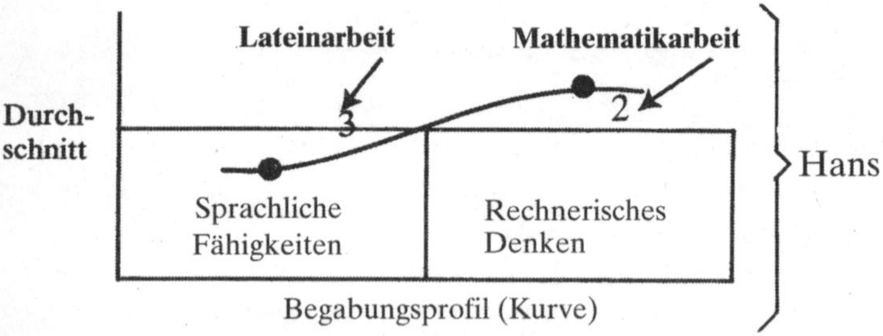

Fritz bekommt in der Mathematik-Klassenarbeit die Note 3, Hans die Note 2. Fritz hat eine seinen Fähigkeiten entsprechende Leistung erzielt, Hans hingegen ist etwas oberflächlich gewesen, denn bei seinen Fähigkeiten hätte er leicht die Note 1 bekommen können. Die Mutter von Fritz sagt: „Schau dir doch deinen Freund, den Hans, an, der hat eine bessere Note als du bekommen!"

Dann bringen beide Kinder ihre Lateinarbeit mit der Note 3. Für Fritz ist das sehr schade, es wäre nicht nötig gewesen. Für Hans ist das eine extrem gute Leistung. Die Mutter von Fritz sagt: „Na ja, dein Freund hat auch die Note 3, mehr kann man nicht verlangen, Latein ist schließlich ein schweres Fach!"

Wir müssen also stets bedenken: Die *echte Leistung* eines Kindes in der Schule kann nur in bezug zu seinem Begabungsprofil gemessen und gewertet werden! Ebensowenig kann man gleiche Ergebnisse zweier Kinder mit unterschiedlichen Begabungsprofilen ohne weiteres vergleichen (Mißverständnis zweiter Art!) noch kann man die unterschiedlichen Leistungen ein und derselben Person in verschiedenen Fächern miteinander vergleichen (Mißverständnis erster Art!).

Eine echte menschliche Leistung wird dort erbracht, wo sie etwas *höher* liegt, als sie den eigentlichen Fähigkeiten entspricht – dort, wo die „Trotzmacht des Geistes" mobilisiert wird, wie der Logotherapeut es formulieren würde, wo Wille und Motivationskraft triumphieren über Schwäche und Behinderungen. Wenn jemand ein gelähmtes Bein hat und eine Strecke von 2000 m durchschwimmt, so ist das zweifelsohne die höhere Leistung, als wenn ein Spitzensportler eine Strecke von 8000 m durchschwimmt. Im körperlichen Bereich erscheint es uns selbstverständlich, aber im psychischen und geistigen Bereich ist dieses Denken vielfach ungewohnt. *Leistung ist immer Leistung in Relation zu den gegebenen Fähigkeiten!*

Und jede Leistung, die nur ein wenig über dem durch Umstände und Anlagen Bedingten liegt, muß als solche anerkannt werden, in der Psychotherapie wie in der Pädagogik, denn sie ist Zeugnis dafür, daß der Mensch über seine eigenen Bedingungen hinauswachsen kann.

Selbstverständlich kann sich die Schule nicht nach dieser individuellen Bewertung richten, der Lehrer ist gezwungen, das gleiche Maß an alle Schüler anzulegen. Gleiche Fehler ergeben gleiche Noten, ob der Schüler auf diesem Gebiet begabt ist oder nicht. Die Note 1 im Zeugnis bedeutet auch nur, daß das Stoffgebiet beherrscht wird, ob dem Kind diese Note auf Grund einer außerordentlichen Begabung „zugeflogen" ist oder ob es die Note bei mittlerer Begabung durch besonderen Fleiß und Ausdauer erworben hat – was ja die größere menschliche Leistung bedeutet –, spielt keine Rolle dabei.

Noch eines kann die Schule nicht: Sie kann den Kindern hinsichtlich ihrer extremen Begabung nicht helfen. Weder ist sie in der Lage, auf besondere Schwächen Rücksicht zu nehmen (der Lehrer kann nicht wegen einzelner Schüler den Lernstoff dreimal wiederholen), noch kann in der Schule auf besondere Begabungsschwerpunkte eingegangen werden (was soll der einfache Musiklehrer mit einem kleinen

Mozart in der Klasse anfangen?). Die Schule kann demgemäß einen Lehrplan bieten, der den annähernd *durchschnittlichen Fähigkeiten* der Schüler gerecht wird und entspricht.

Die *Extreme* im Begabungsprofil des Kindes sind dagegen der Verantwortung der Eltern überlassen. Ich halte es für eine *schwerwiegende Verpflichtung* der Eltern, sich um diese Extrembegabung der Kinder zu kümmern, und es wird auch in der Erziehungsberatung immer wieder davon gesprochen, nur leider meist einseitig.

Wenden wir uns zunächst dem unteren Extrem, der *Begabungsschwäche* zu: Irgendwo hat jeder von uns seine Begabungsschwäche. Es gibt zwar sogenannte Allround-Künstler, die nahezu alles fertigbringen, aber im großen und ganzen könnte man fast jeden auf einen Platz im Leben stellen, auf dem er versagt. Nur – der Erwachsene meidet tunlichst die Gelegenheiten, die ihm solche Versagenserlebnisse vermitteln könnten. Eine junge Hausfrau, die sich beim Kochen nicht ganz sicher fühlt, wird nicht gerade häufig Parties mit vielen zu bewirtenden Gästen veranstalten, oder ein Mann, der technisch unbegabt ist, wird nicht gerade versuchen, seine Autoreparaturen selbst zu machen und seine Wohnungseinrichtung selbst zu bauen. Das Schulkind hingegen kann dem Fach, für welches seine Eignung schwach ist, nicht entkommen, es muß sich sogar der Konkurrenz der durchschnittlich und überdurchschnittlich begabten anderen Kindern stellen.

Davon abgesehen ist es auch möglich, daß ein Kind in *mehreren* Bereichen leistungsschwach ist, dann sieht sein Begabungsprofil im Vergleich zum Klassendurchschnitt folgendermaßen aus:

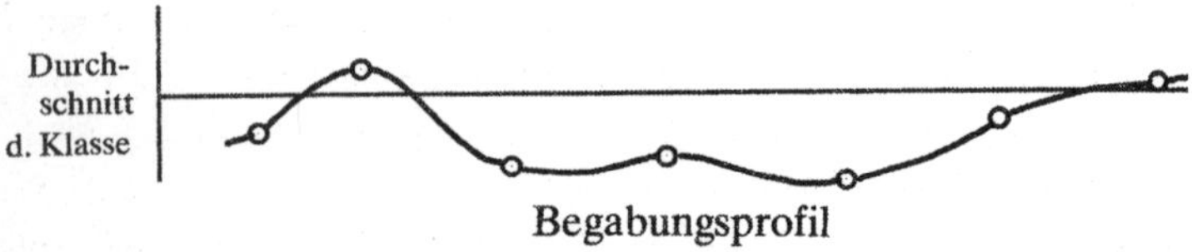

Bei einem solchen Begabungsprofil hat es keinen Sinn, die Schwächen durch Nachhilfen ausgleichen zu wollen, das Kind ist falsch eingestuft, es ist in der falschen Schule. Der in dieser Schule von ihm erwartete und genormte Durchschnitt liegt für dieses Kind zu hoch, es muß versagen, und zwar auf der ganzen Linie. Wird es umgeschult in einen Schultyp, der geringere Anforderungen an seine Leistungskapazität stellt, so sinkt der genormte Klassendurchschnitt, und das Begabungsprofil des Kindes schwankt wieder gleichmäßig um die Durchschnittslinie.

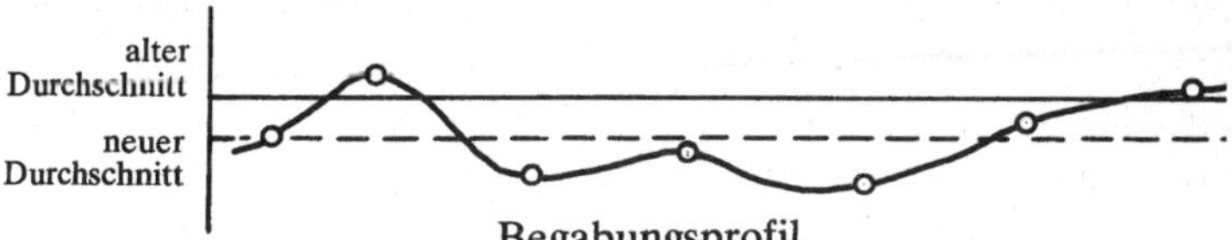

Begabungsprofil

Anders ist es, wenn es sich – wie oft beim normalen Durchschnitts-Begabungsprofil – um eine *einzige* Begabungsschwäche handelt. Es wäre schade, wenn deswegen der weitere Lebensweg des Kindes gefährdet wäre, daher ist in diesem Falle gezielte Nachhilfe und Förderung durchaus sinnvoll. Da man in der Gleichung:

Eignung = Begabung + Trainingsmenge

nicht die angeborene Begabung, sehr wohl aber die Trainingsmenge erhöhen kann, läßt sich die Eignung auf einem speziellen Gebiet so weit anheben, daß aus der Begabungsschwäche keine schwerwiegenden Folgen erwachsen müssen, wie zum Beispiel die Legasthenie-Therapie immer wieder zeigt. Voraussetzung dafür ist allerdings eine positive Motivation bei Kind und Eltern, und ein Beschränken der jeweiligen Trainingsmenge auf kleine und sinnvolle Einheiten, die das Kind nicht überlasten.

Die vielzitierte Überforderung findet meist hinsichtlich Begabungsschwächen statt, die entweder nicht richtig erkannt oder nicht richtig interpretiert worden sind.

Weniger oft zitiert wird die Möglichkeit einer Unterforderung von Kindern hinsichtlich ihrer *Begabungsschwerpunkte.* Denn genauso, wie jeder gewisse Schwächen hat, hat auch jeder Mensch seine besonderen Fähigkeiten, aus denen bei entsprechender Förderung hochwertige Leistungen entspringen können, welche letztlich Selbstbewußtsein, Lebensmut, Erfolgserleben und persönliche Erfüllung mitbestimmen. Wenn ich vergleiche, was Eltern alles unternehmen, um die Leistungsschwächen ihrer Kinder zu kompensieren, und was sie andererseits an Talenten und Befähigungen bei Kindern vernachlässigen, weil diese Begabungen nicht zum Plansoll der Schule gehören, dann muß ich eine traurige Bilanz ziehen. Hunderte von Eltern bestürmen die Erziehungsberatungsstellen mit der Frage, wie sie Leistungen ihrer Kinder anheben können, die zu wünschen übrig lassen, und kaum jemand kommt mit der Frage, wie er die Interessen und Begabungen des Kindes zu beglückenden Lebensinhalten führen könne. Und doch sind es die Begabungsschwerpunkte, die zu späteren persönlichen Lebenszielen am meisten beitragen, und nicht die Begabungsschwächen, die im späteren Leben sowieso eine untergeordnete Rolle spielen. Aber es ist immer wieder dasselbe, in der Psychologie wie in der Pädagogik, in der Philosophie wie in der Medizin: Die Schwächen und Fehler stehen im Vordergrund aller Betrachtungsweisen, und das Positive, Gesunde und Gute wird höchstens am Rande registriert. Wir haben eine Psychologie, die sich fast ausschließlich mit der Charakterisierung von Unzulänglichkeiten und Krankhaftem befaßt, und wir haben eine Pädagogik, die auf Anpassung und Kompensation ausgerichtet ist. Ist denn das *Positive im Menschen* keiner Beachtung wert? Erst die Logotherapie mußte entwickelt werden, um die Wissenschaftler daran zu erinnern, daß es auch gute Anlagen und gesunde Kräfte im Menschen gibt, daß menschliche Fähigkeiten und menschliche Leistungen unsere Anerkennung verdienen, und nicht zuletzt, daß die Pädagogik mit den vorhandenen Begabungen, Interessen und Motiven mehr aus unseren jungen Menschen machen könnte, als sie mit ihren genormten Lehrplänen und Kompensationsprogrammen je erreichen wird.

In der Praxis sind jene Kinder, die auf einem Fachgebiet begabt sind, keineswegs identisch mit jenen Kindern, die auf diesem Fachgebiet gefördert werden. Das läßt sich graphisch folgendermaßen veranschaulichen:

Nur bei einem geringen Prozentsatz trifft Begabung und Förderung zusammen. Die Kinder in der Zeichnung rechts vom doppelt schraffierten Mittelstreifen werden *teilweise überfordert,* weil eine höhere Leistung von ihnen verlangt wird, als sie begabungsmäßig erbringen können, und bei den Kindern links davon wird eine gute Begabung nicht ausgenützt, übersehen, „verschüttet“, es findet eine *sinnlose Unterforderung* statt. Viele Menschen glauben, daß Begabung auch ohne Förderung ihren Weg findet, doch ist dies in unserer technisierten

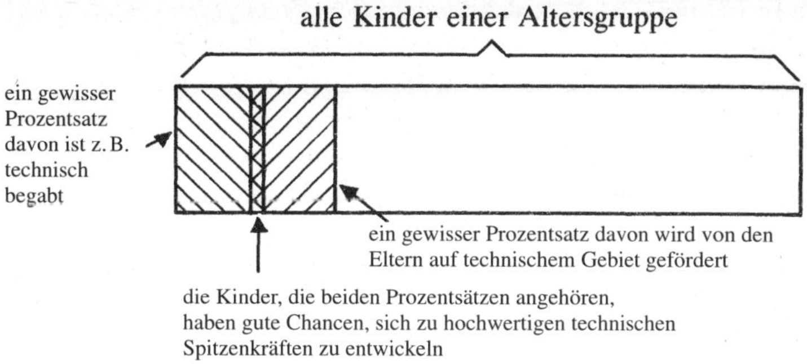

Welt mit ihrem Konkurrenzkampf um Superlative nicht so leicht. Auch geht es nicht um die „Ausbeutung" von Talenten, sondern um die Lebensfreude, die bei der Verschüttung von Begabungen verlorengehen könnte.

Begabungsprofil eines Kindes

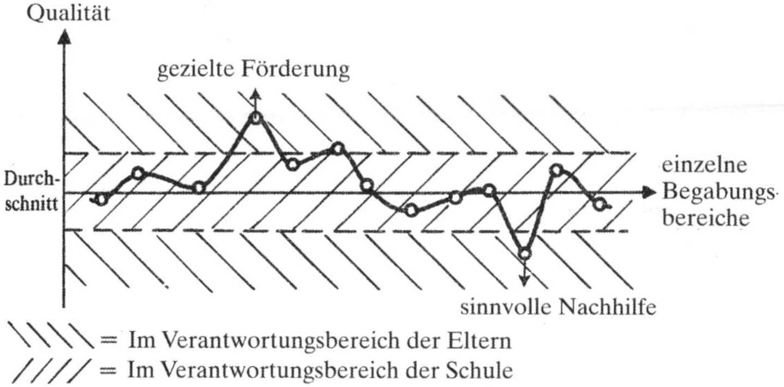

Eltern sagen oft, daß es für das Durchlaufen der Schule keinesfalls wichtig ist, besondere Begabungsschwerpunkte der Kinder speziell zu fördern, im Gegenteil, daß eine solche Förderung eine zusätzliche Belastung zum Schulbetrieb darstellt. Gewiß ist es richtig, daß es die Belastung der Familie erhöht, wenn das Kind außerhalb der Schule auch noch im Schwimmverein ist, am Bastelkurs der Volkshochschule oder am Kirchenchor teilnimmt. Andererseits können gerade durch solche zusätzlichen begabungsadäquaten Engagements Weichen fürs ganze Leben gestellt werden, sogar fürs spätere Berufsleben.

Es ist eine Tatsache, daß heute viele Kinder lange herumsuchen und herumprobieren, ehe sie den ihnen zusagenden Beruf gefunden haben. Selbst im günstigsten Falle, daß nämlich in der Schule immer alles gut lief (was bedeutet, daß keine Begabungsschwächen in den für die Schule relevanten Gebieten vorliegen), selbst dann kann es mit Schulschluß zu erheblichen Krisen kommen, wenn die Kinder den Schulabschluß oder das Abitur gemacht haben und sich fragen müssen: „Was fange ich jetzt mit meinem Leben an?“

Ist es nicht unnatürlich, daß ein körperlich nahezu ausgereifter Mensch von 16 oder 19 Jahren keine Ahnung hat, was er eigentlich im Leben oder aus seinem Leben machen will? Es fehlt so oft jede *berufliche Identifikation,* die jungen Menschen befinden sich in ihrem Selbstbild mitunter in einem völligen Vakuum; zwar stehen ihnen viele Möglichkeiten offen, doch es fehlt die echte Zielvorstellung, die wichtigste Motivationskraft und Triebfeder im menschlichen Dasein überhaupt. Wie klein ist der Schritt vom Vakuum beruflicher Identifikation zum existentiellen Vakuum, wie gefährlich ist das Ende der fest-umrissenen Schulsituation, wenn sich kein neuer Anfang in der jugendlichen Vorstellungswelt abzeichnet!

In früheren Zeiten, in Bauernfamilien und Handwerkskreisen, mußten die Kinder von klein auf mitarbeiten und bekamen dadurch in dem ihnen vertrauten Milieu eine so hohe Trainingsmenge mit, daß ihre Eignung für den früh festgelegten Beruf gewöhnlich recht hoch war. Heute gibt es das nicht mehr. Unsere Kinder wählen nach Schulabschluß mehr oder weniger durch Zufall ihre Berufe und stellen erst später fest, ob der Beruf ihnen zusagt oder nicht.

Dadurch verlieren sie vielfach zu einem sehr *kritischen* Zeitpunkt den Halt in ihrem jungen Leben, nämlich zu dem Zeitpunkt, da sie sich zugleich vom Elternhaus ablösen, da sie zum ersten Mal ihre eigene Weltanschauung suchen, und die ersten Gehversuche „auf eigenen Beinen“ (nämlich geistigen Beinen) stattfinden. Kommen noch Unsicherheit in der Berufswahl, Ziellosigkeit und allgemeine Lustlosigkeit dazu, ist die existentielle Frustration kaum mehr abzuwenden.

Die Beobachtung und Förderung von kindlichen Begabungsschwerpunkten ist somit in die Verantwortlichkeit der Eltern gelegt, weil sie eine *positive Chance* bedeuten kann für den Lebensstart des jungen Menschen. Selbst wenn eine spezielle Begabung nicht zum späteren Beruf führt, zum Beispiel ein Kind eine schöne Singstimme hat und gesanglich gefördert wird, aber deswegen nicht später Chorsänger(in) wird, sondern etwas ganz anderes macht, so bleibt ihm doch die Freude am Singen und kann ihm ein Leben lang als Hobby im Freundeskreis und in der eigenen Familie Glück und Gewinn bringen. Je mehr Fähigkeiten und Interessen jemand hat, desto sinnreicher ist sein Leben orientiert, und desto stabiler und psychisch gesünder ist er durch diese innere Sinnerfüllung, wie wir aus der Logotherapie wissen.

Selbstverständlich können äußere Umstände die Förderung von Begabungen und Interessen erschweren. Wenn ein Jugendlicher sich fürs Kochen geeignet fühlt, aber keine Lehrstelle als Koch, sondern nur als Friseurlehrling findet, so ist auch der Psychologe machtlos. Dennoch, wer will es dem jungen Menschen verwehren, seine Kochkünste im eigenen Heim mit viel Freude zu entfalten? Kann es nicht sein, daß er seinen zwangsweise gewählten Beruf ungern ausübt und nur die Abende zu Hause, die Wochenenden und Urlaubstage, ihn „über Wasser halten", aber auch nur dann, wenn er mit diesen freien Stunden etwas Schönes anzufangen weiß?

Bei der echten Förderung geht es also um eine relativ *hohe* Begabung, die zur Entfaltung gebracht werden soll, während es bei der Überforderung um eine relativ *niedrige* Begabung geht, die nicht genügend berücksichtigt wird. Man sieht, Förderung und Überforderung sind nicht identisch, auch wenn beides heute gern in einen Topf geworfen wird. Und falsche Einstufung gibt es nicht nur in Richtung Überforderung, sondern auch in Richtung Unterforderung.

Überforderung bringt im allgemeinen nur Mißerfolgserlebnisse für Eltern wie für Kinder, und überforderte Kinder zeigen eindeutig dieselben Symptome wie konzentrationsgestörte Kinder. Sie haben nicht die Fähigkeit, die Menge und Höhe des an sie herangetragenen Lernstoffes zu bewältigen, und so entwickeln sie Ausweichverhalten vom Trödeln bis zum Trotzen, vom Aufgabenheft-Verstecken bis zum Schulschwänzen.

Unterforderung bringt erst späte Früchte, dennoch: gefährliche Früchte. Ihre Fortsetzung ist Sinnleere und existentielle Not.

Überforderung ist Abbild einer falschen, einer einseitigen Motivationslage bei den Eltern, Unterforderung bewirkt eine bleibende Motivationsschwäche bei den Kindern; aber damit kommen wir schon zum Fundament unseres Zentrums in der Pädagogik, zur Bedeutung der Motivation.

3. Motivationsschwäche des Kindes

Die Motivation ist unsere Willenskraft, und Wille braucht Sinn. Deswegen gibt es keine frei-flukturierende Motivation, sondern immer nur eine zielgerichtete. Man könnte Motivation auch definieren als die Kraft, die es uns ermöglicht, ein Ziel zu erreichen. Sie ist die notwendige Ergänzung zur Wahrnehmung eines Zieles in der Einstellung. Habe ich nicht die *richtige Einstellung,* kann ich kein sinnvolles Ziel erkennen, habe ich nicht die *ausreichende Motivation,* kann ich ein erkanntes Ziel nicht erreichen. Nicht umsonst beschäftigt sich der Logotherapeut hauptsächlich mit Einstellungskorrekturen und Motivierungsimpulsen für seine Patienten ...

Auch in der Erziehungsberatung brauchen wir hinsichtlich des Schulerfolges eines Kindes beides, die gesunde Einstellung bei den Eltern und die gesunde Motivationslage bei den Kindern. Immer wieder muß darauf hingewiesen werden, daß weder die Intelligenz, noch die äußeren Umstände, noch die Güte des Lehrers oder des Schulplanes, sondern am allermeisten die Motivationsstärke des Kindes korreliert mit dessen Schulerfolg! Ehrgeizige, interessierte und begeisterte Schüler erzielen hohe Erfolge auch bei mittelmäßigem Begabungsprofil, mittelmäßigem häuslichen Klima und sogar wenig idealen Schulbedingungen, während ein Kind, dem schulische Belange völlig gleichgültig sind, absinkt in den Leistungen, wie gut oder schlecht sein Begabungsprofil auch sein mag.

Motivationsstörungen sind heute weit verbreitet bei Kindern und stecken auch oft hinter den sogenannten Konzentrationsstörungen. Das Kind, das nur mit Widerwillen bei seinen Rechnungen sitzt, bemerkt den schönen Sonnenschein vor dem Fenster, denkt vielleicht sehnsüchtig ans Fußballspielen, beginnt vor sich hinzuträumen und bringt seine Aufgabe zu keinem Ende, wodurch es um so länger dabei sitzt und um so weniger zum Fußballspielen kommt.

Man unterschätze die Kinder nicht, auch sie sind schon „auf der Suche nach Sinn“, wenn auch in der ihnen entsprechenden Weise.

Auch ein Kind möchte wissen und muß wissen, wozu es etwas tut, welchen Sinn dies hat, welchen Gewinn dies bringt; und die Motivation, ein Ziel zu erreichen, ist um so höher, je *bedeutsamer* und auch *erreichbarer* das Ziel erscheint. Deswegen ist das Ziel, das die Erwachsenen aus ihrer Perspektive sehen, oft nicht identisch mit kindlichen Zielvorstellungen: Was der Mutter bedeutsam erscheint, muß nicht bedeutsam sein für den Sohn, was der Vater für erreichbar hält, muß die Tochter nicht für erreichbar halten.

Von einem 10- oder 12jährigen Kind Verständnis dafür zu verlangen, daß es im späteren Leben als Erwachsener möglicherweise einen Gewinn hat, wenn es jetzt in der Schule fleißig lernt und ein gutes Zeugnis erringt, ist ein bißchen viel verlangt. Spätere Chancen sind kein geeignetes Ziel für die Motivationsförderung vorpubertärer Kinder, weil dieses Ziel von ihnen als solches noch gar nicht wahrgenommen werden kann.

Dazu kommt das Grundgesetz der Motivationstheorie, welches besagt, daß ein Gewinn um so weniger Wirkung auf das gegenwärtige Verhalten ausübt, je später er eintritt und je unbekannter er ist. Dieses Gesetz gilt gleichermaßen bei den Erwachsenen. Sagt man ihnen, sie mögen regelmäßig turnen, damit sie bis ins hohe Alter beweglich und gelenkig bleiben, so ist das wenig motivierend, denn bis zum Alter ist meist noch lange Zeit, und ein gesunder Mensch kann sich auch nicht so genau vorstellen, wie es ist, steife Gelenke zu haben. Der Gewinn irgendwann im Alter motiviert nur schwach, jetzt und heute etwas zu tun. Wenn jedoch jemand Kopfschmerzen hat und man rät ihm, eine Tablette einzunehmen, die den Schmerz innerhalb von zehn Minuten zum Verschwinden bringt, so motiviert dies unvergleichlich mehr, dem Rat Folge zu leisten. Die Schmerzbefreiung in zehn Minuten ist viel begehrenswerter als die beweglichen Gelenke im Alter.

Der Gewinn oder auch das Ziel darf nicht zu weit weg liegen, um als Antriebskraft zu fungieren. Das bedeutet, daß das Kind auch schon in seiner Schulzeit kleine Ziele und Gewinne braucht, die erreichbar sind, wenn es seine Pflichten in bezug auf die Schule gut erfüllt.

Ein „Gewinn“ muß durchaus nicht immer materieller Art sein, im Gegenteil, ein Lob, ein Lächeln der Mutter, eine zärtliche Geste des Vaters, ein kleiner Scherz oder ein kleines Spiel oder auch nur die

Nähe eines Elternteiles, sein Interesse und seine Anteilnahme bedeuten viel größere Gewinne für Kinder, als ein Mark-Stück oder ein Eis. Nichts ist selbstverständlich, was gut gemacht wird, auch wenn manche Eltern dies glauben, zumindest einen Funken Freude bei den Eltern verdient jede gute Leistung des Kindes, denn die Freude der Eltern strahlt ins Herz der Kinder zurück. Und die *Freude an der Arbeit* ist der Schlüssel zum erfolgreichen Handeln des Menschen!

Aber Eltern kümmern sich meist nicht um das, was sowieso gut läuft, sondern schreiten dort ein, wo es Schwierigkeiten gibt – das nihilistische Menschenbild unseres Jahrhunderts hat sogar den Erziehungsprozeß in seinen Sog gezogen. Das richtige Verhalten des Kindes wird kaum bemerkt, das falsche Verhalten immer bestraft. Machen wir uns nichts vor, Strafen muß es geben, ohne Strafen kann man nicht erziehen, aber wieviel mehr noch muß es Anerkennung und Belohnung, Freude, Stolz und Interesse von seiten der Eltern geben!

Wenn eine Mutter weiß, ihr Kind tut sich schwer im Rechnen, und sie beobachtet, daß es bei der Mathematikaufgabe sitzt und schon neun Rechnungen gemacht hat, was ist dann dabei, hinzugehen, dem Kind über die Haare zu streichen und zu sagen: „Prima, du hast schon fast die Hälfte aller Rechnungen bewältigt!“ Die Wahrscheinlichkeit, daß das Kind sich bemühen wird, auch den Rest der Aufgabe noch zu erledigen, ist auf diese Weise höher, als wenn die Mutter wartet, bis das Kind bei der 14. Rechnung stöhnt und gähnt, und dann hingeht und darüber schimpft, daß es „ewig nicht fertig werde“.

Aggression erzeugt Gegenaggression, Schimpfen erzeugt Trotz, und Strafe erzeugt Opposition. Ein kleines Lächeln, ein aufmunterndes Wort, ein Ausdruck der Anerkennung im richtigen Moment stählt und festigt den Willen des Kindes, durchzuhalten, weiterzumachen, seine Pflichten zu akzeptieren und zu erfüllen.

Auch sollen Eltern nicht hohe Belohnungen am Ende eines langwierigen Lernprozesses versprechen; das Kind könnte mutlos werden, weil es diese Belohnung als unerreichbar ansieht. Ein Fahrrad für ein Vorzugszeugnis in Aussicht zu stellen, wenn das Kind in der Versetzung gefährdet ist, hilft wenig, wie soll das Kind ein so weit entferntes Ziel erreichen? Die Strecke zu diesem Ziel muß in viele kleine Schritte zerlegt werden, die jeweils Teilziele darstellen, und auch die „Belohnung“ sollte auf die Teilziele verteilt werden. Ein Kind muß *stolz sein dürfen,* auch wenn es nur ein Teilziel erreicht hat, dann wird es den Weg weiter gehen.

Das Stolz-sein-Können auf die eigene Leistung ist eines der elementarsten Glücksgefühle des Menschen überhaupt! Das Wort „Leistung" wird heute immer in Zusammenhang mit Leistungsdruck, Leistungsansprüchen und Leistungsgesellschaft verstanden, aber daß die eigene Leistung auch Freude bereiten kann, wird vergessen.

Schon ein Kleinkind, das mit seinen Bausteinen einen Turm baut und nach vielen Versuchen endlich erreicht, daß der Turm nicht zusammenfällt, betrachtet stolz sein Werk und freut sich daran, daß der Turm ganz von selbst steht. Mit derselben Freude und demselben Stolz sollte es später seine Schulangelegenheiten betrachten und noch viel später sein berufliches Tun und Wirken. Man bedenke, wie armselig doch die Existenz eines Menschen verläuft, der in seinen neun oder zehn Schuljahren ungern und nur gezwungenermaßen lernt, und in seinen weiteren 30 oder 40 Dienstjahren nur ungern und gezwungenermaßen zur Arbeit geht!

Die Einstellung des Kindes zur Schule ist die spätere Einstellung des Erwachsenen zur Arbeit. Wer als Kind nicht gelernt hat, Freude an seinem eigenen Schaffen zu gewinnen, muß als Erwachsener sehr um diese Freude ringen. Die Erziehung soll Kindern nicht Pflichten ersparen, sondern Kinder dahin führen, als *glückliche Menschen* ihre Pflichten zu erfüllen.

Ich habe den Konzentrationsstörungen und Schulschwierigkeiten viel Platz gewidmet, weil sie in der heutigen Erziehungsberatung eine große Rolle spielen und in vielen Familien zum Anlaß für Streit, tägliche Auseinandersetzungen, qualvolle Stunden und sogar für das Auseinanderbrechen der Familie werden. Man kann viele Gründe dafür suchen, aber sie münden alle in einer zentralen Störung ein: entweder ist das Kind motivationsschwach, oder die Eltern haben eine einseitige oder falsche Motivationshaltung. Alles, was wir über ungünstige äußere Umstände, insbesondere über die Reizüberflutung gesagt haben, kann auf Motivationsstörungen bei den Eltern zurückgeführt werden, die das wichtige Ziel nicht erkennen wollen, eine ruhige Atmosphäre in ihr Zuhause zu bringen, ein harmonisches und ruhiges Arbeitsklima zu schaffen und Wärme und Vertrauen in die familiäre Kommunikation einfließen zu lassen. Der Fernseher ist wichtiger, das

Durchsetzen eigener Wünsche und die Hektik sind wichtiger als Ruhe und Geborgenheit für die Kinder, die Erziehungsziele sind falsch oder sie fehlen. Die Motivationsarmut der Eltern setzt die Kinder einer unerträglichen Reizsituation aus, die ihre schulische (und menschliche) Entwicklung behindert.

Auch alles, was wir über die falsche Einstufung eines Kindes hinsichtlich seiner Begabungen und Anlagen gesagt haben, läßt sich auf Fehlmotivierungen der Eltern zurückführen. Bei der Überforderung ist dies einsichtig. Eltern sind einseitig leistungsorientiert und wollen mehr aus ihren Kindern herauspressen, als diese zu geben vermögen. Aber auch bei der Unterforderung ist eine elterliche Motivationsschwäche im Spiel, wie könnten sonst die positiven Seiten der Kinder unterbewertet werden? Es fehlt das Ziel der Eltern, ihren Kindern möglichst viele Sinnmöglichkeiten ins Leben mitzugeben. Wichtig ist nur das Mitkommen in der Schule, alles andere interessiert nicht – was könnte es sonst sein als das Abbild der eigenen Motivationsstörung?

Wenn Eltern die Erziehung ihrer Kinder als eine ihrer *eigenen* Sinnerfüllungen im Leben betrachten, als Aufgabe, die sie unter Einsatz aller Kräfte zu bewältigen haben, dann finden sie die richtigen Erziehungsziele auch ohne Lehrbuch und psychologisches Training, denn dann wissen sie in ihrem tiefsten Inneren genau, was ihre Kinder brauchen – und wir Psychologen können es noch von ihnen lernen. Dann überfordern sie ihre Kinder nicht, aber fördern deren Fähigkeiten, dann verunsichern sie ihre Kinder nicht, sondern sprechen ihnen Mut zum Leben zu, dann schirmen sie ihre Kinder vor einem Zuviel an ungesunden Einflüssen ab und helfen ihnen, einen persönlichen Stil zu finden.

Der Weg durch die Schule ist der Weg ins Leben, und die Erinnerung an die Schule ist ein Begreifen des Lebens. Nicht die Noten werden das Glück des Kindes bestimmen, aber dieses „Begreifen des Lebens" wird es mitbestimmen.

B) Kontaktschwierigkeiten/Aggressivität

So wichtig der Themenkreis Konzentrationsstörungen/Schulschwierigkeiten in der Erziehungsberatung auch ist, an erster Stelle steht er nicht. An erster Stelle aller Probleme in den Familien stehen die Kontaktschwierigkeiten zwischen den Eltern, Geschwistern, zwischen Kindern und Eltern, zwischen Kindern und Gleichaltrigen oder Kindern und Lehrern, und meistens stellt sich damit verbunden die Frage nach der Bewältigung von Aggressivität.

Natürlich gibt es auch Kontaktschwierigkeiten, die auf einer Kontaktarmut oder Hemmung beruhen, doch liegen diese grundsätzlich nicht in einer gestörten Kommunikation mit anderen begründet, sondern in der Person selbst: in einer überhöhten Introversion, in Schüchternheit und Mangel an Selbstbewußtsein. Deswegen möchte ich Kontaktschwierigkeiten, die in Richtung „fehlende Kontakte“ gehen, eher unter Punkt C) einordnen und mich in diesem Abschnitt auf jene Kontaktprobleme beziehen, die parallel laufen mit Provokationen, Aggressionen und Negativismen.

Das Thema *Aggressivität* ist ein oft behandeltes und sehr umfassendes, und das Problem der Bewältigung von Aggressivität im zwischenmenschlichen Kontakt ist nicht nur ein Anliegen im Erziehungsprozeß zwischen Eltern und Kindern, sondern, wie wir wissen, im großen Weltgeschehen eine Frage von Leben und Tod. Aggressivität ist wie kein anderes psychisches Phänomen Auslöser enormer Kettenreaktionen, und zwar psychologischer Kettenreaktionen. Ein geringfügiger Anlaß kann massive Aggressionsbezeugungen entfesseln, die ihrerseits wieder direkt zu sinnloser Destruktion führen, aber nicht nur zur Zerstörung dessen, wogegen die Aggression ursprünglich gerichtet war, sondern auch zur Destruktion von ähnlichen oder benachbarten Inhalten, zu denen keinerlei Verbindung besteht. Die physikalische Kettenreaktion, wie sie etwa die Energieentladung einer Atombombe nach sich zieht, würde niemals ablaufen, würde ihr nicht zuvor die psychologische Kettenreaktion einer Aggressionsentladung vorausgehen, wie Frankl es formuliert. Es ist diese offenkundige Sinnlosigkeit der Aggressionsentladung, die in solchem Widerspruch zum menschlichen Verstand steht, daß sie Wissenschaftler von jeher fasziniert und zu Erklärungsversuchen stimuliert hat.

Nun ist es in der kleinsten Einheit einer Lebensgemeinschaft, in der Familie, nicht unähnlich, auch dort genügt ein geringfügiges Auslösemoment zur völligen Zerstörung des häuslichen Friedens.

In der Pädagogik sind bisher *zwei* einander entgegengesetzte *Erziehungsschemata* angewandt worden, um der Aggressivität in der Familie und vor allem von Kindern Herr zu werden, und entsprechend dazu gab es auch zwei Hypothesen im Hintergrund.

Die eine besagte, daß man Aggressionen stets sofort im Keim erstikken müsse, um gefährliche Aggressionsentladungen zu unterdrücken. Es war die autoritäre Erziehungshaltung, die allerdings nur teilweise erfolgreich war, weil stets die Gefahr plötzlicher heftiger Aggressionsexplosionen nach langen Phasen der Unterdrückung bestand, andererseits aber auch das Nicht-Aufmucken und Nicht-Rebellieren nur um den Preis einer zunehmenden Neurotisierung erreicht werden konnte.

Die zweite Art erzieherischen Vorgehens war die, zu versuchen, geweckte Aggressionen immer sofort zu entladen, insbesondere an harmlosen Objekten „ausleben“ zu lassen, um eine Aggressionsaufstauung zu vermeiden. Dies war der moderne antiautoritäre Trend, der auch bald gewisse Nachteile mit sich brachte. So zeigte es sich, daß bei diesem Ausleben-Lassen von Affekten die Aggressionen anwuchsen statt sich zu verringern, ja daß aggressives Verhalten geradezu gelernt wurde. Bei diesem Erziehungsstil begannen Kinder alsbald, jede geringste Mißstimmigkeit zwischen den eigenen Wünschen und der Umwelt sofort ungehindert in Aggressionsäußerungen zu transformieren. Die dazupassende Hypothese besagte, daß die Aggression eine Kraft im Menschen sei, die in irgendeiner Form abreagiert werden müsse, und die, wenn man ihr „Ventile“ dafür offen ließe, von selbst verschwinden würde.

Leider jedoch verschwand sie trotz vieler Ventile nicht! Die Aggressivität nahm sogar einen ungeheuren Aufschwung, und wenn man einen Teil unserer heutigen jungen Menschen mit den Augen des Psychotherapeuten betrachtet, dann fragt man sich, ob die ganze Neurosenlehre, die die Psychiatrie dieses Jahrhunderts hervorgebracht hat, für die Problematik von morgen noch relevant sein wird. Wird sich der Psychotherapeut späterhin noch mit Ängsten und Minderwertigkeitsgefühlen befassen müssen, oder wird *der Haß* zum zentralen Merkmal psychisch Kranker werden?

Ohnmächtig steht unsere Psychotherapie gegenüber der Welle von Brutalität und Gewalt, und genauso ohnmächtig steht der Erziehungsberater der Menge aggressiver Kinder gegenüber, die ihre Eltern liebend gern als „Ventile“ benützen, die nichts als Zerstörung im Sinn haben, das Aufgebaute verspotten, das Wertvolle verlachen, Leistungen geringschätzen und Liebe in Egoismus verwandeln, Kinder, die morgen erwachsen sein werden!

Fall Nr. 8:
Ein 9jähriger Bub wurde an einem Nachmittag beobachtet, wie er einer gefangenen Amsel genußvoll Feder für Feder ausriß, bis das Tier qualvoll verendete. Nachbarn berichten den Eltern davon, welche verzweifelt zu mir kamen. Die Klärung der näheren Umstände ergab, daß beide Eltern ganztags berufstätig waren und das Kind nach der Schule in den Hort gehen sollte, diesen aber sehr oft schwänzte. Befragt, was er dann nachmittags tue, erzählte der Knirps, daß er im Sommer auf der Wiese Bienen auflauere, um sie mit einem Stock zu erschlagen, oder daß er Schnecken und Würmer suche, um sie mit seinem Taschenmesser zu zerschneiden. Alles Lebendige würde ihn sehr interessieren, und er würde es gerne „untersuchen".

Ich konnte den Eltern nichts anderes sagen als dies: „Die Erziehung eines Kindes findet hauptsächlich am Nachmittag statt. Denn am Vormittag ist es in der Schule, am Abend sind alle müde, und in der Nacht schlafen Sie. Nun arbeiten Sie beide ganztägig, weil Sie auf ein neues Eigenheim sparen, und wenn Sie um 6 Uhr abends nach Hause kommen, bereiten Sie schnell das Abendessen, danach wird gegessen und ein wenig ferngesehen, dann muß das Kind ins Bett. Sagen Sie mir also, wann Sie erziehen, dann kann ich Ihnen sagen, wie Sie erziehen sollen!"

Die Mutter antwortete sofort, daß sie doch am Wochenende zu Hause sei. Aber bei näherer Nachfrage ergab sich, daß die Eltern am Wochenende stets recht erschöpft waren und es daher als angenehm empfanden, wenn das Kind „draußen" spielte. Somit war der Junge gezwungen, sich selbst Spiele auszudenken. Daß diese in Tierquälerei ausarteten, lag an seinem Interesse für alles Lebendige, hätte er mehr technisches Interesse gehabt, hätte er vielleicht Autospiegel abmontiert oder Fahrradketten aufgebrochen.

Warum aber Aggressivität? Warum verletzen, zerstören, warum nicht ein konstruktives Spiel?

Vernachlässigung erzeugt Aggressivität, das mußte ich diesen Eltern sagen. Dieses Kind ist in Gefahr zu verwahrlosen! Es entwickelt sich nicht gut, und es gibt keine andere Möglichkeit, als zumindest die Berufstätigkeit der Mutter etwas einzuschränken und auf das erträumte Eigenheim ein wenig länger zu warten. Oder aber diese Eltern werden eines Tages ein wunderschönes Haus, aber ein mißratenes Kind haben, und dadurch mitsamt ihrem Besitz kein wahres Glück finden. Nichts Schlimmeres gibt es als Verwahrlosung, und nichts Sinnloseres als eine, die nicht sein müßte, eine „Wohlstandsverwahrlosung".

Verwahrlosung ist fast nicht wiedergutzumachen, sie ist im fortgeschrittenen Stadium nahezu unheilbar und führt direkt zu Kriminalität, Alkoholismus, Arbeitslosigkeit, Verlust von sozialem Verständnis, Verlust von jeglichem Verantwortungsbewußtsein. Sie führt letztlich zu Aggressivität, Destruktivität und beider Kombination, der Selbstzerstörung.

Verwahrlosung entsteht nicht, weil Eltern etwas falsch machen, *falsch* handeln gegenüber dem Kinde, sondern sie entsteht, weil Eltern etwas nicht tun, *nicht* handeln gegenüber dem Kinde, *nicht* Vorbild sind, *nicht* Spielkamerad sind, *nicht* Erzieher sind, sie sind nichts als – Geldverdiener. Bei der Wohlstandsverwahrlosung verdienen die Eltern das Geld für alles, fürs eigene Zimmer der Kinder, für die übertrieben vielen und technisch perfekten Spielsachen der Kinder, manchmal sogar für teure Privatschulen und exquisiten Unterricht, aber sie haben eines nicht für ihre Kinder, das man nicht kaufen kann, und das ist *die Zeit.* Eltern haben heute vielfach keine Zeit mehr für ihre Kinder! Und hier kommt die *Motivation* ins Spiel, denn die Zeit, die uns zur Verfügung steht, wird immer auf das Wichtigste und Wertvollste verteilt. Sind unsere Kinder nicht mehr das Wichtigste und Wertvollste, ist es – pardon – das Eigenheim? *Keine Zeit mehr für die Kinder.* Da ist es, das Grundübel unserer Zeit, die Wurzel jeder Verwahrlosung, jenes Manko in der Erziehung, das durch nichts mehr ersetzt werden kann. Keine Zeit mehr für die Kinder. Es gibt nichts auf der Welt, das mehr wert wäre, als gerade diese Zeit, die Eltern ihren Kindern schenken, wenn sie selbst sich ihnen widmen. Sprachlos stehen Psychotherapeuten und Erziehungsberater vor den Eltern, die keine Zeit mehr für ihre Kinder haben, und wissen nicht, was sie ihnen raten sollen. Soll das Kind in eine Ganztagsschule, in eine Kindertagesstätte, ins Heim? Es gibt keinen Ersatz für die Zeit der Eltern, für das Miteinander in der Familie, für das Einbeziehen der Kinder ins Leben der Eltern.

Zum Fall Nr. 8:

Gerade dieser 9jährige Junge mit seinem Interesse für alles Lebendige, für die Tierwelt in seiner Umgebung – wohin könnte er durch elterliche Zuwendung und Förderung gelenkt werden? Könnte er nicht vielleicht eines Tages ein großer Biologe oder ein tüchtiger Arzt werden, bei seiner Neigung und seinem Interesse? Aber der richtige Weg muß geweckt werden, die Eltern müssen das Interesse ihres Kindes wie ein Geschenk des Himmels annehmen, sie haben die Verpflichtung, dieses Interesse zu wahren und in fruchtbringende Bahnen zu lenken!

Sie selbst müßten mit dem Kind auf Entdeckungsreise gehen, hinaus in die Welt der Natur, ihm die Liebe zu Pflanzen und Tieren vorleben, mit ihm zusammen beobachten, was kriecht und fliegt in der Wiese, voller Demut vor dem Wunder des Lebens. Wie anders würde der Kleine denken, wenn die Mutter ihm einen Käfer zeigt, der auf den Rücken gefallen ist, und den sie liebevoll umwendet, damit er wieder auf seine Beinchen kommt. Oder wenn der Vater auf einer Waldwanderung vor den Augen des Kindes eine Schnecke, die mitten am Weg sitzt, behutsam aufhebt und ins Gras am Wegrand setzt, damit niemand darauf tritt. Vielleicht sollte dieses Kind zu Hause ein Tier halten dürfen, das es zu hegen und zu pflegen lernt, wobei ihm gezeigt wird, wie für ein Tier gesorgt werden muß. Vielleicht sollte es auch einen eigenen Blumentopf bekommen, in den es selbst Blumensamen legen darf, damit es Wachsen und Werden mit seinem kindlichen Gemüt erfassen und begreifen lernt und sein Herz öffnet für die Schönheit alles Lebendigen. Aber nichts davon ist möglich, wenn Eltern nicht da sind, und dann, wenn sie da sind, nur müde das Nötigste verrichten, und auf diese Weise nicht einmal registrieren, welches Interesse ihr Kind eigentlich hätte! Auch diese Eltern hatten keine Ahnung, was ihr Kind macht, wenn es „draußen" ist, bis die Nachbarn von dem Vorfall berichteten, und sie hatten noch weniger Ahnung vom speziellen Interesse ihres Sohnes, bis ich es ihnen sagte.

Auch ein Kind muß wissen, „warum und wozu", auch ein Kind braucht einen Sinngehalt für seine Handlungen und Interessensobjekte! Es muß wissen, warum man Schnecken nicht zerschneidet und Vögeln nicht die Federn ausreißt, es braucht ein sinnvolles Umweltverständnis, das ihm die Eltern durch Worte und Taten einhauchen.

Niemand soll sagen, ich sei grundsätzlich gegen die Berufstätigkeit der Frau, aber alles muß in einem Rahmen bleiben, in dem es verantwortet werden kann. Oft sagen die Mütter zu mir, daß, wenn sie nicht ganztags mitverdienen würden, das Geld in ihrer Familie nicht reichen würde. Ist das wirklich wahr?

Nun, ich bin skeptisch.

Ich erfahre einfach zuviel in meinen Sprechstunden. Ich höre über die vielen Schulden, die Leute machen, weil sie ihr eigenes Haus, ihren großen Wagen, ihren Wohnwagen, ihre Urlaubsreise und allen möglichen Luxus haben möchten, ich erfahre, wie sie ihre Gesundheit ruinieren für materielle Dinge, die allenfalls als Statussymbol Wert besitzen, ansonsten aber völlig überflüssig sind. Was für ein Wirtschaftssystem, was für ein Gesellschaftssystem haben wir, das den Menschen sinnlosen Besitz aufnötigt um den Preis von körperlicher und psychischer Gesundheit!

Eine Familie, in der beide Eltern ganztags arbeiten und die Kinder größtenteils nachmittags sich selbst überlassen sind, so eine Familie ist kein Ganzes mehr, sie zerfällt in zwei Teile: Da sind die Eltern, die nicht nur den ganzen Tag arbeiten, sondern nebenbei noch die Kinder zumindest äußerlich versorgen, den Haushalt in Ordnung halten müssen und vielleicht noch in Haus und Garten Arbeit finden, sie sind stark *überfordert und überlastet.* Auf der anderen Seite stehen die Kinder, die für den ganzen Nachmittag nichts als ihre Hausaufgaben zu machen haben, keine sonstigen Verpflichtungen kennen und meist auch keinerlei Mithilfe leisten müssen, die vielfach herumlungern und herumstreunen, mit ihrer Zeit nichts anzufangen wissen und extrem *unterfordert und unterbelastet* sind.

Wir Psychologen wissen, daß sowohl starke Überforderung als auch extreme Unterbelastung zu Aggressionen führt, und zwar ersteres, weil eine starke Überforderung nervös und gereizt macht und zu wenig Erholung und Ruhepausen zwischendurch ermöglicht, und zweiteres, weil eine extreme Unterbelastung Unzufriedenheit und Langeweile heraufbeschwört und dem normalen Bedürfnis nach Aktivität und sinnvollem Engagement entgegenwirkt.

Und wieder vermögen wir hier eine Parallele zwischen Familie und Gesellschaft zu ziehen, denn auch in unserer hochindustrialisierten Welt haben wir es mit zwei Fronten zu tun, die einander gegenüberstehen: die Eltern in mittleren Jahren auf der einen Seite, die rastlos schaffen und arbeiten, um zu bauen, um Besitztümer anzuhäufen, und um ihr Prestige zu vergrößern, um auch das zu haben, was der Nachbar hat, und um jede Mode mitmachen zu können, die gerade von den Massenmedien proklamiert wird. Denn wenn der Markt mit einem Produkt gesättigt zu sein droht, dann setzt erst recht die Reklame ein und hilft, das Produkt weiter abzusetzen, und wenn jedermann schon eine komplette Stereoanlage hat, dann müssen die Leute eben überzeugt werden, daß sie *zwei* brauchen statt einer, oder daß sie *zwei* Badezimmer brauchen statt einem und selbstverständlich *zwei* Autos in der Familie. Und wieder sind es dann jene Eltern, die das letzte aus sich herauspressen und noch Überstunden machen, um auch wieder dieses Gebot zu erfüllen, nämlich alles doppelt zu haben. Und wenn die vielen Arbeitsstunden mit ihrer Hektik auf Kosten der Kinder gehen, dann trösten die Eltern sich mit der seltsamen Auffassung, daß all diese sinnvollen und sinnlosen Anschaffungen irgendwann auch den Kindern zugute kommen werden.

Und dann haben wir die andere Seite, die Kinder und Heranwachsenden, die Jugendlichen und gerade Volljährigen selbst, die in unserer Gesellschaft lange und noch länger von jeglicher Arbeit freigestellt sind, die auch keine Anleitungen und kaum Anregungen mehr bekommen, sondern getreu dem Stile des Antiautoritären im Laissez-faire aufwachsen mit einem Minimum an Pflichten und Aufgaben, jedoch vollgefüttert mit dem Wissen um ihre Rechte; die dann, wenn sie endlich aus der Schule kommen, durch die sie mehr oder weniger lustlos durchgezogen wurden, nicht im mindesten wissen, was sie mit sich und ihrem Leben anfangen können. Junge Menschen, die nie ein anderes Vorbild gesehen haben als die Schaffenswut ihrer Eltern, und die begreiflicherweise wenig Lust verspüren, es ihnen gleichzutun, zumal sie schon in ihrer Schulzeit zu faulenzen gewöhnt waren und lieber passiv vor dem Fernsehapparat saßen, als sich aktiv mit einem Hobby zu beschäftigen.

Die groß gewordenen Kinder wollen den Stil ihrer Kindheit fortsetzen und merken doch zugleich, daß sie das nicht befriedigt und innerlich nicht erfüllt und spüren auch zugleich den Druck der Eltern, die nun auf einmal verlangen, daß die jungen Menschen zu arbeiten und zu schaffen beginnen wie sie selbst. Diese Dissonanz zwischen der langen Freistellung von Pflichten und Aufgaben und den plötzlichen massiven Anforderungen der Umwelt, diese Diskrepanz zwischen der Ziellosigkeit und Unterforderung ihrer Kindheit, in der die Eltern keine Zeit für sie hatten, und den plötzlichen Erwartungen der Eltern an sie in bezug auf Arbeit und Erwerb; all dies führt zu einer starken inneren Frustration der jungen Menschen, und Frustration führt immer direkt zu Aggression und diese wieder zur Destruktion, und die Kettenreaktion läuft.

Die Aggressionen der jungen Menschen richten sich zunächst gegen die Eltern, und wenn auch der Generationskonflikt an sich eine natürliche Sache im Dienste der Ablösung des reifen Jugendlichen vom Elternhaus ist, so hat doch dieser Generationskonflikt noch niemals solche Ausmaße angenommen wie heute, weil in den vielen Jahren des Nebeneinanderherlebens der überforderten Eltern und der unterbelasteten Kinder keine *tiefgreifende Liebe* innerhalb der Familie entwikkelt werden konnte.

Aber die Aggressionen der jungen Menschen richten sich nicht nur gegen ihre Eltern, sondern auch gegen die Gesellschaft als Ganzes, und weil Aggressionen selten vor Unbeteiligten haltmachen, sondern immer auch weiter hinausgreifen über den eigentlichen Gegenstand dieser Aggression, so machen die Jugendlichen in ihrem blinden Eifer nicht halt in ihrer Kritik und Opposition und verwerfen alles, was ihnen geordnet und geregelt erscheint, und in diesem blinden Verwerfen finden sie zum ersten Male eine gewisse *Aufgabe,* wie sie es in ihrem bisherigen unterfordernden Dasein nicht gekannt haben.

Eine zerstörende Aufgabe ist immer noch besser als gar keine Aufgabe, und da auch nur das Zerstören ihnen verspricht, vom intensiven Schaffenszwang ihrer Eltern weiterhin wie bisher freigestellt zu werden, so widmen sich diese jungen Leute mit der vollen Hingabe ihres Alters dem progressiven Destruktionsprozeß, ohne zu wissen, warum sie dies tun, und ohne zu wissen, wohin sie dies führen soll.

Gelernte Reaktionsmuster aus der Kindheit werden weiter benützt, auch wenn die Kindheit vorbei ist. Konnten die Kinder früher so manches bei ihren Eltern mit Aggressivität erreichen, so werden sie diese gut funktionierende Methode selbstverständlich weiter verwenden. Wollte ein Kind zum Beispiel früher zu einem Freund spielen gehen, oder wollte es einmal länger aufbleiben, um einen Film zu Ende zu sehen, und die Eltern hatten es abgelehnt, dann hatte das Kind eben ein

Protestgeschrei erhoben. Und wenn dieses nur laut genug und lang genug erfolgt war, so wußten sich die ohnehin stark überlasteten und ruhebedürftigen Eltern nicht anders zu helfen, als nachzugeben: „Na meinetwegen, geh zu deinem Freund, aber bleib nicht zu lange!“ oder sie sagten: „Na ausnahmsweise darfst du heute noch ein bißchen aufbleiben!“

Aber Inkonsequenz rächt sich, wenn das Durchsetzen von kindlichen Wünschen und Übergehen von elterlichen Geboten mit Aggressionsäußerungen bewirkt wurde. Denn wenn diese Kinder herangewachsen sind und schon gar nicht mehr alles nach ihrem Willen und ihren Wünschen geht, dann versuchen sie den alten Trick wieder, nämlich das Protestgeschrei gegen die Autorität. Die kindlichen Formen ändern sich zwar, die jungen Leute stampfen nicht mehr zornig mit dem Fuße auf oder brechen in Tränen aus, wenn alles nichts nützt, aber die Grundhaltung ist die gleiche, nur daß sie jetzt mit Sprechchören demonstrieren, die Wände von Gebäuden beschmieren, fremdes Eigentum beschädigen und unter dem Vorwand des Protestes in zerfetzter Kleidung herumlungern, um unangenehmes Aufsehen zu erregen. Aggression ist nicht immer eine Gefühlsentladung, sie kann auch ein sehr wirksames *Mittel zur Zielerreichung* sein!

Was nun die Kontaktschwierigkeiten von Kindern mit Geschwistern und Gleichaltrigen betrifft, so erinnere man sich daran, was wir über die Mißverständnisse zum Begriff der Gruppe gesagt haben. Selbstverständlich ist die Zugehörigkeit zu einer Gemeinschaft oder Gruppe schön, und die Anpassung an die Gruppenziele und Gruppennormen ist ein Weg dazu. Aber wenn die gesamte Lebensauffassung diesen Gruppenzielen und -normen unterworfen wird und die Persönlichkeit und Individualität eines Menschen dadurch völlig verkümmert, dann kommt es zu nichts anderem als zu einer Reduktion der eigentlich menschlichen Dimension, der geistigen Freiheit und Entscheidungsfähigkeit des Menschen.

Dann erst werden jene entsetzlichen Phänomene von Gruppenprozessen erklärbar, bei welchen normale und durchaus vernünftige Menschen als Elemente einer Gruppe plötzlich zu Wahnsinnstaten imstande sind, sei es in Paniksituationen, sei es in politischen Massenrevolten, in religiösen Massensuggestionen oder auch einfach in kriminellen Banden.

Die Kontakte zu einer Gemeinschaft sollen eine *Bereicherung* der persönlichen Sphäre eines Menschen sein, aber diese persönliche Sphäre darf nicht durch die Kontakte zur Gemeinschaft eliminiert werden!

Fall Nr. 10:
Eine Mutter kam allen Ernstes zur Erziehungsberatung, weil ihr Sohn klassische Musik liebe. Schlagermusik lehne er ab, was dazu führe, daß die Mitschüler ihn verlachen und ausschließen würden. Außerdem möge er Krimis und Wildwestfilme nicht, wodurch seine Kommunikationsmöglichkeiten mit Gleichaltrigen eingeschränkt seien. Er selbst spiele gerne Flöte, was bei den Mitschülern nur ein geringschätziges Achselzucken zur Folge habe. Die Mutter machte sich Sorgen, weil er kaum Freunde besaß.

Solche und ähnliche Fälle kommen im Beratungsgespräch immer wieder zur Diskussion. „Soll ich nicht doch meinem Sohn hie und da etwas Alkohol erlauben, sonst kann er bei den anderen nicht mitreden?“ – „Ich kaufe meiner Tochter dieses unsinnige Kosmetikzeug, die anderen in ihrer Klasse haben es schließlich auch!“ – „Ich selbst halte es für zu früh, daß unser Sohn schon Moped fährt, aber weil er damit vor den anderen angeben will, kaufen wir es ihm.“ – „50 DM Taschengeld im Monat sind zuviel für dieses Alter, aber was soll man machen, die anderen bekommen zum Teil noch mehr.“ Das alles sind Aussprüche von Eltern zu diesem Thema.

Was geht hier vor? Die eigene echte Überzeugung wird den Forderungen der Gruppe geopfert: Kinder opfern ihre eigene Meinung für die Gruppe, und Eltern opfern ihre besten Erziehungsansichten für die Gruppe. Ja, ist denn die Gruppe dies wert? Wenn alle ihre Forderungen erfüllt werden, wird sie dann nicht immer mächtiger, werden die Gruppenrepressalien, wie man so schön sagt, nicht immer gewaltiger? „Ich finde, daß mein Sohn von der Kinderparty ruhig hätte mit dem Bus nach Hause fahren können“, erzählte mir ein Vater, „aber da er sagte, alle würden abgeholt, mußte ich ihn auch abholen, um nicht als Rabenvater vor den anderen dazustehen.“ Weiß dieser Vater überhaupt, was er damit ausspricht? Wird ihm die volle Tragweite dessen bewußt, was hier zum Ausdruck kommt?

Nicht die eigene Kritikfähigkeit entscheidet darüber, welche Musik mir gefällt, welche Kleidung ich bevorzuge, welche Veranstaltung ich besuche. Nicht das eigene Verantwortungsbewußtsein entscheidet darüber, ob ich mein Kind abhole, wieviel Taschengeld ich ihm gebe, und ob ich es schon dem Straßenverkehr überantworten kann. Die *Norm der Gruppe* diktiert, notfalls gegen mein besseres Gewissen, gegen meinen Geschmack, gegen Ansichten und Überzeugungen, diktiert mir mein Verhalten als Vater oder Mutter oder auch – Jugendlicher.

Wissen die Eltern, was da unserer Jugend gelehrt wird? Folge der Masse, denn sie hat recht, orientiere dich nach der Menge, denn sie kennt die Wahrheit, verhalte dich wie die anderen, dann verhältst du dich richtig. Nicht nur das! Unterdrücke deine speziellen Begabungen, weil die Menge sie nicht anerkennt! Wirf deine individuellen Interessen fort, weil sich die Gruppe nicht dafür interessiert! Weg mit unseren Künstlern und Erfindern, es sei denn, sie sind gerade in Mode! Weg mit lächerlichen Idealisten und verträumten Individualisten, es sei denn, Romantik ist gerade „up to date". Wehe dem Jugendlichen, der es wagt, ein weißes Hemd anzuziehen, wenn die Parole „Gammellook" ausgegeben wurde, wehe dem Jugendlichen, der es wagt, sich mit seinen Eltern zu verstehen, wenn gerade Generationskonflikte zum guten Ton gehören! Wer nicht mit dem letzten Modeschrei geht, ist verzopft, wer einem Lehrer noch gute Ferien wünscht, ist „abnormal" (die anderen tun es auch nicht), wer sich in ein Fachbuch vertieft, wenn alle das Fußballmatch im Fernsehen verfolgen, ist verhaltensgestört.

Wie bitter schlagen diese Irrtümer eines Tages auf uns zurück! Nämlich dann, wenn die jungen Menschen herangewachsen im Leben stehen und keinen Sinn in ihrem Dasein mehr erblicken können, weil alle individuellen Regungen und Ideen, alle eigene Kritikfähigkeit und Vorstellungskraft zerbrochen ist und überhaupt keine persönliche Perspektive mehr im Leben gesehen wird.

Man kann nicht nur leben, um wie die anderen zu sein, und auf die Frage nach der eigenen Berufung und Erfüllung im Leben schweigt die Gruppe. Die Gemeinschaft vieler kann nie Antwort darauf geben, was die innere Sinnorientierung des einzelnen bedeuten könnte.

Was habe ich also der Mutter, die wegen der Vorliebe ihres Sohnes für klassische Musik zur Beratung kam, zu sagen gehabt? „Liebe Frau X., seien Sie doch stolz auf die Musikalität Ihres Sohnes! Freuen Sie sich mit ihm, wenn er auf seiner Flöte spielt, respektieren Sie die Wahl seiner bevorzugten Musikart, schenken Sie ihm die Sicherheit, daß sein Geschmack bestimmt nicht schlecht ist. Nehmen Sie ihn ruhig in Konzerte und Opern mit, zeigen Sie ihm die Welt, die ihn so fasziniert und erfüllt! Er wird lernen, damit zu leben, daß sein Geschmack von der Mehrzahl der anderen abweicht, aber er wird es verstehen, wenn Sie ihm klarmachen, daß nicht alle das Glück haben, in das Wesen der Musik eingeführt zu werden wie er. Wenn er älter ist, wird er auch andere treffen, die seinem Empfinden nahestehen. Vielleicht wird er am Konservatorium oder in einem kleinen Schülerorchester Freunde finden, die seine Interessen teilen.

Nehmen Sie ihm nur nicht die Freude an dem, was er sich ausgesucht hat, an seinen Schallplatten, an seinem Flötenspiel, um ihm etwas abzuzwingen, woran er keine Freude hat, wie Wildwestfilme und Krimis. Freunde, die er nur damit erkaufen kann, daß er seine persönlichen Interessen zurückstellt, sind keine wahren Freunde. Sie würden ihm vieles nehmen und wenig dafür geben! Bedenken Sie auch, daß, wenn er dem Druck sogenannter Freunde widerstehen kann, er auch dann widerstehen wird, wenn ihm eines Tages in der Toilette des Gymnasiums Rauschgift angeboten werden sollte. Deswegen lassen Sie Ihren Sohn wie er ist, und machen Sie ihm Mut, so zu sein, wie er ist, das wird ihm am meisten helfen!"

Der folgende Fall ist der Zeitschrift „Schule und wir" entnommen und zeigt drastisch, wie weit das Nachgeben in der Gruppe führen kann, denn vom Nachgeben ist es nicht weit zum Erpreßtwerden.

Der Fall: „Kommen Sie, schnell!" stürzen aufgeregt ein paar Buben in das Zimmer des Schulleiters, „da unten schlagen Rocker einen von uns zusammen!" Als Schulleiter A. am Tatort anlangt, ist bereits alles vorbei. Thomas, das Opfer aus der 9. Klasse, rappelt sich vom Boden auf. Er blutet, seine Kleidung ist zerrissen. Nach der ersten Hilfe im Sanitätsraum erkundigt sich der Schulleiter: „Nun erzähl mal, was war denn eigentlich los?" „Ich sage nichts", winkt Thomas ab, „sonst geht es mir morgen noch dreckiger.“ Schulleiter A. ist erstaunt. „Waren die Schläger denn von unserer Schule?“ beginnt er vorsichtig noch einmal. „Nein, von der X-Schule“, preßt Thomas heraus, „aber ich sage keine Namen. ‚Wenn du uns verpfeifst‘, hat einer von den Typen gedroht, ‚dann machen wir dich erst richtig fertig.‘“ Mehr ist aus dem verängstigten Buben nicht herauszubringen.

Darum bittet Schulleiter A. am nächsten Tag die Eltern zu sich. Als er die Rede auf Polizei und Anzeige bringt, wehren auch sie erschrocken ab. „Nur das nicht! Die Rocker schlagen unseren Thomas sonst tot.“ Der Schulleiter ist ratlos.

Man darf nie vergessen, wie gerade labile Charaktere im Schutz der Gruppe umschlagen können und sich zu aggressiven Handlungen befähigt fühlen, an die sie sich als Einzelne niemals heranwagen würden. Gemeinschaft ist etwas Wunderschönes, solange sie sich nicht in ein Machtpotential verwandelt, das schnell außer Kontrolle gerät.

Begabte und geförderte Kinder stehen immer in einer besonderen Stellung zur Gruppe, während nicht geförderte und durchschnittliche Kinder in der Gruppe mitunter völlig untergehen. Werden Begabungen rechtzeitig unterstützt, so gewinnen die Kinder auf einem Gebiet mit der Zeit eine gewisse Überlegenheit über die Gruppennorm. Einerseits imponiert dies der Gruppe, andererseits ist sie neidisch. Aber diese leichte Reibung an der Gruppe ist nicht negativ, sie bewirkt, daß das Individuum seine persönliche Lebensauffassung bewahrt, jedoch an den Normen der anderen immer wieder überprüft, so daß ein gesunder Kompromiß zwischen „Mitläufer“ und „Außenseiter“ gefunden werden kann. Kontaktschwierigkeiten können nicht mit einem völligen Unterwerfen unter die Normen der Gruppe behoben werden, und Aggressivität wird nicht durch eine Reduktion der Individualität beseitigt. Im Gegenteil, es ist sinnvoller, wenige, aber gute Freunde zu haben, die auch zur persönlichen Eigenart eines Menschen passen, und es ist hilfreicher, die eigenen Interessen weiterzuentwickeln, als sie aufzugeben und ihnen innerlich nachzutrauern.

Konflikte entstehen nicht durch *unterschiedliche Meinungen,* sondern dadurch, daß einer dem anderen die eigene Meinung *aufzwingen* will. Eine gesunde Gemeinschaft respektiert die Unterschiedlichkeit ihrer Mitglieder, ein wahrer Freund achtet die gegenteilige Meinung des Freundes.

Gerade die Jugend, die jedwede Modeströmung kritiklos hinnimmt und dabei im höchsten Maße unzufrieden ist, gerade die Kinder unserer Zeit sollten lernen, nicht alles geringzuschätzen, was anders ist als sie, aber auch ihre eigenen Ideen und Fähigkeiten höher zu schätzen, selbst wenn sie nicht zum allgemeinen Modetrend passen.

Toleranz ist das Gegengewicht zur Aggression. Toleranz ist die Achtung vor der Unterschiedlichkeit des „Du“, sie ist das höchste und kostbarste Gut einer Kultur zivilisierter Menschen. Allen, die so laut schreien nach „Freiheit“, möge gesagt sein, daß nichts so frei macht wie eine tolerante Gesinnung und nichts so unfrei wie Intoleranz * !

Toleranz jedoch setzt eine reiche Sinnorientierung voraus, während Intoleranz sehr oft ein Kennzeichen einseitiger und engstirniger Sinnausrichtung im leeren Raum bedeutet. Darum bleiben wir vorsichtig: Was eine Gruppe zusammenschmiedet, sind meist einseitige Aspekte, die die Gefährdung durch Intoleranz bereits in sich bergen.

Fall Nr. 11:

Eine Familie war mit ihrem 8järigen Sohn von München nach Kaiserslautern übersiedelt. Eines Tages ging dieser Bub zum nahegelegenen Bahndamm und legte den Kopf auf die Schienen. Er wurde zufällig noch rechtzeitig bemerkt, bevor der Zug kam.

Die aufgeregten Eltern brachten mir den Buben, damit ich klären soll, was mit ihm los sei. Nun, nichts war einfacher als das. In München waren seine geliebten Großeltern zurückgeblieben, in München waren auch seine geliebten Berge und winterlichen Schiabfahrten zurückgeblieben, seine Schulkameraden, seine vertraute Umgebung, der Herzschlag der Heimat. Gewiß, Kinder sind sehr anpassungsfähig, aber nur dann, wenn die neue Gruppe sie akzeptiert. Die Gleichaltri-

---

* Frankl hat einmal gemeint: Der Fanatiker klammert sich mit beiden Händen krampfhaft an ein Dogma, der Tolerante hingegen hat die Hände frei – und reicht sie dem Andersdenkenden.

gen in der neuen Umgebung jedoch lachten über seinen Akzent, hielten nichts vom Bergsteigen, verstanden nicht seine Sehnsucht und spotteten über seine Einstellung. Er blieb ein Fremder für sie, und ihre Gemeinschaft war nicht imstande, seine Fremdartigkeit, die sich gewiß nur auf minimale Belange erstreckte, zu überwinden. Dem Jungen zu helfen war nicht leicht, und ich versuchte es von zwei Seiten. Einerseits hatte ich ein langes Gespräch mit der Lehrerin, welches bewirkte, daß diese in den folgenden Wochen München und seine Umgebung vor den Kindern in der Klasse sehr positiv bewertete, die Berge in bunten Schilderungen anschaulich machte und dadurch mithalf, einen Teil der Ablehnung in Staunen umzuwandeln. Der Junge durfte sogar einmal Fotos von seiner Heimat zeigen, die mit einem Episkop an die Wand projiziert wurden und den Kindern sehr imponierten. Plötzlich wollten viele mit dem Buben aus München befreundet sein.

Andererseits versuchte ich, den Freizeitbereich des Kindes sinnvoll auszubauen. Waldwanderungen, Spielstunden in der Pfarrei (ähnlich den Pfadfindertreffen), Volkslieder-Nachmittage und wöchentliche Bastelstunden wurden im Alltag des Kindes installiert. Krönung unserer Bemühungen waren Besuche bei den Großeltern alle 14 Tage, die später in dreiwöchigem Abstand erfolgten. Der Junge lernte es sogar bald, ganz allein mit dem Zug hin- und zurückzufahren, wobei ihn die Eltern mit Kinderbüchern ausgestattet in den Zug setzten, und die Großeltern ihn in München abholten. Auf diese Alleinfahrten war er mächtig stolz, so daß er richtig aufblühte. Auch brachte er mitunter kleine Souvenirs aus München mit, die in seiner Klasse sehr begehrt waren.

Bevor ich den Fall abschloß, ging ich mit dem Buben noch ins Hallenbad – auch das gehörte zur Therapie – und gewann die feste Überzeugung, daß die kindliche Depression endgültig überwunden war. Die vielfältige Auslastung der Freizeit hat ihm nicht geschadet, im Gegenteil, sie trug viel zur Stärkung und Festigung seines Selbstbewußtseins bei. Gegen Ende der Therapie verzichtete er sogar einmal auf die Fahrt zu den Großeltern, weil er auf einen Kinderball eingeladen worden war. Die Eltern waren sehr glücklich darüber, denn sie sahen darin ein Zeichen der Genesung und Aufnahme ihres Sohnes in seiner neuen Umgebung.

Noch zwei Punkte möchte ich beim Thema Aggressivität berühren: die körperliche Entlastung und die Vorbildfunktion der Eltern. Zum Punkt „körperliche Entlastung“ kann ich von einem interessanten Experiment berichten. In der Strafanstalt Bayreuth-St. Georgen hat man erstaunlich gute Erfahrungen mit einem mutigen Resozialisierungsmodell erzielt, innerhalb dem Strafgefangene in Zivilkleidung, aufgeteilt in kleine Gruppen, halbtägige Ausflüge und kleine Wanderungen ins Fichtelgebirge und in die Fränkische Schweiz unternehmen durften. Nach einem halben Jahr war nicht nur kein einziger Fluchtversuch zu verzeichnen, es hatte sich auch gezeigt, daß das psychische Zustandsbild dieser Gefangenen wesentlich verbessert werden konnte, und ihre Bereitschaft zu aggressivem Verhalten merklich gesunken war. Ein sehr sinnvoller Versuch, den man sich bei der Behandlung von Psychopathie zu Herzen nehmen sollte! Ähnlich gute Nachrichten hört man von einem Versuch, kriminelle Jugendliche auf ein Segelschiff in die Ostsee mitzunehmen, wo sie fast den ganzen Tag im Freien sind und fest anpacken müssen; nach einigen Monaten Kreuzen in den Gewässern sollen sie zum großen Teil erfreulich stabil sein.

Entlastende Motorik und die heilende Umgebung in freier Natur stellen eine therapeutisch außerordentlich wirksame Kombination dar, die viel öfter gezielt eingesetzt werden könnte als dies der Fall ist, sei es im Erziehungsalltag, sei es in der Resozialisierung, in Arbeitsprozessen oder in Nervenkliniken.

Auch der „Auslauf“, den kleinere Kinder brauchen, wird vielfach unterschätzt. Es genügt nicht, die Kinder immer im Hof, im Garten oder auf der Straße spielen zu lassen. Gewiß machen die Kinder dabei Bewegung, wenn sie auch viel herumsitzen oder stehen. Unvergleichlich besser ist es, wenn Mutter oder Vater hin und wieder etwas Zeit erübrigen können, um mit ihren Kindern spazierenzugehen und zu wandern. Nach einer ausgedehnten Wanderung sind Geschwister stets erstaunlich friedlich, und der Abend verläuft meist harmonisch für alle.

Ich hatte schon Beratungen, bei denen allein der Vorschlag, nachmittags mit den Kindern ein wenig spazierenzugehen, die Problematik insofern gelöst hat, als die Kinder, wenn sie heimkamen, ruhig im Kinderzimmer miteinander zu spielen vermochten, genügend Hunger für das Abendessen mitbrachten und auch durch die Ermüdung gern zu

Bett gingen und tief und gut schliefen. Es müssen nicht immer Wanderungen sein, Kinder sollen auch schwimmen gehen, Gymnastik betreiben und insgesamt sportlich aufgezogen werden, Sport ist körperlich *und* psychisch gesund. Wenn Stadtkinder nie genügend Bewegung haben, werden sie träge und aggressiv, mürrisch, unzufrieden, verweichlicht und lethargisch. Sie sind dann auch als junge Menschen träge, mürrisch und schwerfällig und raffen sich nur ungern zu körperlicher Betätigung auf. Jede Anforderung, die ihrer Trägheit widerspricht, ruft Aggressionen bei ihnen wach. Da aber mit zunehmendem Alter die Umwelt mehr und mehr Anforderungen an sie stellt, wird die Aggressivität in Form von Mißmut, Widerspenstigkeit und Meuterei leicht zu einer ständigen Grundstimmung bei ihnen.

Körperliche Elastizität, Schwung und Lebensfreude gehören genauso zusammen wie eine Fülle von Interessen, Begeisterung und Engagement. Nirgends kann beides so gut verknüpft werden wie *in der freien Natur,* beim Wandern über Berg und Tal, durch Wiesen und Wälder. Nirgends ist man der Schöpfung so nahe, nirgends fühlt der Mensch die Geringfügigkeit seiner kleinlichen Sorgen gegenüber der Allmacht der Natur so deutlich wie draußen im freien Land, nichts strahlt mehr Ruhe, Geborgenheit, Harmonie und Gleichklang aus, als das unverfälschte Antlitz der Erde.

Hunderten von krankhaften und krankmachenden Einflüssen sind unsere Kinder ausgesetzt – soll der Einfluß, der am stärksten mildern, heilen, beruhigen könnte, verschwiegen werden? Soll er ungenützt bleiben?

Zahllose Kinder werden heute schon mit Beruhigungstabletten, Kräftigungssäften und heilpädagogischen Maßnahmen behandelt, ihre Gesundheit wird mit allen möglichen ärztlichen Hilfen gestützt, angefangen von Brillen, Zahnspangen, Haltungsbandagen bis zur Diät, Pickelsalbe und den Schuheinlagen. Und dieses riesige Gesundheitsreservoir der Natur, ihr eigener Garten, wird so wenig genützt.

Wenn meine Familie und ich sonntags durch die Wälder spazieren, treffen wir manchmal nur mehr in Parkplatznähe Leute an, weiter entfernt ist alles leer. Selten begegnen uns Wanderer, und das sind meist ältere Leute als wir. Wo sind all die Kinder aus den Großstädten am Sonntag?

Fall Nr. 12:
Einmal begegnete ich einem Mädchen, welches ich aus meiner Praxis kannte, am Sonntag morgen. Es lehnte mit einer Gruppe anderer Jugendlicher an einer Hauswand, rauchte und diskutierte. Meine Familie und ich machten einen Spaziergang von mindestens drei Stunden, und als wir zurückkamen und wieder durch diese Straße gingen, lehnte es mit anderen Jugendlichen noch immer dort. Es stand umgeben vom Straßenlärm und -gestank, müde vom Stehen und Reden, hielt eine ausgebrannte Zigarette in der Hand und blickte leer vor sich hin. Ist das ein sinnvoller Sonntag für ein Mädchen? Und was wird es am Nachmittag tun? Und abends? In rauchigen Bars und Diskotheken herumsitzen, am Cola nippen, sich von einhämmernden Rhythmen betäuben lassen? Nichts denken, nichts fühlen, nur Leere in sich und um sich herum? In der nächsten Gesprächsstunde erzählte ich ihm vom Wald. Von den Sonnenstrahlen, die durch das Laub schimmern, vom dunklen Moos am Waldboden, vom Rascheln der Käfer und Summen der Insekten. Da zeigte sich auf ihrem Gesicht ein fast kindliches Staunen – gibt es das noch bei einer 16jährigen?

Auch das ist Psychotherapie: das Herz öffnen für die Natur, den Geist sensibilisieren für das Wunder rings um uns, das wir „fortschrittlichen" Menschen fast nicht mehr kennen!

Man sagt, Sport sei gut, um Aggressivität zu „kanalisieren", aber Sport in *Verbindung* mit der freien Natur ist viel mehr als eine Möglichkeit für die Abreaktion aufgestauter Energien. Bewegung und Natur, das ist ein Rezept zur Heilung, zur Sich-wieder-Findung, zur Menschwerdung.

Man versuche einmal, bei einem Spaziergang durch den Wald aggressiv zu sein, es wird schwerfallen. Die Herrlichkeit des Lebendigen hat Menschen immer schon zum Verstummen, zum Schauen und zum Nachdenken gebracht; lassen wir unsere Kinder teilnehmen an dieser Gnade reiner Natur.

Und wenn es einmal sehr kracht in der Familie und nichts als Streit und Widerspruch in der Luft liegt, dann schämen wir uns nicht, Zuflucht ins Freie zu nehmen. Ein kurzer Spaziergang und draußen ein paarmal tief einatmen läßt Abstand gewinnen und hilft Emotionen zu relativieren, es öffnet die Pforten für ein vernünftiges und klärendes Gespräch.

Kindern darf man die Bande zur Natur nie ganz abschneiden, man könnte ihnen nicht nur viel Lebensglück und Freude, sondern auch die Chance einer letzten Zuflucht und Heilung in höchster Not verbarrikadieren.

Und in der Psychotherapie wäre zu überlegen, ob es nicht manchem Kranken besser täte, die Couch mit einem Moospolster im Tannenwald zu vertauschen – – –!

Wir sagten, Kontaktschwierigkeiten und Aggressivität stehen an erster Stelle bei den vorgebrachten Problemen in der Erziehungsberatung. Fassen wir die Ursachen noch einmal zusammen:

1) Überbelastung der Eltern, Unterbelastung der Kinder. Unterforderte Kinder sind unzufriedene Kinder, sind aggressive Kinder – überforderte Eltern geben bei Aggressivität nach. Diese Aggressivität ist *zielgerichtet.* Kinder setzen ihre Wünsche damit durch, auch später, wenn sie herangewachsen sind.
2) Die Bedeutung der Gruppe wird zu hoch gewichtet; um der Zugehörigkeit zur Gruppe willen wird Individualität und persönlicher Stil geopfert. Die Gruppe aber neigt zur Intoleranz, sie kennt nur ihre eigenen Normen und erzieht ihre Mitglieder zur Ablehnung von Nicht-Gruppenmitgliedern, was Konflikte und Konfrontationen bewirkt. Kinder „erpressen" mit Gruppennormen oder werden von diesen „erpreßt".
3) Die Bedeutung von Sport und Natur wird vielfach verkannt, die enorme Entlastungs- und Heilungsmöglichkeiten durch Wandern im Freien wird oft übersehen. Das ungesunde „aufeinandersitzen" in Städten und Ballungszentren nährt Unlust, Mißmut und Aggressivität in ungeahntem Maße, Kinder werden mißgelaunt, lethargisch und zappelig, ihre Wünsche sind nicht mehr deckungsgleich mit natürlichen und gesunden Bedürfnissen, ihre Handlungen nähern sich Leerlaufhandlungen. Aggressionen und Konflikte sind *nicht mehr zielgerichtet,* sie sind einfach Ausdruck schlechter Psychohygiene.
4) Das Vorbild der Eltern und Personen aus der näheren Umwelt kommt zum Tragen. Diesen Punkt brauchen wir gewiß nicht ausführlich zu besprechen, er ist allzu bekannt.

Es gibt kein Kind, das aggressive Entgleisungen der Eltern taktvoll übersieht. Und es kann keinen Frieden auf Erden geben, solange nicht

Friede ist in der einzelnen Familie. Wenn Eltern kaum noch Zeit für ihre Kinder haben und in der wenigen verbliebenen Zeit auch noch streiten, hadern und schelten, wenn die Eltern selbst mit ihren Lebenssituationen nicht fertig werden, wegen Kleinigkeiten explodieren, sich wegen minimaler Differenzen scheiden lassen und niemals zeigen, daß man auch verzichten, verstehen und tolerieren kann, dann werden die Kinder in diese Fußstapfen treten, und die psychologische Kettenreaktion der Aggression läuft weiter bis hin zur physikalischen Kettenreaktion von Waffengewalt und Terror.

Wie sollten auch Kinder mit der Aggressivität ihrer Eltern fertig werden? Sie können sich nicht dagegen wehren, sie können sie nicht mildern, und sie können sie schon gar nicht begreifen, sie können nur eines: sie nachahmen!

Deswegen hat Aggressivität etwas mit Verantwortung zu tun und über diese Brücke einen Zusammenhang mit der Sinnproblematik. Denn Eltern, die sich ihrer Aufgabe als Erzieher bewußt sind und darin einen Ausdruck ihrer eigenen Lebenserfüllung wahrnehmen, werden sich auch bei schwierigen Lebenssituationen nie so völlig vergessen, daß sie ihren Kindern ein extrem aggressives Vorbild geben.

Mag sein, daß Aggressivität ein unausweichliches Triebpotential im Menschen bedeutet, aber *letzte und oberste Kontrollinstanz* ist der menschliche Geist, und wenn dieser eine Aufgabe zu erfüllen hat, dann vermag er Triebkräfte zu regulieren. Auch hungrige Mütter bringen es fertig, ihren Kindern den letzten Bissen Brot in den Mund zu stecken, und auch zornige Väter bringen es fertig, ihren Kindern zuliebe den Zorn abzubremsen, ja, zu überwinden. Aber wenn natürlich nur das eigene Ich im Vordergrund steht und Erziehung eine bloße Belastung und keine Aufgabe ist, dann gibt es keinen Grund, Wutanfälle und Tätlichkeiten gegenüber dem Partner oder der Mitwelt zu unterdrücken und sich wenigstens vor den Augen der Kinder zusammenzunehmen. Wozu auch? Der aufgestauten Aggressivität muß Luft gemacht werden, die Psychoanalyse hat uns das lange genug einsuggeriert, was mit den Kindern passiert, ist *deren* Problem.

Ich glaube, es ist unser aller Problem.

C) Störungen im Antrieb und Selbstwertgefühl

Ich wurde einmal gebeten, über das Thema „Erziehungsfehler – können wir sie später noch beheben?“ zu sprechen. Dieses Thema betrifft eine Frage, die nicht einfach zu beantworten ist. Will man ehrlich sein, muß man zugeben, daß es pädagogische Verfehlungen gibt, die nach menschlichem Ermessen wirklich nicht wiedergutzumachen sind: Mißhandlungen, Verwahrlosungen, Vernachlässigungen von Kindern, aber auch permanente Verunsicherungen und Neurotisierungen im Erziehungsprozeß.

Dennoch muß dieser Tatsache etwas hinzugefügt werden: Kinder hängen nicht ewig an den Ketten ihrer Kindheit! Es gibt immer noch eine Rettungs- und Verbesserungsmöglichkeit für sie, wenn sie erwachsen sind, nämlich *Selbsterziehung.* Die Fehler ihrer Eltern mögen ihre Ausgangssituation erschweren und noch lange Schatten auf ihr Leben werfen, aber sie bestimmen nicht den gesamten Werdegang eines Menschen.

Mit dem Heranreifen nimmt der junge Mensch das Steuerrad seines Lebenslaufes selbst in die Hand, er wirft die Ketten der Kindheit über Bord wie ein Schiffer den Anker lichtet, er kann versuchen, aus den Schatten hinaus ins gleißende Sonnenlicht zu steuern.

Wie wichtig sind diese anti-fatalistischen Erkenntnisse für eine Disziplin, die so in der Krise steckt, wie die heutige Pädagogik! Es gibt sehr wohl unwiederbringliche Erziehungschancen, die nicht genutzt wurden, aber es gibt keine ausweglose Zukunft für diese Erziehungsobjekte! Es gibt Fehler, welche die Eltern nicht wiedergutmachen können, aber es gibt keine Fehler, welche die herangewachsenen Kinder nicht wieder ausgleichen könnten. Das therapeutische Credo der Logotherapie *muß* Eingang finden in die Erziehungsvorstellungen unserer Generation und *Hoffnung verbreiten statt Angst.*

Wenn man in der pädagogischen Literatur blättert, dann gewinnt man den Eindruck, daß bei den Fachleuten Erzieher und Eltern auf der Anklagebank sitzen. Sie machen Fehler, Fehler, Fehler …, sie sollten, sie müßten, und sie dürften auf keinen Fall …

Auch ich habe in diesem Kapitel Fehler aufzeigen müssen um der Kinder willen. Deswegen wird es Zeit, zwischen die Gedanken um Erziehungsprobleme und kindliche Störungsbilder etwas Positives einzuschieben, etwas, das ich aus meiner intensiven Kooperation mit Eltern mit allem Nachdruck bestätigen kann: *Eltern haben viel zu geben.*

Wenn Eltern halbwegs psychisch gesund sind und noch ein Stückchen natürliches Fingerspitzengefühl für ihre Kinder besitzen, dann bewältigen sie ihren Erziehungsauftrag ausgezeichnet. Gerade Eltern sind oftmals die letzten Monopole der Selbstlosigkeit in einer Zeit, die Aufopferung und Nächstenliebe kaum noch kennt.

Außerdem sind keinesfalls *alle* Fehler der Kinder auf das Konto ihrer Eltern zu buchen, denn auch Kinder sind jeweils gemäß ihrem Entwicklungsstand *mitverantwortlich* für ihr Tun und Lassen und tragen einen zunehmend gewichtigeren Teil zu ihrer eigenen Entfaltung bei.

Deswegen erscheint die allgemeine Erziehungsberatung, wie sie heute gehandhabt wird, etwas im Zwielicht; zu stark sind die Akzente auf die Kritik an den Eltern ausgerichtet, und zu wenig wird den Kindern und Jugendlichen selbst zugemutet. Viele Erziehungsberater übersehen in ihrem Eifer, nach möglichen Störungsursachen der Kinder Ausschau zu halten, die Eigenverantwortlichkeit und Selbststeuerungskräfte der Kinder. Zu leichtfertig wird über die Erzieher geurteilt, zum Beispiel äußern sich Kollegen wiederholt zu einem Fall: „Na, bei *den* Eltern ist ja gar nichts anderes zu erwarten!" Was für eine Abwertung der Bemühungen dieser Eltern, auch wenn ihnen nicht alles gelingt. Ist es sinnvoll, über Eltern zu spotten, sie abzuwerten und zu verunsichern? Ist es gut, ihnen immer weniger Rechte zuzugestehen, ihre Autorität zu untergraben und sie mit Vorwürfen zu bombardieren? Es ist eine gefährliche Entwicklung, die Position der Eltern zu schwächen, ihr Selbstbewußtsein anzutasten und die Kinder einseitig über ihre Rechte *gegen* die Eltern zu instruieren!

Am Ende wollen die modernen Menschen keine Kinder mehr, wieso denn auch? Nichts als Arbeit, Opfer, Verzicht, Ärger und auch noch Vorwürfe ringsum, wenn es schiefgeht. Eine Jugend, aufs Ausbeuten trainiert, holt das Letzte aus ihren Eltern heraus, und die Eltern grübeln darüber nach, was sie falsch gemacht haben – eine gefährliche Entwicklung, die Erziehungsberater und Psychologen nicht unterstützen dürfen.

Fall Nr. 13:
Eltern kamen zur Beratung wegen ihrer 18jährigen Tochter, die sich geweigert hatte, zum Beratungsgespräch mitzukommen. Die Eltern machten einen positiven Eindruck, es waren freundliche, fleißige und sehr liebevolle Eltern. Die Sachlage verhielt sich folgendermaßen:

Die Tochter besuchte die 12. Klasse Gymnasium, stand also ein Jahr vor dem Abitur. Sie war das einzige Kind, und die Eltern hatten immer gut für sie gesorgt, hatten ihr Reitstunden und Klavierunterricht geboten, hatten sie viel auf Ausflügen mitgenommen, mit ihr gespielt, gelernt, an ihrem Leben teilgenommen. Doch vor einigen Monaten hatte die Tochter begonnen, in einem Imbiß-Lokal auszuhelfen, um sich ihr Taschengeld aufzubessern, und war dort in schlechte Kreise gekommen. Sie begann nächtelang mit Burschen auszubleiben, wobei sie die „Freunde" häufig wechselte, schwänzte die Schule, kam täglich erst um 4 Uhr früh nach Hause und vernachlässigte Ausbildung wie Arbeit. Von den Eltern ließ sie sich nichts mehr sagen, da sie ja 18 Jahre und somit volljährig war, und wenn die Mutter wagte zu fragen, wie es weitergehen solle, bekam sie zur Antwort: „Das geht dich nichts an, kümmere dich um deine Sachen!" Selbstverständlich mußten die Eltern schon von Gesetzes wegen weiter für die Tochter aufkommen, sie mußten für ihr Essen sorgen, sie mußten sogar ihr Zimmer sauber machen, da die Tochter nicht daran dachte, es selbst zu tun, und die Mutter die Unordnung nicht mochte, und sie mußten ihre Wäsche in Ordnung halten. Wenn sie Pech hatten, würde die Tochter die nächsten Jahre vergammeln, und die Eltern durften für ihren Lebensunterhalt zahlen. Als Gegenleistung gab es ständig böse Worte und Provokationen zu Hause, aber nicht von seiten der Eltern, sondern der Tochter!

Machten die Eltern am Wochenende einen Ausflug, auf welchen die Tochter selbstverständlich nicht mitging, dann holte die Tochter ihre Freunde in die elterliche Wohnung, wo sie die Vorratskammer leerten, sich vergnügten und alles in schrecklichem Zustand zurückließen, so daß die Eltern, wenn sie abends heimkamen, erst ihre Wohnung wieder „normalisieren" mußten. Andererseits zögerten diese, der Tochter den Schlüssel wegzunehmen, da sie Angst hatten, daß sie sich dann an viel schlimmeren Örtlichkeiten herumtreiben würde als zu Hause.

Die Eltern fragten mich also: „Was können wir tun?" und „Was haben wir falsch gemacht?"

Welche Antwort kann der Psychologe schon geben? Er kann sagen, daß vom psychologischen Standpunkt aus die Herabsetzung der Volljährigkeitsgrenze in einer hochkomplizierten Welt wie der heutigen fragwürdig war, er kann sagen, daß rechtlich gesehen die Eltern nichts tun können als zuschauen und zahlen, sie können weder die vollmündige Tochter hinauswerfen noch sie zu irgendeinem bestimmten Verhalten zwingen. ob sie mit unguten Freunden herumzieht, das Gymnasium aufgibt, heimkommt oder nicht, das ist alles in die Entscheidung der Tochter gelegt, das Gesetz hat die Eltern in vielen Bereichen entmachtet, also sind die Eltern machtlos. Auch eine psychologische Beratung kann darüber nicht hinwegtäuschen.

Ich sagte daher den Eltern ungefähr folgendes: „Die Tochter hat ihr Leben von dem Ihrigen getrennt, sie geht ihre eigenen Wege, unbekümmert darum, ob Sie darunter leiden, ob Sie damit einverstanden sind, und was Sie darüber denken. Versuchen Sie genauso Ihr Leben von dem ihren zu trennen, es hat keinen Sinn, an etwas zu leiden, das Sie nicht ändern können. Versuchen Sie, Ihr eigenes Leben so schön wie möglich auszubauen, machen Sie ruhig Wanderungen am Wochenende, gehen Sie auf Bälle in der Faschingszeit, hören Sie Konzerte, machen Sie sich ein gemütliches Zuhause voller Liebe und Glück. Sie können nur mehr über das Vorbild und den Kontrast helfen, Ihre Tochter umzustimmen. Gewiß, die Tochter hat ihr Zimmer, sie bekommt Ihre finanzielle Unterstützung, damit müssen Sie leben, aber mehr würde ich nicht tun. Wenn ihr Zimmer in Unordnung und voll Schmutz ist, kommt es ihr um so mehr zu Bewußtsein, wenn sie Ihre schönen und gemütlichen Räumlichkeiten im Gegensatz dazu sieht. Vielleicht möchte sie dann eines Tages auch eine schöne Wohnung haben. Wenn sie selbst tagsüber verschlafen herumtrödelt, ohne regelmäßige Verpflichtung, ohne konstante Freunde, fällt ihr vielleicht auch dieser Kontrast zu Ihrer harmonischen Partnerschaft und Ihrer Pflichterfüllung auf, so daß sie beginnt, ihre Situation zu überdenken. Mit dem eigenen Egoismus können wir sie vielleicht noch zur Umkehr bewegen, wenn sie die heile Welt der Eltern sieht, verglichen mit ihrem sinnlosen Vergeuden der Jugendjahre.

Die junge Generation ist eine Generation des Widerstandes, dies bedeutet, daß Erfahrungen von Eltern auf Kinder nicht oder nur sehr beschränkt weitergegeben werden können. Diese Generation muß ihre Erfahrungen selbst machen, auch die schlechten, nur durch schlechte Erfahrungen kann sie zu guten Erkenntnissen kommen. Ihre Tochter hat ein schönes und glückliches Elternhaus gehabt, sie hat Werte von Ihnen übernommen, sie hat Bildung genossen. Wenn auch all dies jetzt plötzlich verschwunden zu sein scheint, so besteht doch eine gute Chance, daß manches davon mit zunehmender Reife wiederkehrt. Sie muß ihre Krise jetzt durchmachen, vielleicht muß sie ganz tief hinabsinken, um den Wunsch zur Umkehr zu verspüren. In der Phase des Widerstandes, in der sie sich zur Zeit befindet, würde sie jeden gut gemeinten Ratschlag verwerfen, es ist deswegen zwecklos, eingreifen zu wollen. Lassen Sie sie also absinken und zeigen Sie ihr im Vergleich dazu eine unerschütterliche Gemeinschaft, ein inhaltsreiches und verantwortungsbewußtes Leben und ein schönes Zuhause. Wenn Sie jetzt den Kopf hängen lassen, mißmutig, nervös und verärgert sind, dann fühlt sich Ihre Tochter vielleicht bestätigt, daß das alles, dem sie den Rücken kehren will, wirklich nicht viel wert ist. Sind Sie gleichbleibend freundlich und nett zu ihr, aber delegieren Sie die Verantwortung für ihr Leben wirklich an sie, so wie sie es möchte, muß sie sehen, wie sie damit zu Rande kommt, selbst über schlechte und bittere Erfahrungen. Und kommt sie gar nicht weiter, hat sie ja immer noch die Möglichkeit, die Eltern um Hilfe zu bitten, welche Sie ihr bestimmt nicht verwehren, vorausgesetzt, sie hat den Willen zu einem neuen Anfang."

„Ja, das würden wir gerne so machen", wandten die Eltern ein, „aber wir können unser Leben nicht glücklich leben, weil wir uns ständig mit Vorwürfen quälen, was wir alles falsch gemacht haben könnten."

„Ihre Tochter ist nicht nur das Ergebnis Ihrer Erziehung, sie ist ein selbständiger Mensch, der sich selbst im Leben bewähren muß. Solange sie ein Kind war, hat sie sich gut entwickelt, da stand sie auch stark unter Ihrem Einfluß. Als sie begann, sich fehlzuentwickeln, war Ihr Einfluß schon minimal, also kann es doch nicht Ihr Einfluß sein, der schuld an allem trägt! Die Tochter selbst und niemand anderer ist für ihr Leben verantwortlich", antwortete ich.

„Aber könnte es nicht doch sein, daß wir sie sozusagen unbewußt

unterdrückt oder gegängelt haben und sie nun ihre Freiheit sucht? Man hört und liest soviel …?" Es gibt keine psychologische Freisprechung von Schuld, aber diese Eltern konnte ich guten Gewissens beruhigen. „Selbst wenn Sie das eine oder andere Mal nicht ganz richtig reagiert haben mögen, bedenken Sie, wie oft Sie sich positiv für die Tochter eingesetzt haben, wieviel Zeit Sie ihr geschenkt haben, wieviel Chancen Sie ihr geboten haben! Soll dies alles weniger wiegen als kleine menschliche Fehler, die wir alle begehen? Oh nein, was Sie auch falsch gemacht haben, die Liebe, Sorge und Zuwendung, die Sie Ihrer Tochter gegeben haben, wiegt unvergleichlich schwerer als alles andere, da brauchen sie sich keine Sorgen zu machen."

Man sollte es nicht für möglich halten, wie froh diese Eltern die Beratungsstelle verließen, froh und gestärkt, obwohl sich ihr Leid in keiner Weise verändert hatte.

Der logotherapeutisch orientierte Erziehungsberater sieht es als seine Aufgabe an, Kindern *und* Eltern zu helfen. Ratsuchende Eltern brauchen Stützung, nicht Kritik, gestörte Kinder brauchen Geduld, Mut, Hoffnung, nicht Ausreden auf die Schwächen ihrer Eltern. Auch in diesem Abschnitt des Kapitels wird von Erziehungsfehlern die Rede sein, aber der Leser möge wissen, wie sehr ich Eltern hochschätze und ihre Leistungen anerkenne, und daß ich dafür einstehe, daß Eltern *viel zu geben haben.*

Ich habe gesagt, daß Eltern gute Eltern sind, wenn sie selbst hinreichend psychisch gesund sind und sich ein natürliches Fingerspitzengefühl für ihre Kinder bewahrt haben. Um diese beiden Voraussetzungen zu erfüllen, ist es wichtig,

a) das eigene Lebensgefühl der Eltern in einem gesunden Spannungsfeld reicher Sinnorientierung und ihre Affektivität in einem normalen Mittelbereich zu halten, und
b) ihr natürliches Elterngefühl nicht zu sehr durch pädagogische Belehrungen theoretischer Art zu verunsichern.

Für ersteres sind ein stabiles Wertsystem und eine ebenso stabile Emotionalität der Eltern erforderlich, für zweiteres ist eine wohldosierte Aus- und Fortbildungsintensität von seiten der Pädagogen und Psychologen notwendig. Fehlt die erste Voraussetzung, müssen die Eltern selbst therapeutische Betreuung erhalten, fehlt die zweite Voraussetzung, muß das Erziehungskonzept, das den Eltern vermittelt wird, darauf abzielen, natürliche Empfindungen und Regungen zu wecken und zu stärken und darf diesen nicht entgegenarbeiten. Auch das ist nämlich eine unserer Illusionen: Es ließe sich alles lernen, und alles Gelernte sei dem „natürlichen Hausverstand" überlegen!

Schade, daß uns der Begriff „das Unbewußte" nur im Zusammenhang mit verdrängten Traumen und negativen Affekten geläufig ist; wieviel Natürliches und Gutes geschieht doch unbewußt! Wie viele liebevolle Gesten der Zärtlichkeit und Fürsorge verschenken Eltern ganz *unbewußt,* wie oft stellen sie *unbewußt* ihre eigenen Interessen zurück, wie oft helfen sie ganz *unbewußt* mit dem richtigen Wort und der richtigen Tat, wenn ihr Kind ein Leid signalisiert?

Aber davon wollen die „Fach-Illusionisten" nichts wissen, für sie gibt es keinen „natürlichen Hausverstand" und auch keine Eltern, die unbewußt etwas richtig machen, ja nicht einmal natürliche Lebensgefüge, die nachahmenswert wären. Das erinnert mich an ein Beispiel, das Prof. Helbrügge, Leiter des Münchener Kinderzentrums, auf einer Tagung berichtete. Es handelte sich um Zwillingskinder, die wegen einer beginnenden Lähmung dringend gezielte Bewegungstherapie benötigten, um nicht später einmal vom Rollstuhl abhängig zu sein. Die bestgeeignete Therapeutin wäre seiner Ansicht nach die Mutter der Kinder gewesen, denn niemand würde mit derselben Hingabe und Aufopferung die täglich erforderlichen Übungen durchführen wie sie. Jedoch, wenn er die Mutter anleiten und ihr die Kinder nach Hause geben würde, bekäme die Mutter nicht einen Pfennig Arbeitsentschädigung von der Krankenkasse. Nimmt er hingegen die Kinder ein Jahr lang in seine Klinik auf, was bedeutet, daß die Übungen vom Personal gewiß weniger intensiv durchgeführt werden, die Kinder dafür aber schwere soziale Schädigungen durch die Entfremdung von der Familie erleiden, dann ist die Krankenkasse bereit, einen Satz von fast 200,– DM täglich für die Kinder zu bezahlen.

Er nannte dies eine „Wahnvorstellung unserer Gesellschaft", nämlich daß für jeden Lebensbereich nur eine fachspezifische Institution die bestmögliche Lösung sei, während die natürlichste Institution der Welt, die Familie, gar nicht in Betracht gezogen werde. Vom Kleinkind, das in den Kindergarten gehört, bis zur Großmutter, die ins Altersheim gehört, vom Lehrling, der ins Lehrlingsheim gehört, bis zum Trinker, der ins Trinkerheim gehört, wird jedem sein „Kästchen" zugeordnet, in welchem er fachlich betreut verschwinden soll, um nicht irgendwo anders lästig zu sein.

In der Erziehung bahnt sich eine ähnliche Einstellung an; ein Kind, das irgendwie auffällt, wird sogleich den Eltern aus der Hand genommen und pädagogisch-fachspezifisch betreut, was seine Lebenssituation zunächst nur noch auffälliger macht. Kein Zweifel, daß ein guter Wille dahintersteht, doch muß sich die Pädagogik hüten, sich über das natürliche Empfinden von Eltern hinwegzusetzen, sonst wird sie immer unfähiger, den Schaden zu reparieren, den zu erzeugen sie beigetragen hat.

Wenn wir uns nun der Gruppe der *Antriebs- und Selbstwertstörungen* zuwenden, brauchen wir diese Überlegungen als Grundlage. Werfen wir zunächst einen Blick auf eine Übersicht, die affektive Verhaltensmuster mit ihrer pädagogischen Wirksamkeit in Zusammenhang bringt:

Affektives Verhaltensmuster der Eltern

(psychologische Dimension)

I	I	I	I
stark gefühlsbetont, überschwenglich, dramatisierend	**eher gefühlvoll, ausdrucksvoll, etwas impulsiv**	**eher ruhig und beherrscht, etwas zurückhaltend**	**sehr kühl und distanziert, gleichgültig**
labile Erziehungsform!	**stabile Erziehungsform!**		**wirkungslose Erziehungsform!**

Die extremen Affektlagen der Eltern zeitigen keine günstigen Erziehungsformen, was allgemein bekannt sein dürfte. Aber wir wollen uns ein ähnliches Schema ansehen, das mehr umfaßt, als nur die Affektlage der Eltern, nämlich die *Bedeutung,* die das Kind und damit das ganze Erziehungsgeschehen für die Eltern hat. Nach den Maßstäben der Logotherapie verschieben wir also unsere Betrachtungsweise von der psychologischen Dimension in die geistige Dimension.

Die Bedeutung des Kindes für die Eltern

(geistige Dimension)

I	I	I	I
Kind ist einzige Sinnerfüllung für die (den) Eltern(teil)	Kind ist wichtiger Faktor der elterlichen Sinnerfüllung	Kind ist gewisser Faktor der elterlichen Sinnerfüllung	Kind wird in die Sinnerfüllung der (des) Eltern(teils) nicht einbezogen

Kind ist in Gefahr einer *Neurotisierung*	Kind hat gute Entwicklungschancen	Kind ist in Gefahr zu *verwahrlosen*
Egoismus, Ängste, Hemmungen und ein labiles Selbstbewußtsein hemmen die Motivationslage des Kindes	Die elterliche Zuneigung und das elterliche Vorbild stärken die Motivationslage des Kindes	Gleichgültigkeit und oberflächliche Beziehungen zu sich und zur Umwelt schwächen die Motivationslage des Kindes

Innerhalb dieser geistigen Dimension sehen wir, daß die Sinnerfüllung der Eltern ausstrahlt auf die Kinder, und zwar vor allem im *Motivationsbereich.* Charlotte Bühler, die sich mit solchen Zuordnungen intensiv beschäftigt hat, stellte fest, daß auch Kinder bereits früh eine gewisse Sinnorientierung besitzen, sofern sie wohldosierten Anteil an der Sinnorientierung ihrer Eltern nehmen dürfen. Und noch eine Zuordnung läßt sich behaupten, die unseren logotherapeutischen Hypothesen sehr nahekommt, eine Relation zum kindlichen „Freiraum":

Kind hat *zuwenig* „Freiheit", kann sich nicht sinnvoll	Kind hat meist einen adäquaten Freiraum, den es mit Sinn	Kind hat *zuviel* „Freiheit", weiß diese nicht sinnvoll

Ich möchte die beiden negativen Extrempositionen kurz streifen, um den Motivationsaspekt in ihnen deutlich herauszukristallisieren.

a) Die Verwahrlosung

Viele Leute stellen sich Äußerlichkeiten darunter vor: zerlumpte Kleidung, lange Haare, Ungewaschenheit, regelloses und ungeordnetes Leben, Arbeitsscheu und kriminelles Handeln. Aber als psychische Erkrankung beginnt die Verwahrlosung im frühesten Kindesalter. Sie hat zwei wesentliche Erkennungsmerkmale für die Frühdiagnose: Distanzlosigkeit und Gleichgültigkeit.

Über *Distanzlosigkeit* ist schon viel geschrieben worden; sie zeigt sich bei Kleinkindern, die keine Scheu vor Fremden haben, ungeniert mit jedermann plaudern, Leute auf der Straße um ein paar Pfennige oder Süßigkeiten anbetteln, aber auch ohne weiteres mit ihnen mitgehen würden, sollten sie dazu aufgefordert werden. Diese Kinder finden überall Anschluß, wissen genau, wo es „etwas zu holen gibt", und wirken sehr frühreif und selbständig.

Wir wissen, es sind Kinder, die das Mindestmaß an elterlicher Zuwendung und Fürsorge nicht erhalten, deren Eltern „keine Zeit" für sie oder „kein Interesse" an ihnen haben. Sollte jemand vermuten, daß es sich dabei um ein Symptom der Unterschicht handelt, dann ist er falsch unterrichtet, das Schlagwort „Wohlstandsverwahrlosung" ist nicht umsonst entstanden. Eltern sind den ganzen Tag unterwegs, abends müde, am Wochenende mit sich selbst beschäftigt, die Großeltern sind schon in einem Alter, in dem sie froh sind für jede Minute, in der die Kinder draußen spielen und Ruhe geben, und so bleiben zahllose Kinder gerade in den bedeutenden Prägungszeiten Stunden und Stunden sich selbst überlassen. Sie versäumen den wichtigsten Lernprozeß ihres Lebens, nämlich enge Bindungen an ihre Eltern zu entwickeln. Deswegen lernen sie es überhaupt nicht, eine tiefe Bindung zu irgendeiner Person zu entwickeln, die größte zwischenmenschliche Komponente glücklicher Sinnerfüllung, die Liebe zu einem „Du", bleibt ihnen verschlossen.

Ich habe im vorigen Abschnitt darauf hingewiesen, daß den Eltern vielfach die nötige Zeit für ihre Kinder fehlt, aber wenn wir noch eine Schicht tiefer graben, dann erkennen wir: im Grunde ist es nicht die Zeit, sondern die Motivation. Es ist die Antwort auf die Frage: Was bedeutet mehr? Luxus oder Kind zum Beispiel. *Nur* wenn die Motivation der Eltern schwach und die Bedeutung des Kindes für sie herabgesetzt ist, fehlt auf einmal die Zeit für das Kind! Ich weiß, welch schwerwiegende Behauptung dies ist, und doch muß ich daran festhalten. *Der Wille zum Miteinander und Füreinander* entscheidet darüber, wieviel von unserer Zeit anderen, nahestehenden Menschen zur Verfügung steht!

Wie soll ein Vater, wenn er nach langen Überstunden müde und abgekämpft nach Hause kommt, noch die Muße finden, sich für die kleinen Sorgen der Kinder zu interessieren, den gebrochenen Drachen zu reparieren, die Englischvokabeln abzuprüfen, die Geschichte aus dem Lesebuch an Hand eigener Erlebnisse zu erläutern – er kann sich allenfalls vor den Fernseher setzen, um ein wenig auszuspannen. Warum macht er die Überstünden? Tatsächlich aus Not oder um die Raten für Kredite abzuzahlen, die er aufgenommen hat, um den neuen Wagen zu finanzieren? Es ist nicht möglich, eine enge Bindung zu den Kindern herzustellen, wenn alles andere wichtiger ist als sie.

Kinder merken bald, daß sie mehr im Wege als erwünscht sind und gehen ihren eigenen Beschäftigungen nach. Sie wenden sich innerlich von den Eltern ab, das heißt, die Eltern haben dann keine andere Bedeutung für sie als jeder Fremde auch. Sie gehen zu demjenigen, bei dem sie etwas bekommen, und sei es auch nur ein wenig Aufmerksamkeit, sie meiden diejenigen, die schelten oder schlagen oder gleichgültig sind. *Das* also wird zum Kriterium für diese jungen Menschen, die niemals eine echte Bindung kennengelernt haben, hier setzt die Distanzlosigkeit ein, die in Wahrheit nichts anderes als eine *Bindungsschwäche* ist.

Es gibt Leute, die sich in dieser Hinsicht täuschen lassen. Ich habe Ehepaare erlebt, die in ein Waisenheim gingen, um sich ein Patenkind auszusuchen, und die gerade jene Kinder als in Betracht kommend auswählten, welche ihnen von Anfang an spontan entgegengelaufen waren und sie gleich in ein Gespräch verwickelt hatten. Und doch waren es diejenigen unter den Kindern, die bereits am meisten geschädigt waren, nämlich distanzlose Kinder.

Es ist die Tragik der verwahrlosten Kinder, daß sie zahllose Kontakte finden und doch keinen einzigen wirklich intensiven Kontakt knüpfen können. Sie haben oberflächliche Bekanntschaft mit jedem Beliebigen und stehen niemandem wirklich nahe. Sie werden später von der menschlichen Gesellschaft eher ausgeschlossen, suchen Halt beieinander, kleben in Banden aneinander und finden doch auch untereinander nur lose Beziehungen.

Dazu kommt das zweite Merkmal der Verwahrlosung, die *Gleichgültigkeit.* Sie ist die Grundlage der Unfähigkeit zu konstanter und produktiver Arbeit.

Auch sie kommt durch einen Motivationsmangel bei den Eltern zustande: Eltern, die keine Zeit oder kein Interesse am Kind haben, schenken den kleinen Betätigungen und Leistungen des Kindes von Anfang an zu wenig Aufmerksamkeit. Was ist mit „kindlichen Leistungen" gemeint?

Alles, wofür ein Kind nur ein wenig Mühe aufwenden muß, alles, was es irgend jemandem zuliebe oder auch nur aus echtem Interesse heraus tut. Das kann ein fertig gelegtes Puzzle-Spiel sein, eine Turnübung, eine Zeichnung, ein Lied, ein Gedicht oder ein Gang zum Kaufmann für die Mutti, eine selbständige Busfahrt, eine gute Note, ein selbstgebasteltes Geburtstagsgeschenk. Alle diese kleinen kindlichen Leistungen müssen anerkannt und gelobt werden, sie sollen den Eltern Freude und Glück bereiten, jedenfalls von ihnen Beachtung erfahren, wenn das Kind Freude an seiner eigenen Leistung erleben soll. Wir haben die Bedeutung der „Freude an der eigenen Leistung" schon wiederholt betont, sie ist wichtig für die gesunde Sinnerfüllung und Entwicklung eines Kindes.

Das heißt allerdings nicht, daß übertrieben werden soll, daß Eltern vor lauter Ehrgeiz ihren Kindern zu schwierige Leistungen abverlangen dürfen, sie würden den Kindern damit eher die Freude nehmen als geben.

Aber bei der Verwahrlosung ist niemand da, der die kleinen Leistungen der Kinder beachtet, korrigiert, lobt oder anerkennt. Die Kinder erleben diese Gleichgültigkeit motivationsdämpfend und bringen bald dieselbe Gleichgültigkeit ihren eigenen Leistungen entgegen. Nur was unmittelbar zum Erfolg führt, wird beibehalten, z. B. Betteln um Süßigkeiten bei Leuten, die freigiebig sind, oder Herumwühlen auf Abfallstätten, in denen noch etwas zu finden ist. Ein entferntes Ziel, das beständige Hinarbeit erfordern würde, ist für sie unerreichbar, weil die Motivation zu schwach ist.

Die Gleichgültigkeit drückt sich anfangs beim Spielen aus: Verwahrloste Kinder beginnen dies und jenes und lassen es bald wieder stehen, die Motivation reicht nicht zur Fertigstellung, etwa eines gemalten Bildes oder einer gebauten Burg, es ist ja auch niemand da, der sich mitfreuen würde, wenn das Spiel gelungen ist.

Später in der Schule wird die Aufgabe schnell „hingeschmiert", um auf die Straße zu kommen, oder Aufgabe und sogar Schule werden geschwänzt. Diese Kinder sind es gewohnt, nur das Nötigste zu verrichten und keinen Strich mehr zu machen, als unumgänglich verlangt wird – wozu auch, niemand würde es anerkennen. Die „Lust des Augenblicks" hat sie schon im Griff, was gerade einfällt, bestimmt das ziellose Verhalten.

Beim Wechsel ins Berufsleben setzen sich die Schwierigkeiten fort, diese und jene Arbeit paßt nicht, die Jugendlichen tun nur das Nötigste und wechseln häufig die Arbeitsplätze. Ist eine gute Wirtschaftslage, halten sie sich dennoch über Wasser, denn etwas Kurzfristiges finden sie immer. Ist jedoch eine schlechte Marktlage und gibt es viele Arbeitslose, dann kommen sie unter die Räder des natürlichen Ausleseprinzips. Sie haben es nie gelernt, in ihrer eigenen Leistung Befriedigung zu finden, bis zu einem Ziel durchzuhalten und Arbeit mit Freude zu verbinden; da aber unser Leben zu einem sehr großen Teil aus Arbeit besteht, so macht ihnen auch das Leben wenig Freude. Um sich dennoch Befriedigung zu verschaffen und unter dem Diktat des Augenblicks greifen sie leicht zum Alkohol, zu sexuellen Exzessen, Diebstählen und anderem.

Antriebsschwäche – ist sie noch erkennbar bei den jugendlichen Rockern und „arbeitsscheuen, gewalttätigen Elementen" unserer Gesellschaft? Wie schnell wird verurteilt, wie wenig wird Mitleid mit ihnen gefühlt! Sind diese jungen Menschen doch im Grunde die Ärmsten der Amen, unfähig echter Bindung, unfähig echter Liebe, unfähig an irgendeiner Arbeit Freude zu gewinnen, von Kindheit an allein gelassen in der Gleichgültigkeit der Erzieher und verlorengegangen in einer Freiheit, der sie nicht gewachsen waren.

Fall Nr. 14:
Es handelte sich um ein 9jähriges Mädchen, dessen Eltern wegen ihrer Geburt zu früh geheiratet haben, in finanzielle Not gerieten, leichtsinnig Schulden machten und schließlich nicht mehr miteinander auskamen. Das Kind wuchs abwechselnd bei einer über 80jährigen Groß-

mutter, einer behinderten Tante und in Kindertagesstätten auf, zeitweise wohnte es auch bei den Eltern, obwohl beide tagsüber kaum zu Hause waren. Das Jugendamt bat mich, eine Eheberatung der Eltern zu versuchen, jedoch war ich von Anfang an skeptisch, da die Beratungsvoraussetzungen denkbar ungünstig lagen.

Der Vater zeigte sich enthemmt, aufbrausend, schlug die junge Mutter, wurde manchmal auch weinerlich-sentimental, und schien die mißliche Situation nur zu vergrößern. Die Mutter erlitt einen Nervenzusammenbruch, steigerte sich in Wutausbrüche, verfiel auch zeitweise dem Alkohol, sprach dann verwirrt und träumte von einer Flucht weit weg von Mann und Kind (und Verantwortung). Als der Vater in einem Zornanfall die alte Großmutter vor den Augen des Kindes würgte, und die Mutter halbnackt und schreiend vor Angst auf die Straße lief, war der Moment gekommen, da es nicht mehr möglich war, das Kind in der Familie zu belassen. Zusammen mit der zuständigen Fürsorgerin holte ich es am nächsten Tag nach der Schule ab, um es in ein mir bekanntes, gutes Kinderheim zu bringen.

Ich hatte mich darauf vorbereitet, was alles ich dem Kind sagen wollte, um den Schock zu lindern und ihm schonend beizubringen, daß wir direkt von der Schule ins Heim führen und es die Eltern und sein Zuhause auf unbestimmte Zeit nicht wiedersehen würde.

Aber der Schock traf mich und nicht das Kind. Als wir das Mädchen von der Schule abholten, kam es strahlend auf uns zu, und als wir ihm eröffneten, was wir vorhatten, lachte es nur und fragte, ob denn auch ein Fernsehapparat im Heim wäre, es würde so gerne Liebesfilme sehen. Kein Wort über die Eltern, keine Abschiedstränen, keine Sehnsucht nach zu Hause – nichts. Das Kind plauderte während der ganzen Fahrt sorglos, während mir die Tränen in die Augen stiegen, diese gewaltige Distanzlosigkeit und Gleichgültigkeit des Kindes mitanzusehen. Mittlerweile hat die Kleine im Kinderheim ein neues Zuhause gefunden, und so dürftig dies auch sein mag, sie weiß jetzt wenigstens, wo sie hingehört. In diesem Falle habe ich es abgelehnt, mich dafür einzusetzen, daß den Eltern das Sorgerecht zurückgegeben werde.

Allzuviel ist ungesund, auch in der Motivationstheorie. Und nur diesem „Allzuviel" soll noch ein Wort gewidmet sein, denn auch Neurosenlehren gibt es *allzu viele,* und wir wollen sie nicht wiederholen.

Durch meine praktischen Erfahrungen bin ich vorsichtig geworden gegenüber Neurosenlehren, die einmalige schwerwiegende Ereignisse zum Zentrum ihrer Analysen erheben, zum Beispiel einen Todesfall, einen Umzug, die Ankunft eines Geschwisterchens oder die Wiederverheiratung des Vaters. Kinder sind außerordentlich widerstandskräftig gegenüber solchen Ereignissen, sie gewöhnen sich oft schneller an die neuen Umstände als die Erwachsenen. Schwere und anhaltende psychische Erkrankungen aus einmaligen Kindheitserlebnissen ableiten zu wollen, steht im Widerspruch zu dieser kindlichen Anpassungsfähigkeit und Überwindungskraft.

Stärker neurotisierend sind dagegen die vielen kleinen Vorkommnisse, wie sie tagtäglich in einem überbehütenden, hysteroiden Milieu eines ungesunden Erziehungsklimas geschehen. Zuviel elterliche Beachtung, zuviel Ängste, zuviel Druck und Ansprüche, zu hohe Erwartungen, verbunden mit zuviel Gewicht auf Geringfügigkeiten, einfach zu viele Kleinigkeiten, die ständig an den Kräften des Kindes zerren und sein Vertrauen ins Leben untergraben – *das* setzt den frühkindlichen Neurotisierungsprozeß in Gang.

Dazu kommt das Vorbild einer labilen Erzieher-Persönlichkeit und eine Einengung des kindlichen Freiraumes, die die Selbständigkeitsentwicklung hemmt.

Während verwahrloste Kinder stets zuviel sich selbst überlassen wurden, sind neurotisierte Kinder zuviel ans Elternhaus gebunden worden. Sie sind verhätschelt und verwöhnt oder bestimmend und autoritär erzogen worden, auf alle Fälle wurden ihnen eigene Entscheidungen wiederholt abgenommen. Ob mit Schlägen, Drohungen oder ob mit verzärtelnder und selbstsüchtiger Liebe, wurde diesen Kindern ihr Verhalten vorgeschrieben, es wurde immer genau kontrolliert und registriert, und gewöhnlich wurde auch ein gewisser Druck auf das Kind ausgeübt.

Beispiele dafür sind Mütter, die ihr Kind – als ihren einzigen Lebensinhalt – ängstlich überbehüten, kaum allein weggehen lassen, die später bei den Schulaufgaben danebensitzen und sich wegen jeder

Kleinigkeit aufregen, kurz, die in jeder Weise versuchen, dem Kinde Schwierigkeiten aus dem Wege zu räumen. Solche Kinder bleiben lange Zeit abhängig und unselbständig, und sind sie zwangsläufig einmal auf sich allein gestellt, finden sie sich schwer zurecht und fallen durch Unsicherheit in ihrem Tun und Handeln auf.

Während sich verwahrloste Kinder Fremden gegenüber ungehemmt und distanzlos benehmen, neigen neurotisierte Kinder zum Gegenteil: Sie fürchten sich vor Fremden, weinen oder beginnen zu stottern, zu erröten, und erweisen sich auch späterhin als gehemmt und schüchtern. Während verwahrloste Kinder durch ihre Gleichgültigkeit und Motivationsschwäche extrem faul sind, zeigt sich bei neurotisierten Kindern oft eine übersteigerte Arbeitsmoral. Sie sind zwar fleißig und ehrgeizig, versagen aber leicht bei Prüfungen aus lauter Aufregung oder zeigen körperliche Beschwerden wie schlechtes Schlafen, Kopfschmerzen, Erbrechen. Vor Angst kauen sie Nägel, nässen ein oder bringen sogar erhöhte Temperatur zustande. Wie sie zu Hause unter *äußerem Druck* leben, so leben sie später als Erwachsene unter *innerem Druck* und inneren Spannungen, welche ihr freies Schaffen und ihre Lebensfreude behindern.

Die einseitige Motivationslage der Eltern oder eines Elternteils bewirkt auch beim Kinde eine einseitige Sinn- und Wertorientierung, die mitunter fast zwanghaft befolgt und eingehalten wird.

Ist beim Überbehüten und Verwöhnen das Ego des Kindes als höchstes Wertgut dargestellt worden, dessen Wünsche und dessen Wohlergehen Mittelpunkt aller häuslichen Bemühungen sind, so fixiert sich diese zentrale Bedeutung des Selbst beim Kinde in Form von Egoismus. Auch später wird die Umwelt dann ausschließlich danach eingeschätzt, wieweit sie dem Selbst nützt – eine sehr verbreitete Krankheit unserer Zeit! In gewisser Weise liegt hier auch eine Motivationsstörung vor, aber keine generelle Schwäche, sondern eine einseitige Akzentuierung, die eine starke Begrenzung und Einengung der allgemeinen Sinn-Orientierung bedeutet. Störungen im Selbstwertgefühl können also bedeuten, daß das Selbst zu nieder (fehlendes Selbstbewußtsein) oder zu hoch (Egoismus) bewertet wird, beides sind Neurotisierungsformen mit verwandter Entstehungsgeschichte, die sogar in ein und dasselbe Krankheitsbild passen; wer sich wenig zutraut, kann durchaus ichbezogen denken, wer Angst vor neuen Situationen hat, kann die Rolle anderer in solcher Situation übersehen, weil er gedanklich um sich selbst kreist, wer Schwierigkeiten nicht gewachsen ist, ist es oft deshalb nicht, weil er statt Lösungen zu suchen, seine geistigen Kräfte darauf konzentriert, festzustellen, wie sehr seine eigenen Interessen durch diese Schwierigkeiten tangiert werden.

Wenn wir rückblickend auf dieses Kapitel vielfältigster pädagogischer Störungsbilder einen gemeinsamen Nenner sowohl als Grundursache als auch als therapeutischen Ansatzpunkt einer verantwortungsvollen Erziehungsberatung formulieren wollen, dann landen wir bei der Motivationslage und können auch nur von der Motivationslage ausgehen. Ich habe deswegen alle besprochenen Punkte nochmals in einem übersichtlichen Schema zusammengefaßt.

Viele Ursachen sind denkbar für die unterschiedlichen Konflikte, die bereits im Kindesalter auftreten und beobachtbar sind, aber wenn wir sie in die geistige Dimension des menschlichen Daseins transponieren, stoßen wir an die Urkraft unserer Existenz, an den „Willen zum Sinn". Ob Eltern aus einer einseitigen Motivationslage heraus ihre Kinder schulisch über- oder unterfordern, ob sie aus einer inneren Sinnleere heraus sich und die Kinder einer Reizüberflutung aussetzen, welche diese Leere füllen soll, oder ob Kinder selbst wenig motiviert sind, ihren kleinen Pflichten nachzukommen, das Ergebnis sind immer Schulschwierigkeiten und Konzentrationsstörungen.

Ob Eltern aus falsch gewichteten Motivationen die Erziehung ihrer Kinder vernachlässigen, indem sie deren Aggressionen nachgeben oder ihnen selbst Aggressionen vorleben, oder ob die Kinder aus eigener Motivationsschwäche blindlings die Normen der Gruppe übernehmen oder müßig und gelangweilt zu Hause herumsitzen und nichts mit sich anzufangen wissen, immer führt dies zu aggressiven Entladungen und Konfrontationen mit anderen.

Ob Eltern aus extremen und ungesunden Motivationslagen heraus ihre Kinder sich selbst überlassen oder in den alleinigen Mittelpunkt stellen und somit zum Egoismus vorprogrammieren, ob sie sie unter Druck setzen und unnötige Ängste wecken, oder ob sie ihren kleinen Leistungen Gleichgültigkeit entgegenbringen und die kindliche Motivation dadurch hemmen, immer führt dies zu Antriebsschwäche oder persönlichen Schwierigkeiten im Selbstwert- und Erlebnisbereich.

			entstehen durch	
Irrtümer in bezug auf „Leistung“ →	Schulschwierigkeiten / Konzentrationsstörungen →	Konflikte mit der zu erfüllenden Aufgabe	● organische (cerebrale) Dysfunktion ● falsche Einstufung (Über-, Unterforderung) ● äußere Störfaktoren (Reizüberflutung)	→ Motivationsstörungen bei den Eltern
			● innere Störfaktoren	→ Motivationsschwäche beim Kind
Irrtümer in bezug auf „Gruppe“ →	Kontaktschwierigkeiten / Aggressivität →	Konflikte mit anderen Menschen	● unterforderte Kinder bei überforderten Eltern entwickeln zielgerichtete Aggressionen ● das Vorbild aggressiver Erzieher wird wirksam	→ Motivationsschwäche bei den Eltern
			● Überanpassung an die Gruppe (bewirkt Intoleranz) ● fehlende körperliche Entlastung, fehlender Bezug zur Natur (nicht zielgerichtete Aggr.)	→ Motivationsstörung beim Kind
Irrtümer in bezug auf „Freiheit“ →	Störungen im Antrieb und Selbstwertgefühl →	Konflikte mit sich selbst	● Distanzlosigkeit ● Gleichgültigkeit } „Verwahrlosung“	→ Motivationsschwäche bei den Eltern, später beim Kind
			● Egozentrierung (Dominanzstreben) ● Minderwertigkeitsgefühle (Ängste) } „Neurotisierung“	→ einseitige Motivationslage bei den Eltern, später beim Kind

Was für ein *differenziertes Instrumentarium des menschlichen Geistes* ist doch die Motivationsgrundlage, und welch schwerwiegende Bedeutung kommt ihr im Erziehungsgeschehen zu! Motivation aber ist die Ausrichtung nach Sinn und Werten, sie ist eine Gestalt unseres „Willens zum Sinn“. Ist es vermessen zu fordern, die kommende Pädagogik mit diesem Maßstab zu messen?

Wir Psychotherapeuten fallen mitunter in den Fehler zu glauben, wir könnten die Nöte der Menschen heilen. Eine wahre Heilung würde viel eher bedeuten, daß die Mitmenschen unserer gar nicht erst bedürfen. Wir spielen gern Feuerwehr, statt die Brandstiftung zu bekämpfen, wir doktern an kranken Seelen, ohne die gesunden schützen zu können. Das uralte Sprichwort, daß Vorbeugen besser als Heilen ist, haben wir uns noch nicht ganz zu eigen gemacht, sonst würden wir die Pädagogik zu unserem Fundament ernennen und die Psychopathologie in den Hintergrund schieben.

Es besteht eine wechselweise Relation zwischen Erziehung und Seelsorge, denn so, wie man in den Erziehungsberatungsstellen schon lange entdeckt hat, daß es ohne seelsorgerische Betreuung * der Ratsuchenden nicht geht, so muß man auch in den psychotherapeutischen Zentren entdecken, daß es ohne prophylaktische Erziehung unseres Nachwuchses nicht geht. Während der Psychotherapeut *einen* Menschen zu restabilisieren versucht, verlieren *zwei* andere ihren Halt im Leben aufgrund unzureichender Erziehungsverhältnisse im weitesten Sinne. Die Psychotherapie wird lernen müssen, sich mit dem gesunden Menschen zu beschäftigen.

Eine der vielen psychotherapeutischen Richtungen der Gegenwart liefert das dafür nötige geistige Fundament, ein Menschenbild, das nicht vom Kranken und Abnormen ausgehend ein Zerrbild der Gesunden entwirft, sondern das von der Multidimensionalität des gesunden Menschen ausgeht, um daraus zu folgern, was dem Kranken nottut. Nicht mehr wird aus den Krankengeschichten zwanghafter Sexualneurotiker auf ein alles beherrschendes Triebleben im gesunden Menschen geschlossen, nicht mehr wird aus konditionierten Fehlreaktionen bei Kranken auf eine willenlose Lernmaschine beim normalen Menschen

---

* „Seelsorgerisch“ hier logotherapeutisch und nicht theologisch gemeint.

gefolgert, der psychologische und soziologische Determinismus, daß der Mensch sein Leben lang an die Ketten seiner Kindheitserlebnisse oder an die Bande seiner gesellschaftlichen Umwelt gefesselt bliebe, wird in der *Logotherapie* endlich überwunden.

Ein dreiviertel Jahrhundert hat die Psychotherapie gebraucht, um dem Menschen das wieder zuzusprechen, dessen er sich im Grunde seines Wesens immer bewußt blieb: seine Entscheidungsfreiheit, seine Selbstverantwortlichkeit und seine Sinnorientierung. In dieser Hinsicht müssen wir die Eltern von heute beraten um der Zukunftschancen unserer Jugend willen; dieses Bewußtsein müssen wir den jungen Menschen mit auf den Weg geben, wenn wir die Not unserer Zeit lindern helfen wollen. Vergessen wir nicht: Unsere Investments in die „Erziehung zum Menschen“ sind unsere Beiträge zur einzigen Lebensversicherung des Menschengeschlechtes, die es gibt!

Familienleben braucht Sinnorientierung

Die Familie ist keine lose Ansammlung einiger miteinander verwandter Menschen unterschiedlichen Alters, sondern ein ganz besonderes, spezifisch menschliches Sozialgefüge, das – zumindest bis heute und trotz vieler andersartiger Versuche – unersetzbar geblieben ist. Allerdings, die Familie kann Himmel und Hölle sein, eine Quelle von Frohsinn und Qual, je nachdem, was die einzelnen Mitglieder aus ihr machen. Wenn man Hunderte und Tausende Familiengeschichten hört, wie es in der psychologischen Praxis unumgänglich ist, so formt sich langsam ein Vorstellungsschema über die *gesunde* Familie, über das Gefüge, das zusammenhält, was auch kommen mag, und ebenso über jene Familienkonstellation, die nur kurzfristig existieren kann, weil sie eben *nicht gesund* ist. Mein Vorstellungsschema, aus unzähligen Patientengesprächen gewonnen, ist dies:

In der gesunden Familie hat jedes Familienmitglied eine sinnvolle Funktion.

Vergleichen wir die beiden folgenden symbolischen Zeichnungen miteinander:

Die Teile der linken Figur lassen sich offensichtlich besser zu einem Ganzen zusammenschieben und verschmelzen als die der rechten Figur. Warum ist dies so? Wohl deshalb, weil die Teile der linken Figur *nicht beliebig* geformt, sondern auf die Konturen der übrigen Teile abgestimmt sind, was bei der rechten Figur nicht der Fall ist.

Dieses Gleichnis, auf die Familie übertragen, bedeutet, daß die Familie um so stabiler und gesünder ist, als die einzelnen Familienmitglieder imstande sind, ihre Funktionen, die sie innerhalb der Familie erfüllen, *jeweils auf die Gegebenheiten der anderen Familienmitglieder* abzustimmen. Wenn dagegen – wie in der rechten Figur angedeutet – jedes Familienmitglied relativ unabhängig von den anderen seine familiäre Funktion nach Gutdünken, Lust und Laune ausgestaltet, kommt es zu einem Familienverband, der allenfalls zufällig, in der Regel jedoch nicht harmonieren kann.

Schon höre ich die Gegenstimmen rufen, daß eine solche „Funktionsabstimmung" den Eigeninteressen des Individuums zuwiderlaufe und dessen „Selbstverwirklichung" beeinträchtige. Gewiß, wer ohne Eltern, Mann, Frau und Kind lebt, braucht seinen Lebensstil weniger an andere anzupassen und in seiner Interessensplanung weniger Rücksichten zu nehmen, als ein Familienmitglied. Aber wer meint, daß dieser dann glücklicher und zufriedener sei, der mag die Schicksale solcher Einzelgänger überprüfen, und er wird feststellen, daß sie in bezug auf psychisches Wohlbefinden eher gefährdet und oftmals von enormen Schwankungen zwischen hoch und tief gekennzeichnet sind. Eine jahrtausendealte Vorgeschichte als Familienwesen hat Spuren in uns hinterlassen, die nicht einfach auszulöschen sind, wie schon die Probleme der Kleinfamilie, geschweige denn erst die des Singletums gezeigt haben.

Wer aber nun einmal in einem Familienverband lebt, der kann nicht ausschließlich seinen Eigeninteressen leben, weil es sonst innerhalb der Familie sowohl zu „Leerstellen", also zu schmerzlichen *Funktionslücken,* als auch zu „Überlappungen", also zu oft noch schmerzlicheren *Kollisionen* kommt.

„Die Freiheit des einen hört dort auf, wo die Freiheit des anderen beginnt", hat uns schon Sartre gelehrt, und nirgends ist dieses Wort so wahr, wie im engen häuslichen Raum. Einige einfache Beispiele sollen nochmals graphisch veranschaulichen, was Funktionslücken bzw. -kollisionen bedeuten und wie sie in der Familienstruktur aussehen:

Im skizzierten Beispiel sei das Kind noch sehr klein und ist deshalb selbst als sehr kleiner Funktionsbeitrag eingezeichnet. Durch seine Kleinheit braucht es intensive Pflege durch die Mutter, das heißt für die Mutter wäre es sinnvoll, eine *große* Funktion innerhalb der Familie zu

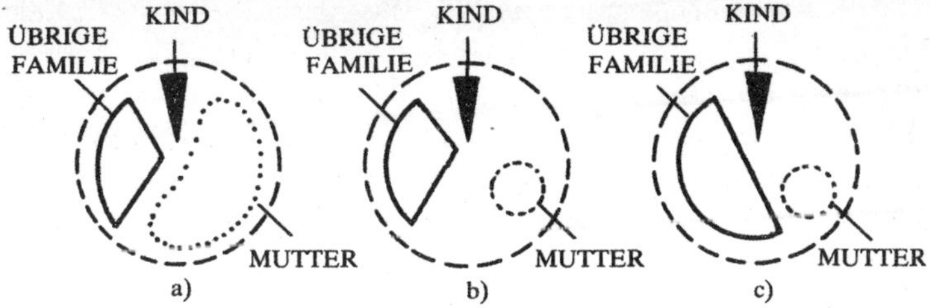

übernehmen, nämlich die Versorgung des Kindes (Figur a)). Tut sie dies nicht, weil sie beispielsweise ihre Hauptfunktion in die Außenwelt verlegt, entsteht in der Familie eine *Funktionslücke* (Figur b)). Natürlich kann es sein, daß andere Familienmitglieder (etwa eine Tante oder Oma) die Funktionslücke zu schließen versuchen, indem sie ihre eigene bisherige familiäre Funktion erweitern und die Pflege des Kindes mitübernehmen (Figur c)).

Nun lassen wir das Kind groß werden und einen eigenen Beitrag zur Familie leisten, indem es sich weitgehend selbständig um seine Belange kümmert. Es ist nicht mehr notwendig und sinnvoll, daß die Funktion der Mutter überaus groß ist (Figur d)). Es gibt jedoch Mütter, die sich von ihrer pflegerischen und erzieherischen Funktion nicht trennen wollen und weiterhin auf einem „großen Beitrag" beharren, dies führt zwangsläufig zu Funktionsüberlappungen und Kollisionen (Figur e)).

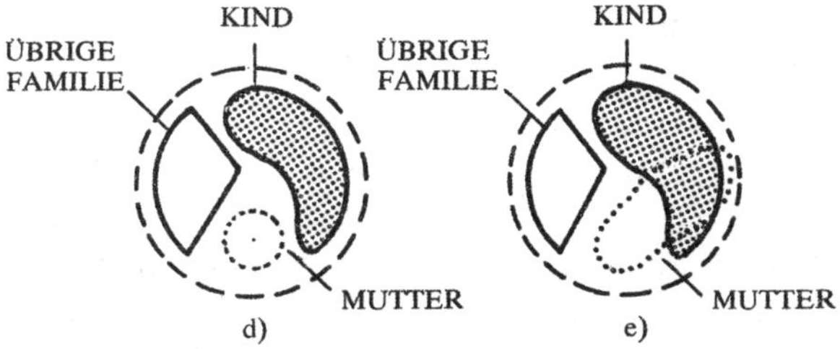

Es soll bei diesen Vergleichen nicht der Eindruck entstehen, daß Familienmitglieder, solange sie gebraucht werden, für die Familie dasein müssen, und, wenn sie nicht mehr gebraucht werden, aufs „Nebengeleise" kommen. Der persönliche Funktionsradius des einzelnen sollte durch das ganze Leben hindurch so ziemlich *konstant* und den eigenen Kräften angemessen bleiben. Was sich wandelt, ist lediglich der *Anteil,* der jeweils für die Familie zur Verfügung gestellt wird. Die Mutter, die sich stark in der Mutterschaft engagiert, wird weniger sonstige Funktionen (z. B. im Berufsleben oder in der Fortbildung) übernehmen können, als die Mutter erwachsener Kinder, die eben nunmehr außerfamiliäre Arbeiten, Hobbys, Reisen und ähnliche Betätigungen in ihren Funktionsradius einbeziehen kann.

Es ist ja ein altes logotherapeutisches Rezept, daß nur ein *Wechsel* in der persönlichen Sinnerfüllung, aber kein wesentlicher *Sinnverlust* im Leben des einzelnen entstehen darf; neu ist jedoch in unserem Zusammenhang die Feststellung, daß *auch innerhalb der Familie* dasselbe Prinzip ausgeglichener Sinnerfüllung gilt, indem die Funktion jedes einzelnen sinnvoll auf die übrigen Familienmitglieder abgestimmt sein sollte.

Was beim Einzelindividuum Über- und Unterforderung, Streß und Sinnleere an psychischem Schaden anrichten, das bedeuten für die Familie Funktionslücke und Funktionskollision. Beides sind Extreme, die belasten und gefährden, und ich habe mindestens ebenso viele Einzelpersonen an Über- oder Unterforderung scheitern gesehen, wie Familien an den divergierenden Funktionswünschen ihrer Mitglieder.

Fall Nr. 15:
Ein 45jähriger Mann stürzte sich kopfüber von einem 10 m hohen Treppengeländer hinunter und kam wie durch ein Wunder mit einigen Brüchen davon. Nachdem er das Krankenhaus verlassen konnte, brachte ihn sein Bruder zu mir in Beratung, da er fürchtete, die Tat könne sich wiederholen. Die „Tat“ hatte eine Vorgeschichte, wie wir sie bei der plötzlichen Verzweiflung sonst relativ unauffälliger Menschen öfters finden, nämlich eigenes Versagen, gefolgt vom Versagen der Familie.

Der Patient war seit seinen ersten Berufsjahren bei der Bahn beschäftigt und bis vor kurzem in voller Zufriedenheit als Schrankenwärter tätig gewesen. Wegen einer Nachlässigkeit seinerseits, bei der zwar nichts passiert war, die aber zu einem großen Unglück hätte führen können, war er an einen ihm unangenehmen Arbeitsplatz versetzt worden, wo er sich nicht bewährte. Auf Grund von ärztlich bescheinigten Depressionszuständen war er schließlich als Frührentner vom

Dienst dispensiert worden. Diese ganze Zeit über, seit er nicht mehr als Schrankenwärter tätig sein durfte, hatte er psychisch zunehmend den Halt im Leben verloren, den Kopf hängen lassen, sich um nichts mehr gekümmert und seinen deprimierten Stimmungen nachgegeben.

Parallel dazu verlief auch seine Ehe immer schlechter. Solange er bei der Bahn in guter Position tätig gewesen war, war auch sein Familienleben gut gegangen; er ernährte Frau und Kind (einen 10jährigen Sohn), und diese akzeptierten ihn als Mann und Vater. Als es jedoch mit ihm bergab ging und er auch immer weniger Verdienst heimbrachte, begannen die ehelichen Auseinandersetzungen: Die Frau beschimpfte ihn, und der Sohn verspottete ihn. Als er dann als Frührentner mit seinen 45 Jahren nicht mehr wußte, was er mit sich und seinem Leben anfangen solle, packte die Frau den Sohn und ihr persönliches Eigentum und verließ ihn, um sich in einer anderen Stadt mit einem „tüchtigeren" Mann zusammenzutun. An dem Tag, da er sich nachmittags über die Treppe stürzte, war vormittags das Schreiben eines Rechtsanwaltes eingetroffen, das die von der Frau eingereichte Scheidungsklage und ihre Unterhaltsforderungen enthielt.

Nun, eine Familienkatastrophe wie diese *müßte nicht sein,* das Schicksal der Beteiligten könnte ganz anders verlaufen, wenn jeder unter den jeweiligen Gegebenheiten seinen für die Familie wesentlichen Einsatz wahrnehmen und erfüllen würde.

Ursprünglich war die geschilderte Familie recht ausgeglichen gewesen, doch mit der Strafversetzung des Mannes war eine Veränderung eingetreten. Der Mann hätte verstärkter Bemühungen der übrigen Familie bedurft, um über das berufliche Versagenserlebnis hinwegzukommen und, wenn schon nicht am neuen Arbeitsplatz, so doch wenigstens zu Hause Zufriedenheit zu finden. Das heißt, die Frau hätte damals ihre familiäre Funktion neben Haushalt und Kindbetreuung auch ein wenig in Richtung „Trost und Hilfe für den Partner" ausdehnen müssen. Da sie dies nicht tat, sondern sich sogar verstärkt vom Partner distanzierte (ihm Vorwürfe machte), entstand eine Funktionslücke. *Der Sohn war noch zu klein, diese zu schließen, und der Bruder des Mannes bemerkte sie damals gar nicht, er dachte, es sei „alles in Ordnung".*

Aber auch der Mann hatte seine familiäre Funktion nicht auf die neuen Gegebenheiten abgestimmt. Immerhin verdiente er seit der Versetzung weniger als vorher, während die Ansprüche der Familie gleich geblieben waren. Hätte er versucht, etwa durch Nebenarbeiten den finanziellen Ausfall zu kompensieren, oder hätte er wenigstens mit der Familie gemeinsame Sparmaßnahmen überlegt, so wäre die wirtschaftliche Basis der Familie nicht so empfindlich getroffen worden. Insbesondere später, nachdem er in Frührente versetzt worden war, hätte er zum Wohle der Familie alle seine Kräfte einsetzen müssen, um weiterhin etwas zum nötigen Unterhalt beizutragen. Durch sein entmutigtes und passives Verhalten ist also ebenfalls eine Funktionslücke *innerhalb der Familie entstanden, genauso wie durch die emotionale Distanzierung seiner Frau von ihm zum Zeitpunkt seiner Berufskrise.*

Die logotherapeutische, das heißt nach Sinn und Werten orientierte Analyse der Familiengeschichte macht deutlich, daß beide Eheleute auf ein unveränderbares Schicksal, das eine Erweiterung ihrer familiären Beiträge verlangt hätte, statt dessen mit einer Funktionseinschränkung *reagiert hatten, was die Situation erheblich verschärfte. Der Mann war von seinem Beruf enttäuscht, die Frau war von ihrem Mann enttäuscht, der Mann hatte daraufhin seinen Beruf noch mehr vernachlässigt, und ebenso hatte die Frau ihren Mann noch mehr vernachlässigt. Das Ende war der Verlust des Berufes und das Auseinanderbrechen der Ehe.*

Unterschiedlich hatten beide nur insofern reagiert, als die Frau ihre Funktionseinschränkung innerhalb der Familie ausglich durch eine Funktionserweiterung außerhalb der Familie (neues Heim, neuer Freund), während der Mann seine Funktionseinschränkung innerhalb der Familie durch nichts ausglich, was ihn der existentiellen Frustration, massivem Sinnverlust und schließlich der Verzweiflung in die Arme trieb.

Dennoch gab es ein Familienmitglied, das seine den Umständen angepaßte, sinnvolle und notwendige Funktionserweiterung wahrnahm: den Bruder des Patienten. Solange die Familie des Patienten intakt gewesen war, hatte sich der Bruder wenig eingemischt, seine Funktion innerhalb dieser Familie war klein und bedurfte auch keiner Vergrößerung. Nachdem jedoch die Familie sich aufgelöst und der Patient mit seiner Verzweiflungstat das Signal eines Hilferufes gesetzt hatte, wurde der Bruder aktiv und versuchte, Hilfe für seinen Bruder, den Patienten, zu finden. Und so war ja auch ich eingeschaltet worden.

Im Verlauf des Gesprächs stellte sich heraus, daß es durchaus möglich war, den Bruder und dessen (intakte) eigene Familie als „Kotherapeuten" einzubeziehen, um dem Manne wieder etwas Auftrieb zu geben. Es kann nun einmal kein Psychotherapeut einem Patienten den verlorenen Beruf oder die weggezogene Frau ersetzen; wenn es jedoch gelingt, eine schmerzliche familiäre Funktionslücke durch Einbeziehung weiterer Familienmitglieder zu reduzieren, ist schon viel erreicht. Ich sprach mich deswegen dafür aus, den Patienten vorübergehend bei seinem Bruder wohnen und mitleben zu lassen, und es zeigte sich auch bald, daß dies nicht nur eine Belastung für die Familie des Bruders war. Der Patient begann von selbst, nach Möglichkeiten zu suchen, nützliche Beiträge in der Gastfamilie liefern zu können. So übernahm er freiwillig diverse schwere Hausarbeiten und allfällige Reparaturen und besorgte die Einkäufe.

Je mehr er sich aber in der neuen Familie sinnvoll betätigte, desto mehr klang auch seine existentielle Frustration ab, denn er gewann langsam die Sicherheit zurück, für etwas im Leben gut und nicht „ganz sinnlos auf der Welt" zu sein. Heute halte ich den Patienten für fähig, auch allein sein Leben zu meistern, aber die Familie des Bruders scheint sich so an ihn gewöhnt zu haben, daß sie ihn nicht mehr missen möchte. Und so ist aus all dem Unglück doch noch etwas sehr Schönes gewachsen, nämlich eine harmonische Familie, die durch ihre Bereitschaft, in der Not einzuspringen, sogar noch eine menschliche Bereicherung erfahren hat.

Mindestens dreiviertel aller Psychologen, Psychotherapeuten und vielleicht auch Nervenärzte wären überflüssig, würden die Familien wieder lernen zusammenzuhalten, und zwar nicht nur in der Freude, sondern auch im Leid. Zusammenhalten aber bedeutet nichts anderes, als sich der eigenen sinnvollen Funktion innerhalb der Familie bewußt zu sein und zu bleiben, was auch geschieht. Ist die wirtschaftliche Lage einer Familie schlecht, so ist es für jedes Familienmitglied sinnvoll, mitzuhelfen, um sie zu verbessern. Ist ein Familienmitglied klein, schwach, krank oder alt, so ist es für die anderen Familienmitglieder sinnvoll, dessen Pflege und Stützung zu übernehmen und untereinander aufzuteilen. Ist die Familie in irgendeiner Form gefährdet, so ist es für jedes Familienmitglied sinnvoll, den optimalen Beitrag zur Überwindung der Gefahr beizusteuern, selbst wenn dies persönliche Verzichte und Nachteile mit sich bringt. Niemand braucht dem anderen blindlings untertan zu sein, aber jeder *muß* den anderen in den eigenen Lebensplan miteinkalkulieren, wenn er in einer stabilen und glücklichen Familie leben will.

Die Logotherapie hat als erste Humanwissenschaft erkannt, daß die innere Wertorientierung eines Menschen entscheidend korreliert mit seiner psychischen Gesundheit, und daß, je reicher, intensiver und vielfältiger diese Wertorientierung ist, um so gefestigter und positiver dessen Persönlichkeit sich entfaltet. Später haben Schüler Frankls * festgestellt, daß die innere Wertorientierung nach Möglichkeit nicht einseitig sein sollte, sondern vielmehr einige gleichgewichtige Interessensbereiche umfassen muß, wenn sie nicht neben ihrer festigenden und positivierenden Wirkung auch einen schwach negativen Akzent bekommen soll, nämlich den Beigeschmack von Fanatismus und Intoleranz. Wir dürfen nicht vergessen, daß auch ein Terrorist, der eine Bombe auf unschuldige Menschen wirft, eine innere Wertorientierung besitzt, die vielleicht sogar sehr intensiv ist. Nur ist sie eben extrem einseitig, und manche Werte, die zumindest in gewisser Ausprägung existent sein sollten, wie zum Beispiel die „Achtung vor dem Leben", „Verständnis für andere" oder „Gerechtigkeitsempfinden" sind dabei entsetzlich verkümmert. Wir haben also in der logotherapeutischen Forschung dazugelernt, daß eine gesunde Wertorientierung eher *viele,* etwa gleichrangige Werte, statt *wenige* Extremwerte beinhaltet.

Und hier ist nun ein weiterer Schritt in der logotherapeutischen Erkenntnistheorie: Für die persönliche Wertorientierung des Menschen gibt es ein *Prioritätskriterium,* und das ist *die Funktion, die innerhalb der Familie zu erfüllen ist.*

Kein Erwachsener ist gezwungen, in einem Familienverband zu leben. Wenn er dies aber tut, so muß er die Belange der Familie in seine innere Wertorientierung einbeziehen, und zwar sogar *vorrangig* vor seinen persönlichen Interessensschwerpunkten und Lebenszielen, oder

---

* Insbesondere hat Stanislav Kratochvill am Weltkongreß für Mentale Gesundheit in London 1968 darüber berichtet.

er wird früher oder später innerhalb der Familie Schiffbruch erleiden. So selbstverständlich dies klingt, so wenig selbstverständlich ist es leider geworden, seit Egoismus und Ansprüche des modernen Menschen gigantisch in die Höhe geschnellt sind. Als *erstes* an die Familie denken? Wir Berater sind ja schon froh, wenn nicht als *allerletztes* an die Erfordernisse der eigenen Familie gedacht wird!

Ich frage eine Mutter, warum sie mit ihrem Kind ausgerechnet zum Schulanfang verreist ist, da sie doch weiß, das Kind wird sich schwer tun, wenn es zwei Wochen später zur Schule kommt. „Ich liebe den Spätsommer und Herbst, da erhole ich mich besser als in der heißen Jahreszeit", antwortet sie. Ich frage einen Vater, warum er sein uneheliches Kind niemals besucht. „Aber ich zahle doch genug dafür, soll ich auch noch auf die freien Wochenenden verzichten?" antwortet er mir. Ich frage eine Frau, warum sie ein schlechtes Verhältnis zu ihrer alten Mutter hat, die offensichtlich nichts anderes möchte, als nicht ganz vergessen werden. „Na ja, es ist recht langweilig mit ihr", ist die Antwort, „sie redet immer das gleiche, und das können mein Mann und ich nicht vertragen." Ich frage einen Mann, warum er seine Ehefrau immer so anbrüllt, obwohl er weiß, daß sie sich darüber kränkt. „Ich brüll', wenn ich will", ist die Antwort, „und wenn sie es nicht hören will, soll sie sich die Ohren verstopfen!" Ein ganzes Buch könnte ich mit solchen Dialogen füllen und wäre noch lange nicht am Ende dessen, was ich fast täglich zu hören bekomme, nämlich viele kleine Rücksichtslosigkeiten, die alle der *Nichtbeachtung des Prioritätskriteriums* entspringen und ein Sich-hinweg-Setzen über Familie und Familienangehörige bedeuten.

Dabei befinden sich alle diese Personen im Irrtum, wenn sie meinen, das rücksichtslose Sich-hinweg-Setzen über die Interessen der anderen Familienmitglieder würde sie zu einem reicheren Eigenleben befähigen. Gewiß, sie haben im Moment vielleicht einen geringfügigen Nutzen, aber der langfristige Schaden ist enorm: Schuldgefühle, Unzufriedenheit mit sich selbst und dem familiären Leben, letztlich auch Einsamkeit. Die Dinge, die am meisten psychisch belasten, und zwar viel mehr belasten als irgendwelche vergangenen Leiderfahrungen oder mißlichen Schicksalsfaktoren, sind die Auseinandersetzungen im zwischenmenschlichen Bereich, und die psychische Belastung steigt um so mehr an, als die Auseinandersetzungen nahestehende Personen

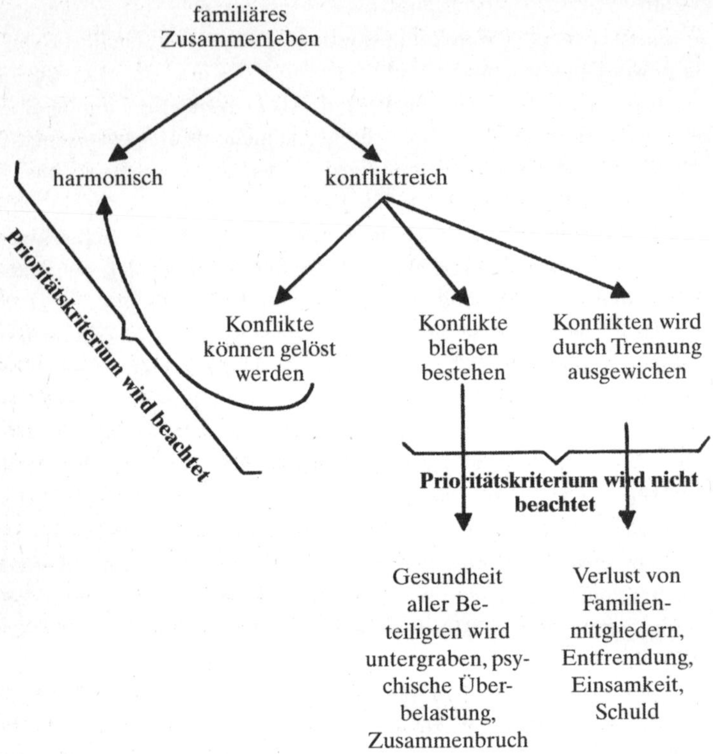

betreffen. Niemand, und wäre er noch so in sich gefestigt, ist ständigen Konflikten mit Nahestehenden, insbesondere Familienangehörigen, gewachsen, es untergräbt systematisch seine Gesundheit und Lebenskraft. Wohl kann er den Konflikten ausweichen, z. B. durch eine Scheidung, aber dann verliert er auch ein Stück „Familie", und wie weit dies wiederum zu ersetzen ist, bleibt dahingestellt.

Meines Erachtens besteht ein sehr enger Zusammenhang zwischen der Beachtung des Prioritätskriteriums bei der persönlichen Ausrichtung nach Sinn und Werten und der Harmonie bzw. Konfliktbewältigung innerhalb einer Familie.

Wenn die Familienmitglieder einigermaßen imstande und gewillt sind, das Prioritätskriterium zu beachten und die ihnen sinngemäß zufallende Funktion innerhalb der Familie zu erfüllen, kann die Familie nicht von ernsthaften Krisen geschüttelt werden, ja, selbst dann nicht, wenn ein Familienmitglied versagt oder ausfällt, weil in jedem Fall ein Funktionsverlust durch eine Funktionserweiterung anderer Familienmitglieder wieder ausgeglichen wird. Es kann aber auch nicht zu den heftigen Kollisionen kommen, die dadurch entstehen, daß mehrere Personen „gleiche Bestimmungsrechte“, sprich „gleiche Funktionen“, beanspruchen. Damit ist nicht gesagt, daß nur einer in der Familie bestimmen darf, aber jeder muß seiner Funktion entsprechend eigene Entscheidungen treffen können, die dann nicht sofort wieder von der übrigen Familie in Frage gestellt und kritisiert werden. Wie oft klagen Mütter, daß sie bei ihrer Erziehungsaufgabe keinerlei Unterstützung von seiten ihres Mannes hätten, also praktisch die Funktion „Kindererziehung“ allein übernehmen müßten, daß sie aber andererseits heftige Vorwürfe von ihm zu hören bekämen, wenn sich das Kind nicht ordentlich verhält. Das ist eine nicht sinngemäße *Funktionskollision* innerhalb der Familie, denn entweder erziehen beide Elternteile in gegenseitiger Absprache gemeinsam, oder es erzieht ein Elternteil vorwiegend allein, weil er zum Beispiel mehr Zeit dafür zur Verfügung hat, dann aber ist die Funktion des anderen Elternteils eben eingeschränkt und berechtigt nicht zu plötzlichem starken, noch dazu negativen Eingreifen.

Je größer die Funktion innerhalb der Familie ist, die ein Mitglied übernimmt, desto mehr *Selbstverantwortlichkeit* muß ihm gegeben sein, um sinnvoll handeln zu können. Bei einer im logotherapeutischen Sinne aufeinander abgestimmten Funktionsaufteilung ist es weder möglich, daß ein Familienmitglied nur Anweisungen gibt, welche die Angehörigen ausführen müssen (Funktionskollision!), noch ist es möglich, daß jedes Familienmitglied unabhängig von den anderen tut, was ihm beliebt (Gefahr einer Funktionslücke!). Die Größe der familiären Funktion des einzelnen wird also von den Bedürfnissen der gesamten Familie bestimmt. Und diese seine Funktion entscheidet wiederum über die Größe der Auswahl seiner außerfamiliären Interessensschwerpunkte und Ziele. Somit ist Aufbau und Gestaltung der persönlichen inneren Wertorientierung eines Menschen frei – frei, bis auf die Belange seiner Familie, die Vorrang haben.

Bei dem Schema muß beachtet werden, daß die Größe der familiären Funktion, die jemand sinnvollerweise erfüllt, immer nur einem

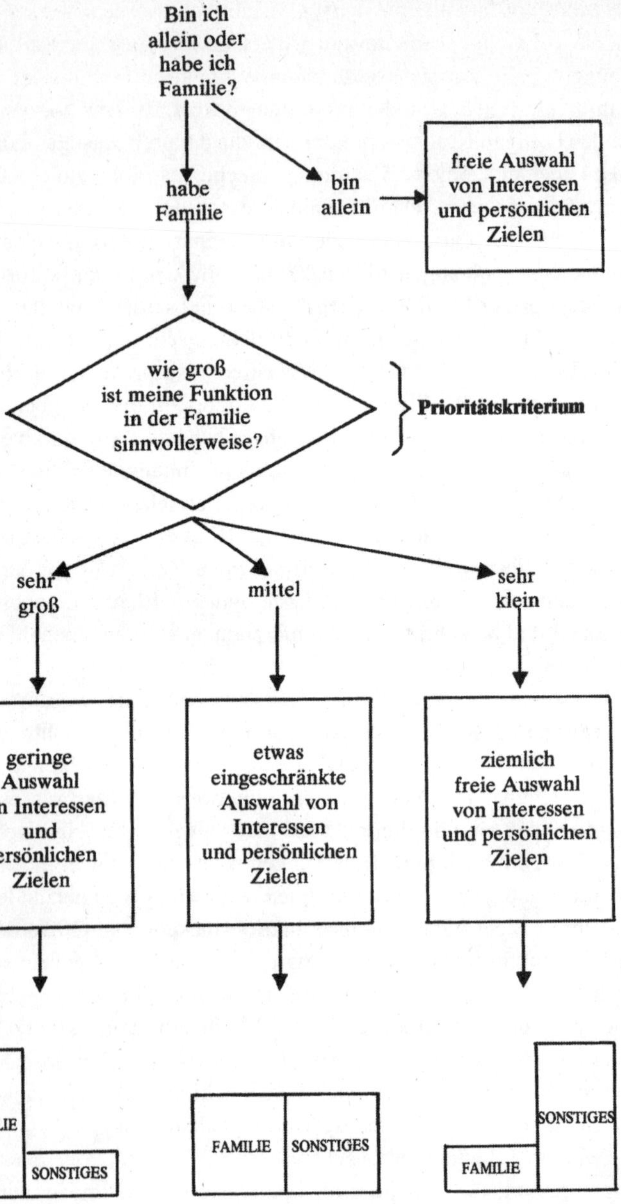
Bin ich allein oder habe ich Familie?
habe Familie
bin allein
freie Auswahl von Interessen und persönlichen Zielen
wie groß ist meine Funktion in der Familie sinnvollerweise?
Prioritätskriterium
sehr groß
mittel
sehr klein
geringe Auswahl von Interessen und persönlichen Zielen
etwas eingeschränkte Auswahl von Interessen und persönlichen Zielen
ziemlich freie Auswahl von Interessen und persönlichen Zielen
FAMILIE
SONSTIGES
FAMILIE
SONSTIGES
SONSTIGES
FAMILIE

bestimmten Zeitpunkt entspricht und sich im Laufe des Lebens *ständig wandelt.* Wir haben dies schon am Beispiel des heranwachsenden Kindes erörtert, welches in frühen Jahren eine große Funktion der Mutter und mit zunehmendem Alter eine immer kleinere erfordert. Wir haben diese Variabilität der jeweiligen familiären Funktion auch beim Fall Nr. 15 gesehen, als die Funktion des Bruders des Patienten plötzlich und unvorhergesehen eine enorme Ausweitung erfahren mußte. Das ist eben das ganz Besondere, das zu lernen wir uns alle bemühen müssen: begreifen, wo unsere Funktion innerhalb unserer Familie liegt, wie groß sie ist, und auf welche Weise wir sie am besten zu erfüllen vermögen. Hierfür gibt es keine konkreten Ratschläge, keine erlernbaren Regeln und psychologischen Tips. Nichts als das eigene Gewissen, das „Sinnorgan", wie Frankl es interpretiert, nichts als die Orientierung nach dem „Sinn des Augenblicks" und der „Aufforderung der Stunde" kann uns helfen, die jeweils richtige Entscheidung zu treffen.

Kehren wir damit zu unserem Ausgangspunkt zurück, zum neuen Menschenbild im Spiegel der Psychologie. Es ist bei weitem aber kein vollständiges Bild, aber die Fratzengestalt ist gewichen, es ist auch kein Idealbild, aber es weist menschliche Züge auf. Es ist das Bild eines Wesens, ausgestattet mit einer dreifachen Dimensionalität: mit einem Leib, der es mit allen anderen Organismen dieser Erde unweigerlich verwandtschaftlich verknüpft, mit einer Psyche, die es ähnlich den höheren Tieren emotional und instinktmäßig im Erleben und Handeln beeinflußt, und mit einem Geist, der auf dieser Erde kein Äquivalent findet, es sei denn in unseren Gottesvorstellungen. Jede Dimension fordert ihr Recht auf den *ganzen* Menschen, und keine läßt sich von den anderen isolieren: Die Unterschiedlichkeit unserer Natur ist dimensionale Spaltung und anthropologische Einheit zugleich.

Unser Wesen besitzt bei aller Vielschichtigkeit innerhalb der geistigen Dimension zwei Fähigkeiten, die in dem Lebensraum, den wir kennen, einzigartig sind, nämlich das, was Frankl die Fähigkeit zur *Selbstdistanzierung* und die Fähigkeit zur *Selbsttranszendenz* nennt. Wir haben die Bedeutung beider Fähigkeiten bereits erläutert, vor allem im Zusammenhang mit den beiden wichtigen logotherapeutischen Methoden, der „paradoxen Intention" und der „Dereflexion", aber mindestens ebenso bedeutsam ist ihr *Bezug zum Familiengefüge.*

Denn was es dem Menschen überhaupt möglich macht, ein Leben lang mit anderen, nahestehenden Menschen verbunden zu bleiben und in dieser Verbindung sozusagen als vergängliches Individuum zurückzutreten, um als Teil einer (relativ) unvergänglichen Familienkette weiterzuexistieren, das sind *nur* diese beiden Fähigkeiten.

Die Fähigkeit zur *Selbstdistanzierung* bewirkt das Abstand-nehmen-Können von sich selbst. Dadurch ist der Mensch in der Lage, seine eigene Position und die seiner Angehörigen aus einer gewissen Distanz zu betrachten, jedenfalls mit genügend „Objektivität", um zu erkennen, wo eine „Leerstelle" in der Gemeinschaft klafft, die zu schließen ist. Ohne Distanz wäre er gefangen in den Gedanken über sein eigenes Wohlergehen und könnte nur begreifen, was ihm allein nottut, nicht aber die Bedürfnisse der anderen. Es gibt zum Beispiel im Tierreich, wo wir die Fähigkeit zur Selbstdistanzierung nicht annehmen können, Familienanalogien, dennoch handeln die einzelnen Tiere dabei ausschließlich ihrem *eigenen* Triebe folgend und nicht um der Bedürfnisse anderer Tiere willen! Im Unterschied dazu ist der Mensch durch seine Selbstdistanzierungsfähigkeit imstande, sich *und* die anderen aus ein und demselben Blickpunkt aus wahrzunehmen und im wahrgenommenen Beziehungsgefüge Funktionslücken zu entdecken und bewußt und willentlich zu füllen.

Dazu kommt noch die Fähigkeit zur Selbsttranszendenz, die bewirkt, daß der Mensch über sich selbst und seine eigenen Unzulänglichkeiten hinauswachsen kann, indem er sich mit ganzer Kraft auf etwas außerhalb seiner selbst Liegendes konzentriert. Ein solches „außerhalb einem selbst Liegendes" kann selbstverständlich eine andere, insbesondere verwandte Personengruppe sein, und hier haben wir die Erklärung für ein Phänomen, das in den althergebrachten Menschenbildern, sei es im tiefenpsychologischen, sei es im lerntheoretischen, noch niemals aufgeklärt werden konnte: nämlich den Verzicht. Die Selbsttranszendenz befähigt jeden einzelnen von uns, anderen Familienmitgliedern *zuliebe* auf eine Funktion zu verzichten, auch wenn er sie gerne ausüben würde. Dazu gibt es keine Analogien im Tierreich mehr, die Selbsttranszendenz ist die für uns bisher höchste erreichbare Stufe, der Gipfel der Selbstlosigkeit und Liebe, das „humanste" Charakteristikum des Menschengeschlechtes überhaupt. Ein sinnvoller Verzicht, der einem anderen Menschen zuliebe aus freiem Willen geleistet wird, ist ein Denkmal in der Geschichte der Menschheit, ein Markstein innerer Größe und Reife.

Fassen wir also zusammen: Die Selbstdistanzierung befähigt uns, innerhalb der Familie Funktionslücken zu erkennen und durch eigenen Einsatz zu schließen, die Selbsttranszendenz befähigt uns, innerhalb der Familie Funktionsverzichte zu leisten, wenn dies im Sinn der Gemeinschaft nützlich ist, um Funktionskollisionen zu verhindern. Damit aber sind *alle Voraussetzungen* gegeben, um ein harmonisches Funktionszusammenspiel von Familienmitgliedern selbst in Krisensituationen aufrechterhalten zu können. Darum ist *jeder von uns befähigt,* seine Familie im Grunde glücklich und zufriedenstellend zu gestalten, wenn er es wirklich will und wenn er bereit ist, seine Handlungen diesem Willen zu unterwerfen.

Was die gesunde Familie braucht, das ist weder Wohlhabenheit noch eine übersteigerte Sexualität der Eltern, das sind auch nicht „brave" Kinder, große Wohnräume oder Unterstützungen von außen, das ist wirklich nichts als ein bißchen guten Willen, nämlich – Willen zum Sinn.

Teil II:

LogotherapeutischePerspektiven der Liebe

Vom Gewinn und vom Verlust
Annehmen, Gestalten, Loslassen

In der von Viktor E. Frankl begründeten Logotherapie beschäftigen wir uns wesentlich mit der „Anschauung“ von Sachverhalten. Die Art und Weise aber, in der wir unsere vorfindliche Welt und die Dinge darin „anschauen“, steht unter dem Zeichen der Sinnhinterfragung oder besser gesagt: *Sinnbefragung*. Denn der Sinn allen Seins ist nicht hinterfragbar, er ist gleichsam eine „letzte Instanz“, eine Mauer, hinter die nicht mehr geschaut werden kann *. Wohingegen das Sein der Welt in seinen unzähligen Einzelschattierungen durchaus auf den jeweiligen Sinn hin befragbar ist. Demzufolge halten wir in der Logotherapie Ausschau nach dem Sinn dessen, was sich uns in den Schicksalsverläufen des Lebens und insbesondere des Lebens seelisch kranker und verzweifelter Menschen darbietet.

Warum setzen wir diesen Akzent in der Psychotherapie? Nun, „Sinn“ ist nicht nur übersetzbar mit „Bedeutung“, wie es im deutschen Duden steht. Sinn hat auch etwas mit „Aufgabe“ zu tun. Wenn es zu einem bestimmten Zeitpunkt sinnvoll ist, daß eine Mutter mit ihrem Kind an die frische Luft geht, dann ist es ihre Aufgabe, das Kind spazieren zu führen. Wenn es sinnvoll ist, daß eine Krankenschwester einem Patienten ein Stärkungsmittel verabreicht, dann ist es ihre Aufgabe, es zu tun. Das Sinnvolle, eben das „Bedeutsame“, weist auf dasjenige hin, was uns abverlangt und aufgetragen ist. Allerdings nicht abverlangt und aufgetragen von anderen Menschen, die über uns bestimmen könnten oder sollten. Nein, sinnvoll ist, was wir selbst tief im Herzen als „richtig“ erspüren, weil es der besten und schönsten Möglichkeit unter all den Möglichkeiten entspricht, die wir gerade zur Verfügung haben. Einer Möglichkeit, die es wert ist, verwirklicht zu

---

* Viktor E. Frankl, „Der Mensch vor der Frage nach dem Sinn“, Verlag Piper, München, 9. Auflage 1993, Seite 235.

werden. Und die vielleicht niemand anderer genauso verwirklichen kann wie wir, weshalb sie *uns und niemand anderem* aufgegeben ist. Bereits die österreichische Dichterin Marie von Ebner-Eschenbach hat gemeint: „Wenn man das Dasein als eine Aufgabe betrachtet, dann vermag man es immer zu ertragen". Vereinfacht ließe sich sagen, die Logotherapie will mit ihrer Sinnbefragung nichts anderes als leid- und kummervollen Menschen helfen, ihr Dasein zu ertragen.

Daß sie mit dieser Akzentsetzung nicht ganz falsch liegt, beweisen u. a. aktuelle Forschungsergebnisse aus dem Hamburger Universitätsinstitut für Psychologie, die unter der Leitung von Reinhard Tausch ermittelt worden sind *. Er und seine Doktoranden Harald Schirmak, Nicola Richter und Marcus Doll haben in den Jahren 1987–1994 an Hand von Untersuchungen an mehr als 400 Personen die folgenden Zusammenhänge festgestellt.

1) Geringe Lebenssinnempfindung, wie Reinhard Tausch das Befinden eines Menschen nennt, der sich sehr wenigen oder keinen sinnvollen Aufgaben verpflichtet weiß, korreliert mit dem Neurotizismusfaktor „negative Selbstkommunikation", also mit Selbstablehnung, sowie mit einer intensiven Neigung zur Aggressivität, also mit „Fremdablehnung" ($r = 0,69$).

2) Hohe Lebenssinnempfindung korreliert mit ausgeprägter Lebenszufriedenheit und mit emotionaler Stabilität ($r = 0,81$).

Diese beiden einander ergänzenden Aussagen bestätigen, was sich bereits in früheren Forschungsarbeiten wiederholt gezeigt hat **, nämlich daß ein sinnerfülltes Leben wie kaum ein anderer protektiver Faktor vor seelischer Erkrankung schützt. Wer sein Leben als sinnvoll empfindet, ist zufrieden, ruhig und wohlwollend sich selbst und anderen gegenüber. Unter welchen Bedingungen empfindet aber jemand am ehesten sein Leben als sinnvoll? Darüber geben die nächsten beiden Punkte Auskunft.

---

* Reinhard Tausch, „Sinn-Erfahrungen. Bedeutung für unser Leben und Möglichkeiten der Förderung" in „Lachen hat seine Zeit, Weinen hat seine Zeit. Referate der 9. Tagung der Deutschen Gesellschaft für Logotherapie und Existenzanalyse e.V.", Protokolldienst der „Evangelischen Akademie Bad Boll", Heft Nr. 16/94, Pressestelle Bad Boll.

** Vgl. dazu: Elisabeth Lukas, „Zur Validierung der Logotherapie" in: Viktor E. Frankl, „Der Wille zum Sinn", Verlag Piper, München, Neuausgabe 2. Aufl. 1994.

3) Sinnerfahrungen korrelieren mit der Wahrnehmung und Anstrebung von persönlichen Zielen (r = 0,67).

4) Sinnerfahrungen korrelieren auch hoch mit dem Vorhandensein eines „inneren Haltes" bei einem Menschen, also mit seinem Geborgensein in einem Glauben (r = 0,76).

Diese beiden Aussagen verweisen auf die Öffnung des Menschen zur Welt und Überwelt im Prozeß des Sinnsuchens und Sinnfindens. Wer persönliche Ziele vor Augen hat, ist auf eine Zukunft ausgerichtet, in die er hineinwirken möchte. Er hat sich eine Aufgabe gesetzt und arbeitet an ihrer Durchführung. Wer dabei nicht nur auf die eigenen Kräfte baut, sondern auch mit einer guten Portion „Gottvertrauen" ans Werk geht, ist zusätzlich geborgen. Selbst ein Mißerfolg, ein Nichterreichen seiner Ziele, würde ihn nicht total deprimieren und aus der Bahn werfen.

Soweit allgemeine Zusammenhänge zwischen Sinnorientierung und seelischer Gesundheit. Widmen wir uns jetzt dem Fall, daß ein Leben von Leid, Sorgen und schwerwiegenden Verlusten überschattet ist. Dieser Fall hat häufig mit einem Familiendrama zu tun. Denn selbst wenn es um den Verlust eines Arbeitsplatzes, also einer beruflichen Karriere geht, ist die Familie mitbetroffen. Meist jedoch geht es um den Verlust von Angehörigen oder um den Verlust der eigenen Gesundheit mit entsprechenden Folgen für die Familie. Hier zwei Ergebnisse aus der Hamburger Untersuchung, die darauf Bezug nehmen.

5) Menschen, die existentiell schwierige Lebensphasen durchmachen, etwa geliebte Angehörige im Sterben begleiten oder verloren haben oder die selber chronisch krank sind, werden davon weniger beeinträchtigt, wenn sie in den Geschehnissen oder in ihrem Leben noch einen Sinn sehen können.

6) Im Unterschied dazu reagieren Menschen, die keinen Sinn mehr in den Geschehnissen oder in ihrem Leben sehen können, pathologisch, vor allem in Richtung Passivität, Depressivität und Aggressivität. Sie sind auch körperlich erschöpfter, weniger leistungsfähig, und sie spüren Schmerzen stärker.

Das Interessante an den letztgenannten Aussagen ist nicht so sehr ihr Inhalt, der ja von Viktor E. Frankl in den dreißiger Jahren formuliert und seit seinen seelenärztlichen Beobachtungen an Häftlingen von

Konzentrationslagern allgemein bekannt geworden ist, sondern vielmehr die darin anklingende Tatsache, daß der Sinn sozusagen einen Gewinn im Verlust darstellt. Wer trotz Verlusten im Leben sinnaufgeschlossen bleibt, verliert nie alles – jener Sinn, für den er aufgeschlossen bleibt, erweist sich als tragender „Boden unter den Füßen", als „Existenz-Grundlage". Er büßt seine in Punkt 1) und 2) angesprochene Schutzfunktion auch in der größten Not nicht ein.

Allerdings setzt Sinnaufgeschlossenheit eine in Verlustzeiten verstärkte Flexibilität voraus, und zwar in Hinblick auf das Loslassen des Verlorenen, um neue Sinnmöglichkeiten des Lebens annehmen und gestalten zu können. Und das ist nicht leicht. Er ist insbesondere dann schwer, wenn die gesamte Sinnerfüllung eines Lebens mit exakt demjenigen verbunden gewesen ist, was jetzt loszulassen ist. Sehen wir uns zum näheren Verständnis ein weiteres Ergebnis der Hamburger Untersuchung an.

7) 68 Prozent der befragten Personen sahen vorwiegend einen Sinn darin, für andere Menschen etwas zu tun.

Das ist ein ausgesprochen „familienfreundliches" Ergebnis. In Franklscher Terminologie schöpfen demnach rund zwei Drittel aller Menschen ihre Sinnerfüllung aus dem „Dasein für jemanden", aus der Begegnung mit einem Du im Kreise ihrer Lieben. Wobei es sich zweifellos um eine der wunderbarsten Sinnerfüllungsmöglichkeiten überhaupt handelt.

Nur ist die tragische Konsequenz, daß Verluste gerade diese Möglichkeit beschränken. Für einen geliebten toten Menschen, für einen geschiedenen Partner oder einen verlorenen Freund kann man eben nichts mehr tun. Und beim Verlust eigener Gesundheit, Beweglichkeit oder Selbständigkeit kann man auch nicht mehr viel für die Mitmenschen tun, die im Gegenteil dann aufgerufen sind, etwas für einen selbst zu tun. Wer in dieser Situation nicht imstande ist, auch aus anderen Sinnquellen als dem „Dasein für jemanden" zu schöpfen, dem kann sich im Verlust jegliche Sinnwahrnehmung trüben mit allen pathologischen Folgen.

Die Hamburger Forscher haben die Anlässe und Auslöser einer solch getrübten Sinnwahrnehmung untersucht und dabei drei besonders gefährliche Gruppen eruiert. Zwei davon sind charakteristisch für die Verlustproblematik.

8) Sinnlosigkeitsgefühle treten gehäuft auf, wenn Menschen etwas nicht verstehen. Wenn eine Ordnung gestört, eine Tradition aufgeweicht, ein Chaos ausgebrochen ist. Wenn sich die Menschen nicht mehr auskennen und nicht mehr weiter wissen. Wenn sie vor einem Scherbenhaufen stehen, weil sich eine Gewißheit, eine Hoffnung, ein Lebensthema als trügerisch herausgestellt hat.

Es ist nicht zu leugnen, daß Verluste derartige Empfindungen erzeugen. Wer kann schon den Tod eines Angehörigen wirklich begreifen? Wer kann schlimme Zufälle in eine Ordnung eingliedern? Wer verstehen, warum ausgerechnet ihm ein Leid widerfährt? Und wo hinterläßt ein Verlust nicht eine Hoffnung in Scherben?

9) Sinnlosigkeitsgefühle treten gehäuft auf, wenn Menschen sich als ohnmächtig und hilflos erleben. Als „selbstunwirksam", wie es in der Fachsprache heißt. Das bedeutet, daß sie in ihrem Bemühen, gestalterisch zu wirken, entweder ihre Grenzen zu eng einschätzen oder an echte, unüberwindliche Grenzen stoßen, an denen sie erkennen müssen, daß Unabänderliches vorliegt, egal, was sie auch tun mögen.

Wiederum ist nicht zu leugnen, daß Verlusterfahrungen fast ausnahmslos mit Grenzerfahrungen parallel laufen, und zwar mit der Erfahrung echter Grenzen. Ohnmachtsgefühle angesichts von Verlusten sind demnach eine natürliche Reaktion, die aber, wie nachgewiesen, eine kritische Nähe zu Sinnlosigkeitsgefühlen besitzt.

Wahrscheinlich spielt bei Punkt 8) und 9), also dem Nicht-verstehen-Können und dem Sich-ohnmächtig-und-hilflos-Fühlen angesichts von Verlusten, das in Punkt 4) erwähnte Phänomen des „inneren Haltes" die entscheidende Rolle. Wer in einem Glauben geborgen ist, kann das Unfaßbare in eine höhere Ordnung einbetten und kann, wo seine Kraft endet, einer mächtigeren Kraft vertrauen. Daß es diese „Einbettung" und dieses „Vertrauen" gibt, dafür spricht indirekt ein weiteres Detail aus der Hamburger Untersuchung, nämlich daß

10) 30 Prozent der befragten Personen rückblickend in ihren Unglücken und Unfällen einen Sinn zu sehen vermochten.

Trotz der Unbegreiflichkeit der meisten Schicksalsschläge zeigt sich demnach manchmal, wenn auch Jahre später, ein möglicher Sinn in dem Erlittenen.

Doch ich erwähnte, daß noch eine dritte für „Sinnwahrnehmungstrübung" anfällige Lebenskonstellation entdeckt wurde. Sie bildet einen seltsamen Kontrast zur Erörterung der Verlustproblematik und lautet:

11) Sinnlosigkeitsgefühle treten oft dann auf, wenn Menschen ihre Ziele erreicht haben.

Das Seltsame daran ist, daß eine Zielerreichung eigentlich einen *Gewinn* darstellt. Denn unabhängig davon, ob und wie sinnvoll das Ziel gewesen sein mag, ist vor seiner Erreichung jedenfalls ein Wunsch gestanden, der mit seiner Erreichung wahr geworden ist. Trotzdem stellt sich statt Zufriedenheit nicht selten Sinnschwund ein. Was in Kombination mit Punkt 3) bedeutet, daß persönliche Ziele im Wahrgenommen- und Angestrebtwerden, aber nicht im Erreichtwerden sinnstiftend sind.

Die Erklärung dafür ist, daß das Erreichen eines Zieles zur Reorientierung zwingt, zum Loslassen von alten und zum Annehmen von neuen Zielvorstellungen. Es fordert offenbar dieselbe hohe Flexibilität heraus, die bei der Bewältigung von Verlusten so schwierig ist. Woraus sich die Paradoxie ergibt, daß Gewinne, insbesondere hohe Gewinne wie Wunschbefriedigung bis hin zur Wunschlosigkeit, auch ihre *Verlustseite* haben. Wird doch das Sehnen und Träumen und Bangen irgendwie verloren, das dem Gewinn vorausging und dem Leben eine Faszination verlieh, wie es der Gewinn selbst niemals kann.

Davon erzählt eine nette Geschichte von Erich Kästner mit dem Titel: „Das Märchen vom Glück“ *. Sie beschreibt einen alten Mann in einer Kneipe, der im Gegensatz zu seinen Mitmenschen einen ausgesprochen glücklichen Eindruck macht. Befragt, woher dies komme, antwortet er: „Ich bin eine Ausnahme. Ich bin der Mann, der einen Wunsch frei hat.“ Die Kumpel in der Kneipe drängen ihn zu einer Erklärung, die der alte Mann wie folgt abgibt.

Er sei lange Zeit seines Lebens ständig unzufrieden und verbittert gewesen, er habe am Leben gelitten wie an einer „geschwollenen Backe“. Da habe sich ihm eines Tages eine Art Weihnachtsmann genähert und ihm drei Wünsche freigestellt mit dem Versprechen, sie zu erfüllen. Er habe dies für Quatsch gehalten und sich über das lächerliche Offert dermaßen geärgert, daß er den Weihnachtsmann spontan zum

---

* Erich Kästner, „Gesammelte Schriften für Erwachsene“, Atrium Verlag, Zürich 1969.

Teufel gewünscht habe. Im nächsten Moment sei dieser verschwunden gewesen, was den absurden aber schrecklichen Verdacht in ihm geweckt habe, dieser könnte tatsächlich in der Hölle gelandet sein. Er verwendete daher probeweise und immer noch voller Skepsis seinen zweiten freien Wunsch dafür, den Weihnachtsmann wieder herbeizuwünschen. Und siehe da, dieser saß prompt wieder neben ihm auf einer Bank, wenn auch mit angesengten Bartspitzen und vorwurfsvollem Blick. Der Mann bekennt, daß ihn dieses metaphysische Erlebnis von Grund auf verändert habe. Seither kenne er keine Verbitterung und kein Herumnörgeln am Leben mehr.

Die Kumpel wollen natürlich wissen, wofür er denn nun seinen dritten und letzten freien Wunsch verwendet hat, doch der alte Mann erhebt sich zum Aufbruch. „Den letzten Wunsch habe ich vierzig Jahre lang nicht angerührt“, murmelt er beim Hinausgehen. „Manchmal war ich nahe daran. Aber nein, Wünsche sind nur gut, solange man sie noch vor sich hat. Leben Sie wohl.“ Damit schließt das Märchen vom Mann, der eine Ausnahme ist, der glücklich ist …

Faßt man die elf zitierten wissenschaftlichen Ergebnisse von Reinhard Tausch mit der Volksweisheit der geschilderten Geschichte zusammen, zeichnet sich ein klares Erkenntnismuster ab. Primär kommt es nicht auf die Gewinne oder Verluste an, die uns das Leben in seiner Vielschichtigkeit beschert, sondern auf unsere Sinnfühligkeit in allen Lagen. Sie hilft uns, Gewinne *und* Verluste unbeschadet zu überstehen, und auch das nur, wenn sie nicht einseitig auf Inhalte fixiert, deren Zeit überschritten ist. Zweierlei ist folglich oberstes Gebot einer gelingenden Psychohygiene: Erstens der Erhalt der protektiven Kraft der Sinnfühligkeit – oder Lebenssinnempfindsamkeit, wie Reinhard Tausch es ausdrückt. Ohne sie liefern uns sowohl Gewinne als auch Verluste leicht einem unerträglichen Dasein aus – die Verluste einem als sinnlos empfundenen Leid, und die Gewinne einer als ziellos empfundenen Leere. Zweitens aber muß das jeweils Sinnvolle zur rechten Zeit erspürt, in seiner Zeit verwirklicht und nach seiner Zeit verabschiedet werden. Es muß in geistiger Flexibilität angenommen, gestaltet und wieder losgelassen werden, damit wir „auf dem Weg“ bleiben und nicht etwa seelisch erstarren und verkrusten. Ohne ein Loslassen gibt es kein Voranschreiten, ohne Abschied keine Erneuerung.

Ein Beispiel aus meiner Praxis soll meine Ausführungen illustrieren. Eine Patientin, der alles geschenkt worden war, was sich eine Frau nur wünschen kann, suchte meinen Rat. Sie hatte mit 19 Jahren geheiratet und alsbald zwei Söhne geboren. Mit 26 Jahren war sie halbtags in ihren Beruf als Versicherungskauffrau zurückgekehrt, wodurch sich interessante Kontakte mit Kunden und Kollegen für sie eröffnet hatten. Ihr zusätzlicher Verdienst hatte der Familie die Schaffung eines behaglichen Heims ermöglicht. Mit ihrem Mann hatte sie ein herzliches, partnerschaftliches Verhältnis verbunden, und ihre Söhne hatten sich gesund und normal entwickelt. Als die Frau weinend und niedergeschlagen bei mir saß, war sie 48 Jahre alt. Was konnte nach den vielen „Gewinnen" in Form erfüllter Lebenswünsche geschehen sein? Ich vermutete, daß allmählich die „Verluste" an die Reihe gekommen waren, und genauso war es.

Ihr Mann war vor einem halben Jahr nach einer Herzattacke mit Herzstillstand reanimiert worden und seither ein Pflegefall. Wichtige Hirnaktivitäten waren bei ihm ausgefallen. Sie hatte ihn in einem Heim untergebracht. Beide Söhne, die bereits ausgezogen waren, hatten ihr deswegen häßliche Vorwürfe gemacht, wodurch das Verhältnis zu ihnen gestört war. Man sah sich selten, und von Dankbarkeit der Mutter gegenüber gab es keine Spur. Das Haus war leer geworden und bereitete der Frau inzwischen mehr Mühe beim Sauberhalten als Freude beim Bewohnen. Auch ihr Beruf hatte jeglichen Reiz für sie verloren. Sie saß fast nur noch vor dem Bildschirm und kämpfte mit den Tücken der Computerprogramme, während ihre persönlichen Kontakte mit Kunden zurückgegangen waren. Außerdem wurde sie wegen einer Bandscheibenabnutzung häufig von Kreuzschmerzen geplagt. Kurzum, das Leben war für sie reichlich unattraktiv geworden. „Ich will nicht mehr", weinte sie und zerknüllte ihr Taschentuch zwischen den Fingern, „Ich bin völlig ausgepumpt. Jeder Tag ist mir eine Last. Mein Arzt will mich auf Kur schicken, aber ich habe keine Lust, wegzufahren. Ich habe auf nichts Lust. Wäre ich bloß schon unter der Erde!"

Welch eine schreckliche Aussage als Basis eines Lebensabschnittes, der noch 40 Jahre und länger dauern konnte! Einsamkeit, Freude an nichts, Lust auf nichts ... die Verluste der Patientin würden zweifellos über ihre Gewinne siegen. Es sei denn, es gelänge ihr, zu der Einsicht vorzustoßen, daß *Gewinne und Verluste ihren Sinn haben, daß das*

Leben bedingungslos sinnhaft ist, und daß es ständig eine Aufgabe für uns bereithält, deren Erfüllung zumindest einen Schimmer an Freude spenden kann. Ich führte mit ihr gemeinsam eine „Anschauung" ihrer Gesamtsituation durch, eine „Anschauung" mit Sinnbefragung, wie sie in der Logotherapie üblich ist. Hier ein Abriß unseres Gedankenganges.

Schritt 1)

Sie hatte Verluste erlitten. Zu einem Verlust kommt es, wenn man etwas Kostbares verliert. Anders ausgedrückt: Zu einem Verlust kommt es *nur,* wenn zuvor eine Kostbarkeit ins eigene Leben eingetreten ist. Mehr noch: eine Liebe. Denn Liebe und Verluste sind unentwirrbar miteinander verknüpft. Niemals könnte etwas „Verlust" für jemanden sein, hätte bei ihm keine Herzensbindung daran bestanden. Wer einen Menschen verliert, weint um einen, den er geliebt hat. Wer einen Beruf verliert, weint um einen, den er geliebt hat, usw. Ohne Liebe gibt es keine Verluste.

Im Gespräch betrachteten wir die großen Verluste dieser Frau. Eine kommunikative Partnerschaft war nicht mehr möglich, die gute Beziehung zu ihren Söhnen und das gemütliches Heim hatten an Glanz verloren, ihre Gesundheit und die Erbaulichkeit des Arbeitsplatzes waren beeinträchtigt. Daß es noch Schlimmeres auf der Welt gibt, wußte sie zwar mit dem Verstand, half ihr aber nicht im Gefühl. Deshalb versuchte ich erst gar nicht, ihren Schmerz abzuschwächen, sondern schob die Kehrseite des Schmerzes ins Zentrum unserer „Anschauung". Wie reich war ihr Leben an geliebten und verlierbaren Inhalten doch gewesen! Welch eine riesige Treppenleiter des Glücks hatte sie einst erklimmen dürfen! Und wieviele Sprossen dieser Leiter hätten sich längst als brüchig erweisen können!

Sie hätte keinen Partner finden oder eine Ehe eingehen können, die nicht hält. Sie hätte unfruchtbar sein oder ein totes Kind auf die Welt bringen können. Sie hätte gezwungen sein können, in Armut zu leben, unter schlechten Wohnverhältnissen oder dem Streß einer ganztägig monotonen Arbeit. Sie hätte einen Sadisten zum Mann und jugendliche Kriminelle zu Söhnen haben können. Doch nichts dergleichen hatte ihren Lebensweg behindert, alle Sprossen der Leiter zum Glück haben sie lange Zeit getragen.

Hatte sie dies alles angenommen? Gewiß, nur vielleicht ein wenig zu sehr als selbstverständlich, als ihr irgendwie zustehend. Die Patientin gestand es ein. Sie wäre sich ihres Glückes nicht klar bewußt gewesen, was eben das Problem der erreichten Ziele ist. Diesbezüglich war jetzt mehr Klarheit vorhanden. Gut – Klarheit ist immer ein Fortschritt. Die Wertschätzung gnädiger Schicksalsfügungen, auch wenn sie im nachhinein erfolgt, ist nie von Nachteil. Eine erste Sinnperspektive ihrer Verluste begann sich im Gefühlschaos abzuzeichnen. Jahrzehnte an Gesundheit, Seite an Seite mit einem treuen Partner, mit gedeihenden Kindern in einem gemütlichen Zuhause und mit einer zusagenden Beschäftigung durften nicht einfach verschwinden in der Trübsal veränderter Verhältnisse. Sie zu registrieren und in zufriedenem Gedenken zu bewahren, gehörte mit zu ihrer vollständigen Annahme und konnte eine wichtige Aufgabe im neuangebrochenen Lebensabschnitt bedeuten.

Schritt 2)
Zweifellos hatte unsere Patientin ihre „Glücksleiter" beim Erklimmen auch selbständig mitgestaltet. Eine gute Ehe ist Geschenk und Leistung zugleich. Dasselbe gilt für eine abgeschlossene Kindererziehung oder ein jahrelanges berufliches Engagement. Aus den Vorgaben ihres gnädigen Schicksals hatte sie allerhand gemacht, auf das sie mit Genugtuung zurückblicken durfte.

Dennoch stürzte sich die Patientin sofort auf das weitverbreitete Argument, daß alles umsonst gewesen wäre. Was würden ihre Leistungen ihr heute nützen? Sie wären vergessen, vergangen, ungedankt. „Wer weiß noch, wie ich mich mittags, von der Arbeit kommend, beeilt habe, den Kindern ein warmes Essen aufzutischen?", schluchzte sie, „bevor ich den Mantel ausgezogen hatte, habe ich schon den Herd eingeschaltet und Wasser aufgestellt gehabt für die Suppe ..." Sie hatte recht, wer wußte es noch? Die Söhne hatten es bestimmt vergessen oder es genauso für selbstverständlich erachtet, wie es die Mutter mit *ihren* glücklichen Fügungen praktiziert hat. Aber war es deswegen umsonst gewesen? War es nicht in seiner Zeit wirklich sinnvoll gewesen und den Kindern zugute gekommen? Auch das Vergessene, Vergangene und Ungedankte behält seinen Wert, wie es seine Wahrhaftigkeit behält, es ist und bleibt ein Stück gelungene Mitgestaltung der Welt.

In dieser Hinsicht ist eine Ergänzung zum Freudschen Verdrängungskonzept dringend geboten. Bekanntlich ging Sigmund Freud von der These aus, daß in der Bevölkerung eine Tendenz zur Verdrängung unangenehmer Erinnerungen bestünde. Empfangene und ausgeteilte Kränkungen würden ins Unbewußte abgeschoben, wo man sich mit ihnen nicht auseinandersetzen müsse. Die psychosomatische Strafe dafür sei – die Neurose.

Heute machen wir aber häufig eine gegenteilige Beobachtung, nämlich daß eine Tendenz zur Verdrängung von *positiven* Erinnerungen vorherrscht. Es wird pausenlos geklagt, gejammert und Beschwerde eingelegt und selten geradeheraus bestätigt, daß auch Erfreuliches erfahren und Anerkennenswertes geleistet worden ist – von anderen und von einem selbst. Wobei mit letzterem kein überhebliches Selbstlob gemeint ist, sondern einfach das fröhliche Wissen, daß es gut ist, daß man da ist. Daß „Dasein" eben gut ist … Die psychosomatische Strafe für diese Art von Verdrängung ist die entwichene Lebenslust und Lebenswilligkeit. Weshalb meiner Patientin verdeutlicht werden mußte, daß beispielsweise die regelmäßigen warmen Mahlzeiten, die sie einst unter erschwerten Bedingungen für ihre Kinder bereitet hatte, kein Anlaß zum Schluchzen waren. Sie waren vielmehr Anlaß, sich selbst mit einem Lächeln zuzunicken. Es braucht keiner Dankesrückmeldung von außen für ein Getanes, dem man selber zustimmen kann.

Schritt 3)
Die logotherapeutische „Anschauung" des bisherigen Lebens dieser Frau war von ihren Verlusten ausgegangen und hatte neben der verständlichen Trauer darüber Überraschendes zu Tage gefördert, nämlich *das ihr früher Gewährte.* Den Reichtum an zugeteilten Kräften, an Liebeserfahrungen, an Verschontgebliebensein von Unheil sowie an gelungenen Vorhaben und Leistungen. Nun galt es, zu begreifen, daß sich uns dieses Gewährte immer nur „auf Zeit" gewährt. Es ist anzunehmen im vollen Bewußtsein seines Wertes und Geschenkcharakters, es ist zu gestalten im verantwortlichen, sorgsamen Umgang damit, und es ist loszulassen in der stillen Freude über sein Gewesensein, Stattgefundenhaben und der eigenen Geschichte Zugehören auf ewig. Denn nichts wird das Gewesene aus dem Leben jemals wieder herausnehmen können, nicht einmal der Tod.

Unsere Patientin hatte das ihr früher Gewährte angenommen, wenn auch nicht im vollen Bewußtsein seines Wertes, und sie hatte es auf ihre persönliche Weise mitgestaltet. Aber sie hatte es nicht losgelassen, und dieses Versäumnis verhinderte ihren „existentiellen Übertritt" in die gegenwärtige Zeit, in der sich ihr erneut etwas gewähren wollte, das von ihr aufgegriffen und geformt werden sollte, um eines fernen Tages wieder abgegeben zu werden. Fragen wir: Wie geht Loslassen? Das ist eine schwierige Frage und doch liegt in ihrer Beantwortung der Schlüssel zum Geheimnis des Heilwerdens. So haben mir beispielsweise „verwaiste Eltern", die ein Kind verloren haben, beteuert, daß es unabdingbar notwendig ist, das tote Kind loszulassen. Ja, daß es sogar notwendig ist, dem toten Kind nachträglich die Erlaubnis zum Sterben zu erteilen, was natürlich nicht heißt, daß es vergessen werden soll. Auf ähnliche Weise ist es bei Trennungen und Scheidungen wichtig, den ehemaligen Partner auch innerlich freizugeben und ihn ohne Groll im Herzen zu verabschieden. Für all dies bedarf es aber einer gewissen Angstbefreiung, denn nicht die Trauer, sondern die Angst ist es, die dazu verführt, am Besitz zu kleben, an Menschen zu klammern und an hinfälligen Lebenskonstellationen festzuhalten.

Dazu ein kurzer fachlicher Einschub:

Ängstliche, leicht irritierbare und wenig selbstbewußte Menschen weisen ein typisches Merkmal auf. Sie fürchten neue, schlecht voraussehbare Situationen. Sie scheuen den Aufbruch und Auszug aus dem Gewohnten bzw. den Umbruch einer verhärteten und nicht mehr passenden Struktur. Was sie dabei hemmt, ist die fehlende innere Sicherheit, die allein im Prinzip „Hoffnung" gründet, nämlich, daß die ungewohnte Situation wieder bewältigbar und die fremde, zu erarbeitende Struktur wieder haltgebend sein wird. Ohne eine solche inwendige „Sicherheitsleine" gleicht jedes Loslassen einem freien Fall ins Nichts.

Nun liegen zwischen den einzelnen Lebensabschnitten sogenannte „Schwellen". Schwellen sind zu überschreitende und teilweise fließende Grenzen. Zwischen der Kindheit und der Jugend oder der Jugend und dem Erwachsenenalter liegen derartige Schwellen. Oder zwischen dem Ledigsein und dem Verheiratetsein, zwischen dem Innehaben einer Arbeitsstelle und dem Wechsel an eine andere Stelle, zwischen einer Vorkrankheitszeit und einer Nachkrankheitszeit liegen Schwellen. Das Grenzenähnliche an ihnen ist, daß sie kein Zurück erlauben. Mitunter lassen sie sich hinausschieben – weniger bei Krankheiten, aber z. B. beim Erwachsenwerden, doch nach rückwärts sind sie unpassierbar.

Jeder, der sich einer solchen Schwelle nähert, die einen Lebensabschnitt von einem anderen trennt, befindet sich in einer ganz speziellen Lage. Zum einen überblickt er Areale diesseits und jenseits der Schwelle, der er sich nähert, denn er könnte eine Grenze gar nicht als Grenze erfassen, würde er bloß sehen, was auf einer Seite davon liegt. Zum anderen steht ihm das diesseitige Areal deutlich vor Augen, während sich ihm das jenseitige Areal unscharf und verschwommen präsentiert, und in manchen Fällen, wie etwa der Todesschwelle, kaum mehr als den Hauch einer intuitiven Ahnung ausmacht. Sehr verkürzt ließe sich sagen, vor der Schwelle liegt Bekanntes und hinter der Schwelle Unbekanntes.

In bezug auf den ängstlichen und irritierbaren Menschen, dem eine Art inwendige „Sicherheitsleine" fehlt, ist nun leicht zu verstehen, warum er sich den Schwellen seines Lebens so ungern nähert und Schwellenüberschreitungen tunlichst meidet. Kann doch aus seiner Sicht das Unbekannte stets Furchtbares mit sich bringen, Furchtbareres als das Bekannte, und wäre die vertraute Situation vor der Schwelle noch so problembeladen. Daraus resultiert das Verhalten vieler Patienten, die unfruchtbare und unglückselige Umstände, die ihnen zu schaffen machen, die sie aber verändern könnten, aufrecht erhalten – nicht aus Masochismus, sondern aus Angst vor dem Neuen, das auf sie zukommen würde. Sie geraten zwischen die zwei Mühlsteine des mißlichen gegenwärtigen Zustandes und ihrer Veränderungspanik.

Man überlege: Wenn sie nicht einmal bereit sind, negative Umstände loszulassen, wieviel weniger sind sie wohl bereit, positive Umstände loszulassen? Geht es ihnen im Leben einigermaßen gut, krallen sie sich daran fest: jetzt bloß keine Schwelle! Da tritt plötzlich ein Verlust ein und wirft sie unerbittlich über die Schwelle. Dort sind sie wie benommen, wie betäubt, zu blockiert, um das jenseitige Areal zu erkunden, in das sie zwangsversetzt worden sind; sie sind mit ihrem tiefsten Sein gar nicht angekommen, wo sie sich befinden. Der Übertritt ist existentiell nicht vollzogen.

Schritt 4)
Kehren wir damit zu unserer Patientengeschichte zurück. Auch diese Frau war, sogar durch mehrere Verluste, über eine Lebensschwelle katapultiert worden, hinter der sie noch nicht angekommen war. Weswegen es die Forderung der Stunde an sie war, Ängste abzubauen und Hoffnung aufzubauen, um empfänglich zu werden für alles, was sich ihr im Areal jenseits der Schwelle gewähren wollte. Ich begleitete sie auf einer Art geistigen Wanderschaft durch dieses Areal in der Überzeugung, daß wir bei unserer Suche nach sinnvollen Inhalten fündig werden würden.

Da war zunächst ihr schwerbehinderter Mann. Sie hatte viel von ihm gesprochen, fast immer in der Vergangenheitsform. Welch ein lieber Kamerad er gewesen wäre. Allmählich wurde es nötig, ihn anzuschauen, wie er heute war. Die Patientin berichtete, er könne nicht sprechen und nur wenige Signale aussenden. Trotzdem scheine er sie zu erkennen, wenn sie ihn besuche, oder zumindest in ihrer Gegenwart etwas wacher zu werden. Schnell wollte sie unser Gespräch auf vergangene Tage zurücklenken, was ich aber nicht mehr gestattete. Sie hatte ihren Kameraden gehabt und mußte ihn loslassen, um ihren pflegebedürftigen Mann anzunehmen und die Beziehung mit ihm auszugestalten. Ich beharrte auf einer „Anschauung" von ihm jetzt. „Wenn ich ihn anschaue, wird mir ganz elend zumute", flüsterte die Patientin, doch auch ihre Befindlichkeit war nicht mehr unser Thema. „Wann meinen Sie, daß es ihrem Mann in seiner gegenwärtigen Situation am besten geht?" fragte ich Sie. „Na ja, wenn ich ihn eincreme und ein bißchen massiere, entspannt er sich. Wenn er im Rollstuhl in den Garten geschoben wird, wirkt er freudig erregt. Wenn im Radio leicht rhythmische Musik ertönt, summt er irgendwie mit …" Wir sammelten eine Weile, was ihrem Mann gut tat, und die Frau begriff zunehmend, daß es ihre Möglichkeiten waren, ihm heute seine frühere Kameradschaft zu honorieren. Ihre Möglichkeiten, ihn heute zu lieben und ihre Möglichkeiten, eigene Ängste zu überwinden, denn nichts ist so stark wie die Liebe.

Schritt 5)
Wir wandten uns dem Thema „Söhne" zu. Diese hatten der Mutter sehr weh getan. Aber hatten sie das tatsächlich beabsichtigt? Ich weihte die Patientin in die psychologischen Phänomene der Projektion und Über-

tragung ein. War nicht denkbar, daß auch ihre Söhne unter dem armseligen Anblick, den ihr Vater bot, litten, und ihre verzweifelte Wut darüber unbewußt und unkontrolliert an der Mutter abreagiert hatten? Der Frau leuchtete diese Interpretation ein, zumal der Vorwurf ihrer Söhne unhaltbar war. Alle beteiligten Fachleute hatten, schon aus medizinischen Gründen, von einer Hauspflege des Mannes abgeraten, mit der seine Frau überfordert gewesen wäre.

Wenn es somit der seelische Schmerz der Söhne war, der zur Entfremdung geführt hatte, ein Schmerz, der wiederum nichts anderes als die Kehrseite der Medaille „Liebe zum Vater" war, konnte dann nicht diese gemeinsame Liebe zum Vater die Restfamilie miteinander verbinden? Die Patientin war dafür aufgeschlossen, nur mußte sie auch diesbezüglich etwas loslassen, und zwar nicht bloß ihren Ärger über die Undankbarkeit und Unverschämtheit ihrer Söhne, sondern etwas, das noch vor der Schwelle gelegen war, über die sie das Schicksal geworfen hatte: das ehemalige Mutter-Kinder-Verhältnis. Im Areal hinter der Schwelle mußten die erwachsenen Söhne als gleichrangige Partner eines Teams angenommen werden.

Im Laufe unserer Gespräche beschloß sie, beide Söhne zu einem Treffen beim Vater mit anschließendem Abendessen in ihrem Hause einzuladen. Nach dem Essen wollte sie ihnen in ruhiger Atmosphäre mitteilen, daß sie

a) ihren Schmerz verstünde und teile,
b) die Heimunterbringung des Vaters mit gutem Gewissen entschieden habe,
c) das Verhalten der Söhne in diesem Zusammenhang verzeihe, und
d) mit ihnen einen Plan zur künftigen Abwechslung der Besuche beim Vater erarbeiten wolle, unter besonderer Berücksichtigung derjenigen „Behandlungen", die ihrem Vater gut täten wie Massagen, Rollstuhlfahrten etc.

Als mich die Frau nach diesem Beratungsgespräch verließ, hatte ich den Eindruck, die Schwelle sei von ihr geistig-seelisch überwunden worden.

Schritt 6)

Nachdem der schwierigste Teil des Loslassens vergangener Beziehungen und des Annehmens gegenwärtiger Beziehungsmöglichkeiten gelungen war, konnten wir uns intensiver mit der Ausgestaltung ihrer eigenen Situation befassen. Da war der Kurvorschlag ihres Arztes. Ihr Gegenargument hatte gelautet, daß sie keine Lust dazu habe. Doch auch Aktionen, zu denen wir keine Lust haben, können sinnvoll sein; Lust und Sinn bilden nicht immer ein Gespann. Ich spielte erneut die Idee ein, daß sich ihr vielleicht ein kleiner Hinweis des Lebens, ein Angebot sozusagen, ein Stückchen Gnade, im Rahmen der Kur gewähren wollte, z. B. eine Linderung ihrer Kreuzschmerzen oder eine erfreuliche Begegnung mit anderen Kurgästen. Wollte sie dies ausschlagen? „Es rührt mich, wie Sie es sagen", meinte die Patientin nachdenklich und wies den Vorschlag ihres Arztes nicht mehr ganz von sich.

Ferner besprachen wir ihren täglichen Kampf mit dem Computer am Arbeitsplatz. Es zeigte sich, daß ihrer EDV-Abneigung eine gute Portion Versagensangst zugrundelag. Die fehlende „Sicherheitsleine" machte sich bemerkbar. „Dagegen gibt es nur ein Mittel", erklärte ich ihr, „nämlich den Stier bei den Hörnern zu packen und sich mit den Geheimnissen der Informatik vertraut zu machen. „Nicht in meinem Alter", protestierte sie, aber ich protestierte zurück, und am Ende liebäugelte sie mit einem entsprechenden Abendkurs, in den sie sich zum nächsten Turnusbeginn einschreiben könnte. Wer weiß, ob es nicht ebenfalls ein Weg war, auf dem sich ihr neue Lebensbereicherungen schenken würden, etwa just jene Kontakte mit interessierten Menschen, die sie an ihrem Bildschirm-Arbeitsplatz so sehr vermißte.

Schließlich bezogen wir noch ihr Haus in unsere Überlegungen mit ein, das leergewordene Haus. Nach dem Schwellenübertritt lebten kein Mann und keine Söhne mehr darin. Aber mußte es deswegen von ihr allein bewohnt werden? Die Frau war zunächst abwehrend, was eventuelle Mitbewohner betraf, doch hatte sie über einen ihrer Söhne Einblick in die Not der Studenten gewonnen, die alljährlich mühsam nach Unterkünften in ihrer Stadt suchen. Eine Studentin vorübergehend aufzunehmen, konnte sie sich vorstellen, unter Umständen zu einem günstigen Preis gegen gelegentliche Mithilfe im Haushalt. Das wäre ein Arrangement, das ihr gefallen würde.

Während wir auf unserem geistigen Spaziergang solch aktuelle Fragen wir Kur, Abendkurs oder Studentin im Haus diskutierten, merkte ich, daß die Patientin ihre Lebensmüdigkeit abstreifte. Über das banale

Pro und Contra hinaus begann sie, Gewinnchancen in ihren Verlusten wahrzunehmen und Sinn im Leid. Sinn, verschlüsselt in den Aufgaben, die sich ihr stellten, allen voran die Aufgabe, ihr Leben unter veränderten Bedingungen zur Fülle zu leben.

Schritt 7

Nach abgeschlossener Therapie bat ich die Frau, in ca. einem halben Jahr zu einem Kontrollgespräch zu erscheinen. Als sie wie versprochen kam, hatte sich rein äußerlich wenig verändert. Der Zustand ihres Mannes war konstant schlecht, der Kontakt zu ihren Söhnen immer noch spärlich, wenn auch harmonischer als früher, ihre Arbeit war nach wie vor schwierig, und ihre Bandscheibenbeschwerden hatten trotz getätigter Kur nicht nachgelassen. Aber die Frau war eine andere geworden. Sie hütete ihr vergangenes Glück als eine Zuwendung besonderer Güte an ihr Leben. Sie hatte Frieden geschlossen mit dem gegenwärtigen Lebensabschnitt und nutzte ihn auf vielfältige Weise. Und sie blickte mit verminderter Angst in die Zukunft im Wissen, daß auch ihr jetziges bescheidenes, aber neueingerichtetes Dasein einmal zu Ende zu bringen sein würde.

„Was hat Ihnen am meisten geholfen, die zu werden, die Sie geworden sind“, fragte ich meine ehemalige Patientin. „Die Liebe“, antwortete sie. „Die Liebe zu meinem Mann, zu meinen Söhnen, zu meinem Haus, zu meinem Beruf, trotz allem.“ Und leise fügte sie hinzu: „Wenn Sie vom Sinn gesprochen haben, hatte ich immer das Wort ‚Liebe‘ im Ohr ...“ Die Patientin hatte recht. Verluste überwinden kann man letztlich nur in der Liebe. Wie umgekehrt derjenige, der nie geliebt hat, keine echten Verluste erlebt, die er überwinden müßte. Er ist der eigentlich Bedauernswerte, der nicht geliebt und nichts verloren hat.

Meine Patientin jedenfalls hat sich von einer bedauernswerten zu einer bewundernswerten Frau gewandelt, und das blieb sie, als ihr Mann ein Jahr später starb und fast gleichzeitig die Ehe ihres ältesten Sohnes geschieden wurde. Sie erwies sich als fähig, von Schwelle zu Schwelle zu schreiten in Würde und Gelassenheit.

Die Fallgeschichte zeigt, daß die Logotherapie von ihrem Ansatz her keineswegs ausschließlich zukunftsbezogen arbeitet und die Vergangenheit des Menschen vernachlässigt, wie ihr manchmal nachgesagt wird. Das in ihre „Anschauung“ einbezogene Spektrum ist breit. Sie setzt allerdings Akzente, die in verallgemeinerter Form Marksteine der Lebenskunst sein können. Und zwar gleichermaßen für Kranke wie Gesunde, Familienangehörige wie Alleinstehende, Junge wie Alte.

Dazu gehört, daß Verluste jeglicher Art zunächst eine Rückschau erfordern auf die Gewinne oder Gaben, die diesem Menschen geschenkt worden sind, bevor er sie verlor. Auch wenn sie „Geschenk auf Zeit“ gewesen sind, haben sie ihn ausgezeichnet vor vielen anderen Menschen. Haben sie ihn mit einem winzigen Teil der Welt in Liebe verbunden, was nicht vergessen werden darf. Wäre nichts Kostbares dagewesen in einem Leben, gäbe es nichts zu betrauern. Weshalb derjenige, der einen Grund zum Weinen hat, wissen soll, daß er stets zugleich einen Grund zum Danken hat. *Das Geliebte loslassen und die Liebe dennoch im Herzen bewahren ist Lebenskunst.*

Gewinne jeglicher Art erfordern im Gegensatz dazu eine Vorausschau auf ihre Vergänglichkeit und ihren Verlust. Es wird eine Schwelle kommen, über die sie nicht mehr mitgenommen werden können. Deswegen darf sich das Herz in Freude an sie binden, aber nur im Bewußtsein, daß es sich einmal ent-binden und von ihnen wird lösen müssen. *Bindungen eingehen und dennoch auf Ent-bindung vorbereitet sein ist Lebenskunst.*

Was Verluste betrifft, so erfordern sie nach erfolgter Rückschau in Dankbarkeit eine intensive Zuwendung zur Gegenwart. Kein Zweifel, diese ist vergleichsweise düster. Aber sie ist nicht leer, nur ungestaltet. Sie ist das Areal eines neuen Lebensabschnittes, der erforscht werden will auf die in ihm verborgenen Sinnmöglichkeiten. Um sie zu entdekken, muß losgelassen werden, was bereits seinen Sinn erfüllt hat. Loslassen ist schwer, und es ist besonders schwer für ängstliche und wenig selbstbewußte Menschen. Aber Loslaß-Zeiten sind „Schwellenüberwindungszeiten“, und wenn es eine Kraft gibt, die stärker ist als die Angst, dann ist es die Liebe. Womit sich der Kreis zwischen Liebe und Verlusten schließt, wie er sich schließt im Mythos zwischen Tod und Auferstehung: Beides gehört zusammen, und beides gehört zum Menschsein. *Sich demjenigen zu öffnen, was sich uns neu gewähren will, ist Lebenskunst.*

Auch Gewinne und Gaben erfordern nach erfolgter Vorausschau auf ihre Begrenztheit eine intensive Zuwendung zur Gegenwart. Gerade weil sie nicht unbegrenzt zur Verfügung stehen, müssen sie genützt und geschätzt werden in ihrer Zeit. Und – müssen sie ausgeteilt werden, weil sie schlußendlich sowieso nicht zu halten sind, sich aber im Weiterreichen vermehren und erfüllen. *Gewährtes Glück zu gestalten, u. a. durch Teilung und Austeilung, ist Lebenskunst.*

Bei solcher Akzentsetzung ist ein fruchtloses Aufrechnen von Verlusten und Gewinnen im menschlichen Leben zu vermeiden. Es siegen auch nicht die Verluste, wie es oft scheinen will, sondern es reihen sich die frohen und die leidvollen Stunden wie verschiedenfarbige Perlen einer Perlenkette aneinander, jede von ihnen zum Auffädeln angenommen, im Geknüpftwerden gestaltet und nach ihrer Einordnung losgelassen zur Aufnahme der nächsten Perle. Was am Ende des Prozesses steht, ist dann das Einklicken des Verschlusses, damit keine mehr verloren geht; aus dem Collier eines gelebten Menschenlebens fällt keine Stunde und kein Augenblick mehr heraus und schon gar nicht eine sinndurchwobene Stunde oder ein einziger Augenblick der Liebe.

Verbindlichkeiten und ihre Bedeutung für die seelische Gesundheit

Nicht nur ist unser Leben begrenzt durch den Tod; auch der Tod ist begrenzt durch unsere Lebensvergangenheit. Dies ist ein merkwürdig befriedigender Gedanke aus der Franklschen Logotherapie *, nämlich, daß auch der Tod seine Grenze hat, über die er nicht hinausgreifen kann. Es besitzt keine Macht über und keinen Zugriff auf unsere Lebensvergangenheit und Lebensgeschichte. Nichts davon kann er ändern, ungeschehen machen, aus der ewigen Wahrheit nehmen. Alles, was in unserem Leben verwirklicht worden ist, mit oder ohne unser Zutun, aber jedenfalls in Berührung mit unserer Existenz, bleibt in seiner Qualität und Identität bestehen als historische Tatsache von unendlicher Gültigkeit. Das freundliche Wort, das einst über unsere Lippen gekommen ist, bleibt genauso – in seiner Qualität „freundlich" und in seiner Identität als „ausgesprochen-worden-seiendes" – unserem Leben für immer zugehörig wie das unfreundliche oder das unterlassene Wort als solche bestehen bleiben. Durch unser Sterben und Vergessenwerden in der Welt kommt das von uns einst gesagte Wort nicht aus der Wahrheit heraus und das von uns versäumte Wort nicht in die Wahrheit hinein.

Der so mächtig erscheinende Tod ist also begrenzt, und wir können sogar seine Grenzlinie benennen. Es ist die jeweilige Gegenwartslinie, an der unsere bisherige Seinsgeschichte vorläufig endet. An dieser unserer Seinsgeschichte kann der Tod nicht rütteln, wie wir festgestellt haben, jedoch vermag er uns – innerhalb seiner Grenze – im Augenblick der Gegenwart alle Zukunft zu rauben. Er kann das vorläufige Ende unserer Lebensvergangenheit jederzeit, und das heißt „an jeder Stelle der Gegenwartslinie" in ein definitives umwandeln.

---

* Viktor E. Frankl, „Der Wille zum Sinn", Verlag Piper, München, Neuausgabe 2. Auflage 1994, Seite 54/55.

Daraus folgt unter anderem, daß alles, was wir im Jetzt entscheiden, „später“ die ewige Wahrheit über uns selbst sein wird. Und wir haben nur ein Leben, um diese Wahrheit mitzugestalten. Es folgt aber auch daraus, daß selbst ein Mensch, der keiner Mitgestaltung fähig ist und war, existentiell zu seiner Wahrheit gelangt, wie etwa ein Kind, das im Alter von wenigen Wochen oder Tagen stirbt. Hat es ein Stück Liebe bei seinen Eltern in Gang gesetzt, bleibt diese Liebe mit seinem Leben verbunden. Ist ihm der Geist „eingehaucht“ worden, so unser Glaube, ist es auch mit seinem Schöpfer ewig vereint. Keinen noch so geringfügigen „Hauch“ einmal empfundener oder geschenkter Liebe kann der Tod mehr aus der Wahrheit hinauskatapultieren. Was geschehen ist, ist „verbindlich“, ein- für allemal.

Unter diesem Aspekt gewinnen *Verbindlichkeiten* in unserem Leben einen neuen Stellenwert. Was wir „auf Erden“ binden, wird unsere existentielle Eingebundenheit über unser Erdendasein hinaus sein. Es wird die Qualität unseres Lebens und die Identität unserer Person ausmachen. Was uns anrührt, berührt und wovon wir uns umfangen lassen, wird sich mit demjenigen verquicken, was einst unsere Seinsgeschichte sein wird, mit Anfang und Ende und Wahrheit. Ob gewußt oder ungewußt von der nächsten Generation, wird dabei ziemlich gleichgültig sein, denn alles Gedenken verweht im Sand der wechselnden Zeiten. Doch das Gewesene bleibt trotzdem, was es gewesen ist, es ruht in einer zeitübergreifenden Relevanz, die wenn, dann nur Einer kennt. Kurt Kanter hat diesen Gedanken in seinem Friedensplädoyer „Vom Gewicht des Nichts“ sehr diffizil anklingen lassen:

„Sag mir, was wiegt eine Schneeflocke?“ fragte die Tannenmeise die Wildtaube.

„Nicht mehr als Nichts“, gab sie zur Antwort.

„Dann muß ich dir eine wunderbare Geschichte erzählen“, sagte die Meise. „Ich saß auf dem Ast einer Fichte, dicht am Stamm, als es zu schneien anfing; nicht etwa heftig mit Sturmgebraus, nein, wie im Traum, lautlos und ohne Schwere. Da ich nichts Besseres zu tun hatte, zählte ich die Schneeflocken, die auf die Zweige und Nadeln meines Astes fielen und darauf hängenblieben. Genau Dreimillionensiebenhunderteinundvierzigtausendneunhundertzweiundfünfzig waren es. Als die Dreimillionensiebenhunderteinundvierzigtausendneunhundertdreiundfünfzigste Flocke niederfiel – nicht mehr als Nichts, wie du sagst –, brach der Ast ab.“ Damit flog sie davon.

Die Taube, seit Noahs Zeiten eine Spezialistin in dieser Frage, sagte zu sich nach kurzem Nachdenken:

„Vielleicht fehlt nur eines einzigen Menschen Stimme zum Frieden der Welt.“

Im Kontext unserer obigen Überlegungen könnten wir auch folgern: Keine Lebensgeschichte eines Menschen, wie immer sie verlaufen sein mag, ist am Ende viel mehr als Nichts, und dennoch verändert jede im Verbund mit anderen die unverfälschliche Wahrheit über das Sein der Welt auf die ihr einzigartige Weise.

Personen, die sich einer derartigen Bedeutung ihrer Existenz bewußt sind, leben seelisch gesünder. Vor allem aber sind sie sich der Bedeutung ihrer Bindungen bewußt, die sie freiwillig eingehen ... womit und mit wem? Verbindet sich die einzelne Schneeflocke mit anderen Schneeflocken, mit dem Ast, mit der Wachheit einer Meise, mit Himmel oder Erde? Wo ist ihr Platz, wo wird sie gebraucht, wo zählt oder fehlt exakt ihr Gewicht, ihre Sanftheit, ihre Lautlosigkeit, ihre Schönheit?

Wären wir Menschen nicht frei, an der Gegenwartslinie, dort, wo der Tod gar an seine Grenze kommt, stets aufs neue Entscheidungen mit Verbindlichkeitscharakter zu treffen, wir wären tatsächlich weniger als Nichts. Wollten wir allerdings vom Glanz dieser Freiheit geblendet in lebenslanger Unverbindlichkeit verweilen, könnte unser Schneeflokkendasein zerrinnen, bevor es im Winterwald zu seiner Erfüllung gelangt. Deshalb soll hier in Hinblick auf drei große Lebensbereiche über das dialektische Verhältnis von Freiheit und Verbindlichkeit einerseits und dessen Auswirkungen auf die seelische Gesundheit des Menschen in seiner Existenzbedeutung andererseits nachgedacht werden.

1) Die Bindung an einen Ort – Von der Sehnsucht des Menschen nach Heimat

Wohl dem Menschen, der eine Heimat hat. Aber was ist Heimat? Sind es die Gräber der Vorfahren in der Erde? Sind es die erinnerungsverklärten Spielplätze aus der Jugendzeit? Sind es die alten Gemäuer, in denen man seine ersten Schritte getan hat?

Es ist heutzutage kein Geheimnis mehr, daß ein Bezugspersonenwechsel für Kleinkinder nicht optimal ist. Doch auch ein häufiger Ortswechsel ist für sie wenig geeignet. Das heranwachsende menschliche Leben braucht viel Vertrautes, und zwar liebevoll Vertrautes wie den lustigen Teddybär am Kopfende des Bettes oder den efeuumrankten Geräteschuppen im Garten des Großvaters. Es braucht die Dinge und Menschen an dem ihnen eigenen Platz, da, wo sie hingehören. Dann ist es eine „aufgeräumte Welt", in die es hineinwächst, mit regelmäßigem Tagesrhythmus, klaren Konturen zwischen gut und böse und eindeutigen Signalen seitens der Erwachsenen. In dieser „aufgeräumten Welt" spürt der junge Mensch mit unhinterfragter Gewißheit, daß er selbst einen Platz hat: seinen richtigen Platz, an dem er ist, wo er sein soll. Seinen Platz, an dem er willkommen ist. Seinen Platz, an dem es gut ist, daß er da ist. Seinen Platz, den ihm niemand streitig macht, weil es eben sein und keines anderen Platz ist. Dieses erspürte Wissen erlaubt ihm, in Ruhe zu reifen. Heimat ist das Milieu, in dem Menschwerden vonstatten gehen kann, ungestört und unbehindert – der Nährboden der sie umhüllenden Landschaft in ihrer Konstanz schützt es genauso wie zuvor der Mutterschoß.

Ein Mensch, der eine solche Heimat besessen hat, bleibt ihr ein Leben lang verbunden, was aber nicht heißt, daß er aus dem Vertrauten nicht ausziehen und ausbrechen wird. Er hat es sogar erheblich leichter, sich zu trennen und das Abenteuer des Unbekannten und Fremden zu wagen als der ursprünglich Heimatlose. Wer nie zugehörig war, keiner Familie, keinem Ort und keinem weltanschaulichen Rahmen mit seinen Riten und Symbolen, der irrt später mitunter Jahrzehnte umher, ohne das Seine zu finden, jenen Gegenstand und Inhalt, dem er sich frohen Herzens verpflichten könnte. Gewissens- und Orientierungskrisen drücken nicht selten eine Sehnsucht nach der vermißten Heimat aus.

Demgegenüber ist der Mensch, der in Ruhe reifen durfte, zum Sehnen nicht genötigt und daher absprungbereit: Er will die Welt „erobern". Meist fällt diese Eroberung im Ergebnis milder aus, als ihre Initialphase vermuten ließ, und mündet allmählich in die Gewinnung eines Platzes ein, an dem es – wenn auch unter neuen Vorzeichen – wiederum gut ist, daß man da ist. Denn sie führt dazu, daß ein Mensch entdeckt, was an konkreten Aufgaben auf ihn wartet, und zwar unmißverständlich auf ihn, um von ihm persönlich übernommen zu werden. Der Auszug aus der Heimat, der seltsamerweise am ehesten gelingt, wenn eine tiefe innere Verbindung zu ihr bestanden hat und noch besteht, führt dazu, daß sich der Ausziehende in der Erkenntnis eines spezifischen Lebenssinns neu und endgültig beheimatet, daß er seinen richtigen Platz in der Welt findet, der ihm vielleicht zugedacht war von allem Anfang an.

Ein exzellentes Beispiel dafür liefert uns die Person Viktor E. Frankls. Daß er den spezifischen Sinn seines Lebens in der Entwicklung regulativer und kurativer Richtlinien für die psychotherapeutische Arbeit mit seelisch kranken Menschen gefunden hat, daran kann wohl kein Zweifel bestehen. Die Fachwelt hat sein Werk mit bisher 27 Ehrendoktoraten in allen Kontinenten gewürdigt. Er hat sich also seinen Platz „erobert", jenen Platz, an dem er unverzichtbar und unaustauschbar geworden ist für eine Aufgabe, an die er sich freiwillig gebunden hat, in der er gleichsam Wurzeln geschlagen hat. Daß er gleichzeitig ein Mensch mit „Heimatsinn" ist, der über eine innige Verbindung zu seiner Geburtsstadt verfügt, beweist der nachstehende Ausschnitt aus seinem Kriegserlebnisbericht *, in dem er seinen Transport vom Lager Auschwitz in ein Dachauer Filiallager schildert:

Der Zug, der uns – ungefähr 2000 Häftlinge – dorthin brachte, fuhr über Wien. Wir passierten den Wiener Bahnhof nach Mitternacht. Die weitere Strecke führte uns an der Gasse vorbei, in einem deren Häuser ich zur Welt gekommen bin und Jahrzehnte meines Lebens, nämlich bis zum Tage meiner Deportierung gewohnt habe. Wir befanden uns zu fünfzig in je einem kleinen Gefangenenwaggon, der zwei kleine vergitterte Luken besaß. Da ohnehin jeweils nur eine Gruppe von uns auf dem Boden hocken konnte, während die übrigen stundenlang zu stehen gezwungen waren, drängten sich letztere meistens zu diesen Luken. Auch ich war unter ihnen. Was ich, zwischen den Köpfen vor mir und durch die Gitterstäbe hindurch, auf den Zehenspitzen stehend, von meiner Vaterstadt sehen konnte, wirkte ungemein gespenstisch. Wir alle fühlten uns mehr tot als lebendig …

---

* Viktor E. Frankl, „…trotzdem Ja zum Leben sagen", dtv München, 12. Auflage 1993, Seite 58/59.

Jetzt fährt der Zug aus der Station, nach stundenlangem Warten. Jetzt kommt die Gasse – meine Gasse! Da fange ich zu betteln an: die jungen Burschen, die viele Jahre Lagerleben schon hinter sich haben und für die eine solche Reise allerhand an Eindrucksmöglichkeiten und Erlebnisfülle bedeutet, gaffen aufmerksam durch die Luke. Ich bitte sie nun, mich doch bloß für einen Augenblick vorzulassen. Ich versuche, ihnen verständlich zu machen, was gerade ein Blick da hinaus für mich eben bedeutet. Halb grob und empört, halb höhnisch und verächtlich wird meine Bitte aber abgelehnt und mit der Bemerkung quittiert: „So viele Jahre hast du da gewohnt? Na, dann hast du ja schon genug gesehen!"

In einer Abhandlung über das Phänomen der Religiosität des Menschen vergleicht Viktor E. Frankl ferner diejenige Religion, in der ein Mensch aufgewachsen ist, mit dessen *Muttersprache,* die ihm lieb und vertraut ist, ohne daß deswegen behauptet werden könnte, sie sei anderen Sprachen überlegen *. Wer Heimat kennt, kann sich somit auch in einem weltanschaulichen System und seiner Symbolik „zu Hause" fühlen.

So zeigt sich, daß der vom Schicksal Bevorzugte, der einst ein Zuhause hatte im Wissen um einen Platz, an den er hingehörte, einen Platz im Herzen seiner Angehörigen verbunden mit den Örtlichkeiten und Ritualen ihres Lebens, daß dieser Bevorzugte eine Spur leichter seinen Platz in der Welt zu entdecken und zu „erobern" vermag als der Heimatlose, jene Nische, die auf ihn wartet, weil keiner sie mit Sinn ausfüllen kann wie er. Aber auch derjenige, der von seinen Startbedingungen her weniger bevorzugt war, ist ein „Steinchen" im unbegreiflichen Puzzlespiel des Ganzen, und auch für ihn ist genauso die Nische, die Lücke vorgesehen, in die alles hineinpaßt: seine Gaben und Talente, seine Kraft und seine Lebenszeit. Der Platz, an dem er erwartet und willkommen geheißen wird – vielleicht nicht von seinen Mitmenschen, doch von „höherer Instanz". Er mag es schwieriger finden, sich an diesen Platz zu binden als andere, sich dort mit der Welt zu verbinden, doch sobald er es tut, wird seine Sehnsucht nach Heimat endlich

---

* Viktor E. Frankl, „Der unbewußte Gott", dtv, München, 7. Auflage 1992, Seite 94.

gestillt sein und ihm die unabdingbare Bedeutung seiner Existenz offenbar werden. Denn Heimat ist letztlich nicht, wo wir herkommen, sondern, wo wir hingehören.

2) Die Bindung an ein Vorhaben – Vom Daseinsprovisorium zur Sinnantizipation

Viktor E. Frankl beschreibt die von ihm so benannte „provisorische Daseinshaltung“ als „Leben in den Tag hinein“ und „Leben aus dem Trieb heraus“ *. Ein anschauliches Beispiel dazu wurde mir in Argentinien berichtet.

In diesem Lande ist die Armut groß, und zweifellos tragen die politischen und wirtschaftlichen Verhältnisse wesentlich dazu bei. Jedoch, so wurde mir berichtet, gesellt sich ein Aspekt hinzu, der nicht „von oben herab“ der Bevölkerung aufdiktiert wird, sondern „von unten“, aus der Bevölkerungsbasis stammt. Ein Teil der Bevölkerung nämlich lebt, was man ein punktuelles Leben nennen könnte, ein Leben im Punkt und Augenblick der Gegenwart. Ein Leben für heute. Ein Leben, das auch nur für heute stimmen muß.

Das bedeutet, daß man, wenn man heute Hunger hat, heute arbeitet, um Geld zu verdienen. Es heißt aber auch, daß man, wenn man heute keinen Hunger hat, heute nicht arbeitet. So bleiben beispielsweise nach der Erntezeit Tonnen an Gemüse und Obst auf den Feldern zurück, die gratis gepflückt, gesammelt und gehortet werden könnten für die karge Winterszeit. Allein, wenn die ärmlichen Leute aus der Umgebung satt sind – und das sind sie im allgemeinen in der Erntezeit, da sie den Bauern beim Ernten geholfen und sich dadurch einen kleinen Verdienst verschafft haben –, denken sie nicht daran, nochmals auf die Felder zu gehen und sich nach übriggebliebenen Tomaten oder Kartoffeln zu bücken. Deshalb wird auf den großen Farmen schließlich alles mitumgegraben und in den Boden eingearbeitet, was da noch von den Obstbäumen fällt oder aus dem Boden wächst. Seitens der ärmlichen Leute aber wird erst wenn der Hunger zurückkehrt erneut zur Arbeit geschrit-

---

* Viktor E. Frankl, „Theorie und Therapie der Neurosen“, UTB 457, Ernst Reinhardt Verlag, München, Seite 134ff.

ten. Und sollte es einmal keine Arbeit geben, wird gestohlen, um dem Drang von heute nachzukommen.

Daß sich diese „Lebenshaltung" nicht nur in Argentinien, sondern überall in der Welt armutverschärfend auswirkt, ist selbstverständlich. Sie entspricht nämlich einer Evolutionsstufe, die dem derzeitigen Entwicklungsstand des Menschen nicht mehr gemäß ist: der Stufe der Jäger und Sammler. Man holt die Beute, wenn man sie braucht, und wenn sie einem unter die Augen kommt. Fühlt man sich gerade wohl, tut man nichts – warum auch? Man befindet sich ja im inneren Gleichgewicht. Erwacht jedoch der Trieb, kommt man „getriebenermaßen" in Bewegung und sucht nach demjenigen, das den Trieb zu befriedigen vermag. Es ist ein ständiges Pendeln zwischen Handeln und Verweilen im Daseinsprovisorium.

Ein ähnliches Muster finden wir auch bei Menschen mit einer *Beschwichtigungstendenz.* Ihnen geht es primär darum, ihre Ruhe zu haben oder wieder herzustellen. Will jemand etwas von ihnen, wird der Betreffende schnell vertröstet – auf unbestimmte Zeit. Wird z. B. dies oder jenes verlangt und ist dies oder jenes mühsam oder unangenehm, lautet die am häufigsten gegebene Antwort: „Ja, das werd' ich schon machen." Der Forderer wird damit vorerst beschwichtigt, und das Erfordernis wird in eine Zukunft verlegt, in der es möglichst nicht stattfinden wird. Im Moment hat man Ruhe, und was später geschieht, wird man sehen … in der uneingestandenen Hoffnung, daß es sich vielleicht erübrigen möge. Drängt der Forderer sehr, besteht er sozusagen auf dem Jetzt, wird nachgegeben, aber nicht etwa aus einer Einsicht in die Notwendigkeit des Erfordernisses heraus, sondern nur, um Ruhe vom „Beknietwerden" zu haben. Zieht sich der Forderer daraufhin zurück, läuft das begonnene Tun alsbald aus, und es bleibt alles beim Alten.

Analoge Beschwichtigungstendenzen zeigen solche Menschen in allen prekären Lagen, in denen eine ernsthafte Auseinandersetzung mit anstehenden Problemen gescheut wird. Ist zum Beispiel ein Familienmitglied schwer erkrankt, wird oberflächlicher Optimismus an den Tag gelegt, um der Tatsache der Todesbedrohung nicht ins Auge sehen zu müssen, und schon gar nicht gemeinsam mit diesem Familienmitglied. Vielleicht erholt es sich ja wieder oder es stirbt ohne viele Komplikationen, und man hat sich eine belastende Verabschiedung erspart. Die

Zukunft ist aus Sicht des punktuellen Lebens der Ort, an dem sämtliche Ärgernisse, die das Gleichgewicht des Augenblicks stören könnten, gut aufgehoben sind; denn solange man sie dort deponieren kann, braucht man sich im Augenblick nicht darum zu sorgen und darf sich sogar in der Illusion wiegen, daß sie sich von selbst erledigen werden.

Die Zukunft hat aber für das Daseinsprovisorium oft noch eine weitere Bedeutung, und zwar die einer Rechtfertigung fatalistischer Denkfiguren. Da sie gleichsam „voll" ist mit sämtlichen in sie hineinverschobenen Unannehmlichkeiten und Ärgernissen, nimmt sie eine düstere Färbung an. Man flüchtet ja vor ihr in den Augenblick und wehrt jede Beschäftigung mit ihr ab. So wird sie zum gefräßigen Ungeheuer, das alle Hoffnung hinwegfrißt, insbesondere die Hoffnung auf ein gutes Leben. Wenn sie Hoffnung in sich birgt, dann einzig die Hoffnung auf ein Entrinnen aus dem Zwang zur Lösung des einen oder anderen in ihr deponierten Problems, indem sich dieses in der verstreichenden Zeit von selbst auflöst.

Solch düster gefärbte Zukunft, in der sich keinerlei Hoffnung auf eine konstruktiv-positive Entwicklung in Richtung eines geglückten Lebens, sondern bestenfalls ein Andauern des In-Ruhe-gelassen-Werdens abbildet, bleibt nicht ohne Rückwirkung auf den Menschen. Sie muß bei ihm den Eindruck erwecken, daß sich Anstrengungen oder „Investments" in sie nicht lohnen. Wozu sich heute plagen, wenn morgen alles aus sein kann? Wozu Mühe auf sich nehmen, wenn Mißerfolge möglich, ja, wahrscheinlich sind? Wozu Engagement beweisen, wenn die äußeren Umstände über uns „würfeln"? Die provisorische Daseinshaltung leistet einer fatalistischen Vorschub: konsumieren, verbrauchen, genießen wir heute, was wir haben, und verschieben wir unsere Sorgen auf morgen. Auf ein „dräuendes" Morgen, vor dem wir in unserer Ohnmacht und Hilflosigkeit besser die Augen verschließen, sonst könnten wir das Heute nicht mehr genießen.

Menschen mit dieser Haltung lernen im ständigen Improvisieren die Kunst des momentanen Ausgleichs und entwickeln eine hinreichende Flexibilität, aber sie sorgen niemals vor und gehen niemals die kleinen Schritte zum großen Ziel. Dadurch ist ihnen jegliche *Bindung an ein Vorhaben* verschlossen, und sie müssen ohne eine Zukunft auskommen, die den Stempel ihrer eigenen Mitwirkung trägt. Die demgegenüber höhere Evolutionsstufe ist das *Leben auf einer Zielgeraden.* Man hat ein Ziel vor Augen und bewegt sich wie auf einer Geraden darauf zu. Man plant für morgen, sorgt vor und verzichtet notfalls heute auf etwas, um morgen diesem Ziele näher zu sein. Dadurch entwickelt sich die Fähigkeit, eine Mühe zu investieren, die heute nichts einbringt, dafür aber später Früchte zeitigt.

Gewisse Projekte sind nur auf der Zielgeraden erfolgversprechend bearbeitbar wie z. B. Ausbildungen, Berufslaufbahnen, Familienplanungen oder politische und kulturelle Reformen. Auch die Verringerung des derzeitigen gigantischen Elends in der „Dritten Welt" würde einer vereinten Anstrengung auf der Zielgeraden bedürfen.

Freilich, die innere Bindung an Ziele und Zielvorstellungen birgt eine zweifache Gefahr in sich. Zum einen bleiben manche Ziele unerreicht, was Enttäuschung nach sich zieht. War doch dann offensichtlich alle Mühe umsonst. Das Offensichtliche entpuppt sich jedoch beim näheren Hinsehen als Trugschluß, denn eingebrachte Mühe ist niemals umsonst und verbindliches Leben niemals verlorenes Leben, was in der fernöstlichen Weisheit, daß der Weg selbst Ziel und Gewinn ist, deutlich zum Ausdruck kommt. Wer z. B. nach 14 Semestern Studium keinen Abschluß erreicht hat und aufhören muß, hat sich immerhin eine Bildungsfülle angeeignet, die ihn ein Leben lang begleiten wird. Und er hat sich in den vielen Stunden des Lernens und Übens in Richtung einer relativen Unabhängigkeit von Augenblicksbefriedigungen weiterentwickelt, was ihn auch in Zukunft instand setzen wird, sich einiges abzuverlangen, wenn es sein muß. Manchmal ist das tapfere Einstecken von Versagen und Versagungen die größte „Leistung", die ein Mensch vollbringen kann, eine Leistung, die der Zielerreichung in nichts nachsteht.

Die zweite Gefahr bei der Bewegung auf einer Zielgeraden ist bei weitem kritischer zu bewerten. Es ist die Gefahr, dem falschen Ziele nachzurennen, und dies mit Vehemenz und Fanatismus. Es ist die Gefahr, für die eigene Macht und Karriere „über Leichen zu gehen" oder extreme Ideen um jeden Preis durchboxen zu wollen. Hier schlägt die Trägheit des punktuellen Lebens ins Gegenteil um, in das Wüten im Hier und Jetzt auf ein Morgen mit illusionistischen Zügen zu, dem jeder und jedes widerspruchslos geopfert wird. Ein Morgen, das sich meistens als ein bitteres Aufwachen im selbstverschuldeten Chaos entpuppt.

Diesbezüglich tut der Aufschwung auf eine noch höhere Evolutionsstufe der Menschheit not, in der sich die Zielgerade in eine *Sinngerade* verwandelt. In der wir uns durchaus an Vorhaben binden, aber eben an *sinnvolle* Vorhaben und unter Einsatz *sinnvoller* Mittel. Sinn zeigt sich uns nicht im Fragen nach dem Vorteil für uns selbst, sondern einzig im Fragen nach dem Verwirklichungswürdigen in der Welt. Ferner zieht uns Sinn zwar mit der Dringlichkeit seines Rufes an, doch hält er uns zugleich im zügigen Auf-ihn-Zuschreiten immer wieder an – zum Pausieren und Verweilen im Sich-besinnen-Müssen auf das Gerufene. Vor allem aber füllt er unsere Zukunft mit echter Hoffnung statt mit in sie hineinverschobenen Unannehmlichkeiten, wie es beim punktuellen Leben geschieht, oder mit in sie hineinprojizierten Illusionen, wie es beim Leben auf der Zielgeraden passieren kann. Und zwar mit der Hoffnung, daß sich dereinst unser sinnvolles Wirken und Mitwirken über die Gegenwartslinien hinüber zu einer persönlichen Lebensvergangenheit fügen wird, über deren verbindlichen Wahrheitsgehalt wir sehr glücklich sein dürfen. Wie hat doch Nicolai Hartmann so schön gesagt:

„Alles Gelingen ernstlicher Bemühung, alles Lieben und Geliebtwerden, aller Anteil an menschlicher Größe, alle Hingebung an ideelle Ziele oder großes Geschehen zeigt dieselbe eindeutige Richtung der Abhängigkeit: es ist nicht sinnvoll, weil es beglückt, sondern es beglückt, weil es sinnvoll ist.“

3) Die Bindung an eine Person – Vom Aufgeben des verhängnisvollen Anspruchs auf Liebe

Beim Nachdenken über Freiheit und Bindung darf das interpersonale Beziehungsgefüge nicht ausgeklammert werden, das wahrscheinlich den schwierigsten Part verbindlichen Lebens darstellt. Zuviel Bindung und unerquickliche Bindung zwischen Menschen erzeugt Abhängigkeiten erschreckenden Ausmaßes. Zuwenig Bindung wiederum erzeugt Einsamkeiten erschreckenden Ausmaßes. Will sich jemand aus einer zwischenmenschlichen Abhängigkeit befreien, vermag er dies oft nur auf harte Art zu tun, weshalb Abhängigkeiten verborgenen Sprengsätzen gleichen, die irgendwann explodieren und das noch im günstigeren Falle. Denn die Alternative, also das Nicht-Explodieren, würde ja lebenslange Unterwerfung bedeuten. Will sich jemand andererseits aus der Einsamkeit „herausstrampeln“, die ihn wie eine Isolierschicht abschottet, vermag er dies auch oft nur auf eine anbiedernd-klammernde Art zu bewerkstelligen, die erneute Dramen vorprogrammiert.

Bei all diesen unseligen Versuchen, eine verbindliche Beziehung zu einem oder mehreren Menschen einzugehen, die tragend, bergend und gegenseitig bereichend ist, besteht das Hemmnis im wesentlichen aus zwei Faktoren. Der erste Faktor ist hinlänglich untersucht in der Psychologie: Es ist das schwache Selbstwertgefühl eines Menschen, das diesen verleitet, ständig nach außenhin gegen Schatten zu kämpfen, die seine eigenen sind. Der zweite Faktor pfropft sich auf dem ersten auf: Es ist die vorherrschende Neigung, einen anderen Menschen ändern zu wollen. Und zwar entweder nach einem inneren Wunschbild oder in der Reaktion auf ein unerwünschtes Verhalten von ihm. Die katastrophalste Änderungstendenz jedoch ist der Anspruch, der andere möge einem mehr Liebe und Fürsorglichkeit schenken als bisher. Jeder Versuch, den anderen auf eine Weise ändern zu wollen, die einem besser gefiele, endet unweigerlich paradox. Nachstehend die Schilderung eines solchen Versuches *:

Als Giulia Arnaldo heiratete, war ihr bewußt, daß er ein schüchterner und introvertierter Mensch war. Sie hatte diesen Typ Mann nie gemocht: Ihr gefielen mehr die heiteren und geselligen Menschen, und Arnaldo war ganz und gar nicht so. Doch als Giulia ihn kennenlernte, hatte sie gedacht: „Es wird mir schon gelingen, ihn so zu ändern, daß er mir gefällt, ich werde ihm Fröhlichkeit und viele Freunde ins Haus bringen. Das wird ihm gefallen, und dann wird er aus sich herausgehen.“

Konstellationen wie die beschriebene haben praktisch kaum eine reelle Chance, gut zu gehen. Arnaldo wird unter dem Drängen seiner Gattin nicht fröhlicher, sondern zunehmend depressiver werden, weil er nicht

* Camillo Loriedo / Gaspare Vella, „Das Paradox in Logik und Familientherapie“, Matthias-Grünewald-Verlag, Mainz 1993, Seite 76.

bringen kann und will, was sie verlangt. Und sie wird in ihren vergeblichen Bemühungen zunehmend verzweifelter oder aggressiver werden, weil er aus ihrer Sicht keinerlei Fortschritte macht. Insbesondere eskalieren wird die Angelegenheit, falls Arnaldo anfangs, während seiner Verliebtheitsphase, nachgibt und unter inneren Klimmzügen „kleine Fortschritte" zustande bringt, die er nach Abkühlung jener Verliebtheitsphase im Alltag wieder sein läßt. Giulia, durch ihre Anfangserfolge davon überzeugt, recht zu haben, wird die Intensität ihrer Einflußnahme auf ihren Ehemann verstärken, sobald er „zu seinem Wesen zurückkehrt", was ihn in seinem Widerstand vollends davon überzeugen wird, nicht derjenige sein zu wollen und zu können, als den sie ihn gerne sähe.

Im genannten Fall ist ein inneres Wunschbild der Frau für die In-Gang-Setzung des circulus vitiosus ausschlaggebend, es könnte aber auch ein Verhalten ihres Mannes sein, das sie erst nach der Eheschließung im Laufe der Jahre an ihm entdeckt und das ihr widerstrebt. In der Reaktion darauf würde sie vermutlich ebenfalls Druck ausüben, ihn nach ihren Vorstellungen zu formen. Ähnlich problematische Strukturen finden sich nicht selten zwischen Eltern und Kindern, etwa wenn Eltern (mit oder ohne driftigen Grund) eine Fertigkeit ihres Kindes fördern wollen, die diesem nun einmal nicht liegt.

Der einzige Ausweg aus dem skizzierten Dilemma ist die Elimination des Anspruchs auf Wunscherfüllung. Manchmal ist uns im Leben aufgegeben, etwas aufzugeben. Das Aufgeben des Begehrens, ein uns nahestehender Mensch möge anders sein und werden, als er ist, muß nicht erst im Kontext von absoluter Resignation erfolgen, was vielfach dem Ende der involvierten zwischenmenschlichen Beziehung entspricht. Klüger und weiser ist es, dieses Begehren prinzipiell aufzugeben und damit im eigenen Leben eine entscheidende Wende zu vollziehen. Fruchtbarer ist es, zu einer Toleranz vorzustoßen, die nicht bloß Erdulden oder Gleichgültigkeit jenem anderen gegenüber meint, sondern das Annehmen seines ihm spezifischen Wesens und das Verbleiben in der Liebe zu ihm, selbst dann noch, wenn er unsere Wünsche nicht erfüllt.

Diese Einsicht, manches aufgeben zu müssen, weil ein Insistieren in irgendeiner Form zu immer paradoxeren Reaktionen und verhärteteren Fronten auf beiden Seiten führen würde, inkludiert nun auch das Aufgeben des Anspruchs auf Liebe. Wobei hier nicht diskutiert werden soll, ob wir grundsätzlich einen solchen hätten und woraus er ableitbar wäre, sondern aus umfassender familientherapeutischer Erfahrung heraus vermittelt werden soll, daß jegliches Anmelden eines derartigen Anspruchs bei unseren Nächsten Abwende- und Rückziehbewegungen auslöst. Wer Liebe bekommen will, indem er sich für einen anderen unentbehrlich macht, indem er die Aufmerksamkeit und das Interesse des anderen künstlich auf sich lenkt oder sogar den anderen mit Vorhaltungen und Kritik an sich fesseln will, der wird dessen Liebe verlieren. Je mehr sie ihm aber entgleitet, desto höhere Anstrengungen wird er bei umso höherer Aussichtslosigkeit einsetzen, bis jedwede Bindung zwischen beiden zerbrochen ist. Und mit ihr der Rest an ohnehin schon schwachem Selbstwertgefühl, welches eben den einen dazu verleitet hat, kontinuierlich nach Liebe und Rückbestätigung des Geliebtwerdens zu haschen.

Im Fazit läßt sich feststellen, daß eine Beziehung zwischen mehreren Personen dann verbindlich und tragend ist, wenn sie nicht auf Wünschen aneinander gründet und speziell nicht auf dem Wunsch, geliebt zu werden. Nur Personen, die einander annehmen und das heißt in der vollen Konsequenz: die es aufgegeben haben, den anderen ändern zu wollen und bereit sind, ihm dennoch ein Stück Nähe, Verständnis und Zuwendung zu gewähren, nur diese Personen sind zur Liebe fähig. Nämlich – und das perfektioniert die Paradoxie geradezu – zum Verschenken genau jener Liebe, auf deren Empfangsanspruch sie ihrerseits verzichtet haben. Sie sind in den langwährenden, stabilen Beziehungen, die dadurch entstehen, die „Auserwählten", die ohne Wunsch und Nachhilfe vielfach geschätzt, gemocht und wiedergeliebt werden, was ihr Selbstwertgefühl zur „Hoch-Zeit" bringt. Außerdem sind sie diejenigen, die – ebenfalls höchst paradoxerweise – häufig andere Menschen motivieren, sich doch ein klein wenig zu ändern, sich *freiwillig* zu ändern, von keinem Müssen gedrängt, sondern im So-Sein-dürfen angenommen.

Wir sehen: Die Bindung an einen persönlichen Aufgabenbereich ermöglicht es uns, uns am Ort unserer existentiellen Bedeutung zu beheimaten. Heimat ist, wo die Seele sprießt. Die Bindung an sinnvolle Ziele erlaubt uns, gelassen ausschreitend auf dem richtigen Weg zu bleiben. Weg ist, wo die Seele wächst. Die Bindung an Personen schließlich verhilft uns in der Überwindung des Anspruchsdenkens zur Entfaltung unserer Liebesfähigkeit. Liebe ist, wo die Seele blüht. Damit aber, mit dem Gespür, wo wir hingehören, auf dem Weg, der uns gewiesen, und in der Liebe, die uns innewohnt, sind wir ideal ausgestattet, ein menschliches Leben zu vollenden, dessen Identität und Qualität glücklicherweise Verbindlichkeitscharakter hat für alle Zeit.

Das logotherapeutische Heilmittel „Bildkorrektur“ am Beispiel der Altenbetreuung

Das umfassende Sein ist uns Menschen nicht zugänglich. Was wir erfassen können, sind immer nur *Bilder des Seins,* worauf bereits Plato mit seinem berühmten Höhlengleichnis hingewiesen hat. Psychologisch wichtig an dieser Erkenntnis ist, daß wir gemäß unseren Bildern leben. Durch sie verstehen und interpretieren wir alles, was uns begegnet. In ihnen spiegelt sich die Bedeutsamkeit wider, die wir der Welt und ihren Daseinsinhalten aus unserer subjektiven Sicht zuerkennen. Weshalb es sich lohnt, zwischen Bildern, die krank machen und Lebensvollzug behindern, und Bildern, die zu einem erfüllten Leben förderlich beitragen, zu unterscheiden. Insbesondere in der Seelenheilkunde ist es eines ihrer wirksamsten Instrumentarien überhaupt, über entsprechende „Bildkorrekturen“ zum Glücken menschlichen Lebens in seiner Vielfalt und Komplexität beizutragen.

Genau das hat sich die Logotherapie von Viktor E. Frankl zur Aufgabe gestellt. Sie hat nicht bloß zum Ziel, das Wohlbefinden seelisch kranker Menschen mit Hilfe von Gesprächsmethoden und Übungsanweisungen wieder herzustellen. Über diese Verfahrensebene hinaus, die sie mit anderen psychotherapeutischen Schulen teilt, besitzt sie einen zusätzlich heilenden Ansatz, der sich mit analytischen, heuristischen oder behavioristischen Vorgehensweisen nicht vergleichen läßt: Sie leitet tatsächlich „Bildkorrekturen“ ein, Korrekturen des Selbstbildes, Menschenbildes, Weltbildes und indirekt sogar des Gottesbildes von kranken und gesunden Menschen. Damit peilt sie weniger deren Wohlbefinden an als vielmehr die Regeneration und Festigung von deren Lebensbejahung, Grundvertrauen und Bereitschaft zu sinnvollem Handeln. Dies erreicht sie, indem sie eine Philosophie und Anthropologie vermittelt, die den Menschen in seiner Existentialität wahrnimmt und ernst nimmt. Sie heilt, indem sie Menschen sich und andere neu definieren läßt.

Was das für die Praxis heißt, ist leicht zu verstehen. Jeder von uns lenkt sein Lebensschiff nach gewissen tiefliegenden Vorstellungen, wie er handeln darf, soll oder muß in bezug auf die Werthaftigkeit der Dinge und Personen, die ihn umgeben. Wenn wir jemanden negativ einschätzen, behandeln wir ihn herablassend und verächtlich. Wenn wir von uns selber wenig halten, gilt das gleichermaßen für unsere eigenen Lebensentscheidungen, die sich dann oft gegen uns selbst wenden. Wenn wir generell den Menschen als ein lästiges und miserables Wesen einstufen, das nur Ärger bereitet, werden wir sukzessive zum Menschenfeind.

Umgekehrt kann uns ein Bild vom Menschen, das ihn in seiner Würde und Originalität nachzeichnet, helfen, auch noch schwierige mitmenschliche Kontakte zu meistern. Darüber hinaus hilft es uns zur Annahme unserer selbst und zur Liebe zum Nächsten in seinem Anderssein. Gerade in der Psychotherapie, aber auch z. B. in der Gerontologie oder im Umgang mit kranken und behinderten Menschen, ist dies von essentieller Bedeutung. Wird der Mensch im Sinne der reinen Naturwissenschaft „mechanistisch" bzw. „materialistisch" gedeutet, wird er also als normalerweise funktionstüchtiger Apparat aufgefaßt, der im Krankheitsfalle eben nicht mehr richtig funktioniert und folglich repariert werden muß, fördert dies zwar unser Nachdenken über „Techniken der Wiederinstandsetzung", aber es stützt nicht unsere Liebesfähigkeit, Geduld und Annahme im Falle irreparabler Defizite. Wenn bei einem Mensch dann „nichts oder fast nichts mehr zu machen ist", wenn sich die Mühe um ihn sozusagen nicht mehr lohnt, weil er sich körperlich oder psychisch doch nicht mehr erholen wird, so sind wir schnell zur Resignation geneigt. Eine Resignation, die sich bis zur Euthanasiebereitschaft steigern kann, sobald ökonomische, politische oder gesellschaftliche Kalküle dazukommen und etwa die Kosten-Nutzen-Rechnung der Versorgung eines Kranken bedenklich ausfällt.

Da die Logotherapie unter den psychotherapeutischen Richtungen der Gegenwart zweifellos die am wenigsten mechanistische und materialistische Position einnimmt, kann das ihr zu Grunde liegende Menschenbild als Vorbild einer besonders personenfreundlichen Anthropologie gelten. Damit opfert sie allerdings den Anspruch reiner Naturwissenschaflichkeit und baut jenes „Credo" in ihr Konzept mit ein, das als „psychiatrisches“ und „psychotherapeutisches Credo“ in der Fachwelt bekannt geworden ist *.

Doch bleiben wir zunächst bei der Betrachtung der Bilder, als da vor allem sind: das Selbstbild, das Menschenbild, das Weltbild und das Gottesbild. Natürlich gibt es noch detailliertere Bildkategorien wie etwa das Frauenbild, das Berufsbild bestimmter Epochen etc. Wir wollen uns aber auf die genannten vier Bilder konzentrieren, weil sie sehr eng mit der seelischen Stabilität oder Labilität des Menschen, der ihnen „anhängt“, verknüpft sind. Destabilisierend und krankmachend sind die folgenden Bilder:

Negatives Selbstbild	Unrealistisches Selbstbild	Bild vom zerstörbaren Selbst
Selbstablehnung, Geringschätzung eigener Möglichkeiten und Fähigkeiten bis hin zum Selbsthaß	Über- oder Unterschätzung eigener Möglichkeiten und Fähigkeiten bis hin zu Wahnvorstellungen	Tendenz zur Selbstabsicherung und Selbstverteidigung aus ständiger Angst um sich selbst
Negatives Menschenbild	Abhängiges/unabhängiges Menschenbild	Angsteinflößendes Menschenbild
Zynismus, Gleichgültigkeit, Pessimismus bis hin zur Menschenverachtung	Pandeterministisch/unmündiges Menschenbild oder Glaube an die Allmacht des Menschen	Einschätzung der Mitmenschen als böse, gemein, bis hin zu chronischem Mißtrauen
Negatives Weltbild	Verzerrtes Weltbild	Bedrohliches Weltbild
Welt sei unheil und unheilbar, ein Irrtum der Evolution, ein zufälliges Chaos	Groteske, illusionäre Weltbilder, „Luftschlösser“, Traumwelt, Scheinwelt	Weltuntergangsphantasien, Welt treibe in den Ruin, Katastrophenerwartung
Negatives Gottesbild	Anthropomorphes Gottesbild	Strafendes Gottesbild
Absage an einen Gott, der Leid zuläßt, der im Stich läßt, Hader mit Gott bis hin zum Atheismus	Projektionen eigener Gefühle/Gedanken in die Transzendenz, Deutungen, Aussagen über Unaussagbares	Überzogene Schuldgefühle, Angst vor Macht der Hölle, Verlassenheit, rachsüchtigem Gott

* Vgl. dazu: Viktor E. Frankl, „Der Wille zum Sinn“, Verlag Piper, München, Neuausgabe, 2. Auflage 1994, Seite 108ff.

Vergleicht man die aufgezählten und kurz anskizzierten Bilder in ihrer senkrechten Abfolge miteinander, erkennt man einen „roten Faden", der sie durchzieht. Es ist die jeweilige Gemeinsamkeit, die sie als psychohygienisch kritisch, gefährlich, belastend und lebenskonträr ausweist, nämlich: Abwertung, Unangemessenheit und Angsterzeugung.

Gemeinsamkeiten der Bilder:

Abwertende, geringschätzende Bilder	Unangemessene, inadäquate Bilder	angsterzeugende, bedrohliche Bilder

Wollte man diese destabilisierenden und krankmachenden Bilder mit charakteristischen Krankheitsformen aus der Psychotherapie und Psychiatrie in Übereinkunft bringen, könnte man mit Fug und Recht behaupten, daß

a) die abwertenden Bilder Hemmschwellen der Zerstörung senken und folglich involviert sind bei den *Psychopathien,*
b) die unangemessenen Bilder zur Realitätsverkennung beitragen und folglich involviert sind bei den *Psychosen,* und
c) die angsterzeugenden Bilder Vertrauen und Hoffnung untergraben und folglich involviert sind bei den *Neurosen.*

Womit freilich nicht gesagt sein soll, daß die genannten Bilder *ursächlich* am jeweiligen Krankheitsgeschehen beteiligt wären. Es genügt ihre fehlhaltungsverschärfende und krankheitsintensivierende Wirkung, um sie als überaus problematisch – und „problemverwoben" – einzustufen.

Suchen wir im Kontrast dazu krankheitslindernde und lebensförderliche Bilder, so lassen sie sich aus der obigen Beschreibung unschwer ableiten. Statt abwertend müssen sie eben wertschätzend, statt unangemessen angemessen und statt angsterzeugend Geborgenheit vermittelnd sein:

Gegenteilige Bilder:

Wertschätzende, sinneröffnende und sinnstiftende Bilder	Dem Sein gemäße, der Wahrheit sich annähernde Bilder	Geborgenheit vermittelnde und voraussetzende Bilder

Es wird jedermann einleuchten, daß es sich bei Bildern, die die Kriterien der Wertschätzung, Angemessenheit und Vermittlung von Geborgenheit erfüllen, um Bilder von optimaler psychohygienischer Qualität handelt.

Prüfen wir aus diesem Blickwinkel der „Bildqualität" heraus nochmals den logotherapeutischen Ansatz von Viktor E. Frankl. Er beruht auf der Basisannahme, daß das Leben einen bedingungslosen Sinn hat, den es unter keinen Umständen verliert. Daß sich dieser Sinn personen- und situationsbezogen im Hier und Jetzt konkretisiert über drei Wertverwirklichungsmöglichkeiten: im schöpferischen Tun, im liebenden Erleben und im tapferen und würdigen Ertragen eines unabänderlichen Leides. Wovon mindestens *eine* Wertverwirklichungsmöglichkeit in jedem Augenblick bewußten Lebens vorhanden ist, also dem Leben sozusagen ausnahmslos anhaftet und es zu einem grundsätzlich positiv beantwortbaren, gestaltbaren und bestehbaren Leben macht – selbst noch in der äußersten Not. Wenn das nicht ein wertschätzendes und sinneröffnendes Bild ist in der gesamten Bandbreite vom Selbstbild bis zum Weltbild!

Der logotherapeutische Ansatz ist des weiteren charakterisiert durch die Beschäftigung mit dem spezifisch Humanen, mit der dem Menschen arteigenen Seinsweise. Bei aller Berücksichtigung der biologischen, psychologischen und soziologischen Befunde über die menschliche Rasse sowie die Gesetzmäßigkeiten ihrer Entwicklung und Verhaltensmuster wird dennoch nach dem Aufstieg und Einstieg in die existentielle Dimension geforscht, die erst so recht den Menschen zum Menschen macht. Dort, in der Übersteigung des animalischen Prinzips von Endo- und Exogenese, von Trieb/Instinkt einerseits und Prägung/Lernerfahrung andererseits, zeigt sich wesentlich Neues: die Fähigkeit des Menschen zur Selbstdistanzierung und Selbsttranszendenz, seine geistige Freiheit und Verantwortlichkeit, die innerste Stimme seines persönlichen Gewissens und die von einer Ursehnsucht getragene Frage nach einem letzten und höchsten Sinn jenseits allen Begreifens. Wenn das nicht ein Bild ist, das sich der Wahrheit anzunähern versucht, der ganzen Wahrheit um den Menschen in seiner körperlichen, seelischen und geistigen Seinswirklichkeit, dem Wunder einer anthropologischen Einheit trotz ontologischer Differenzen *!

---

* Viktor E. Frankl, „Ärztliche Seelsorge", Fischer TB, Frankfurt / Main, 4. Auflage 1991, Seite 46 ff.

Schließlich gibt es in der Logotherapie das „Axiom“ einer Entsprechung beider Aspekte. Eine Welt voller Sinn und Wertmöglichkeiten bietet sich der für Sinn und Werte aufgeschlossenen und danach strebenden geistigen Person dar, die jeder Mensch ist. Einer Person, die durch leib-seelische Krankheit störbar, aber nicht zerstörbar ist – das psychiatrische Credo. Einer Person, deren Personsein nicht von ihren Eltern geschaffen worden und von ihrer Mitmenschen Wohlwollen abhängig ist – das psychotherapeutische Credo –, sondern sich als eine zur Existenz Gerufene verstehen darf, durch die eine höhere Instanz hindurchtönt – personat. Die sich aber auch als Aufgerufene verstehen darf, jene sich ihr in Exklusivität anbietenden Sinnmöglichkeiten der Welt zu ergreifen und in die Tat umzusetzen, um damit ihr Dasein in seiner Zeit zu erfüllen. Eine Person, in der der Schöpfungsfunke glüht ... Wenn das nicht ein Bild unendlicher Tröstlichkeit ist, eine Geborgenheit ausstrahlend, wie sie kein soziales Netz einer menschlichen Gesellschaft jemals zu versprechen vermöchte! Weshalb sich feststellen läßt, daß der logotherapeutische Ansatz einen Großteil seiner Heilsamkeit weniger der durchaus beachtlichen Effizienz seiner Methoden als vielmehr dem Gütesiegel seiner Bilder verdankt, die Leben in hoher Wertschätzung, existentieller Wesenstreue und angstfreiem Urvertrauen fördern.

Als praktisches Beispiel dazu sei ein Problembereich seelischer Krankheit und Blockierung gewählt, der allen Prognosen zufolge der menschlichen Gesellschaft des 21. Jahrhunderts erhebliche Sorgen bereiten wird. Es ist der riesige Bereich der „Altersnöte“. Die dank der modernen Medizin zunehmende Langlebigkeit der Bevölkerung in den „High-Tec-Ländern“ stellt eine extrem große Herausforderung dar. Denn die langlebigen Alten sind in hohen Prozentsätzen chronisch krank, pflegebedürftig, depressiv, geistig-verwirrt und ihren Angehörigen eine Last. Jemand muß sie pflegen und betreuen. Dabei geschieht es, daß beide Seiten unglücklich werden, Betreuer und Betreute, Junge und Alte.

Nun hat sich die herkömmliche Psychotherapie in bezug auf betagte Menschen bislang zurückhaltend gezeigt, allen voran die Psychoanalyse, die die Alten praktisch „aufgegeben“ hat. Es sei nichts mehr zu machen, hieß es schon bei Fünfzigjährigen, ihr Leben sei zu verkorkst, um es noch aufzuarbeiten. Auch die Lerntheorien gaben sich in bezug auf die betagten Menschen bedeckt; ihre Merk- und Speicherfähigkeit sei doch bereits allzu reduziert. Dem gegenüber kapituliert die Logotherapie vor dem Alter nicht. Natürlich kann sie keinen mentalen Abbau kompensieren, aber darum geht es ihr auch gar nicht. Es geht um die „Bilder" von sich und der Welt, die stimmig sein sollen bis zuletzt. Hier kann sie Not lindern und therapeutisch zur Seite stehen, insbesondere denjenigen, die die Alten pflegen, und über sie den Betroffenen selbst. Drei Gesichtspunkte von Viktor E. Frankl können hier spezifisches „Heilmittel" sein.

1) ... denn die ärztliche Tat setzt ein Etwas voraus

Auch die pflegerische und betreuerische Tat setzt ein Etwas voraus, um dessentwillen sie gesetzt wird, oder besser „jemand" voraus, dem sie gilt. Selbstverständlich gilt sie der Person, die gepflegt wird. Aber es macht einen großen Unterschied aus, ob man diese Person mit ihrem kranken Körper und ihren abgebauten Hirnzellen gleichsetzt, oder ob man sozusagen mit „Röntgenaugen" durch den gebrechlichen Organismus hindurch die heile, intakte Person in ihrem Zutiefst-Menschsein erspäht. In der Pflege zeigt sich der Organismus mitunter von seiner Schattenseite, mit Schmutz, Verletzlichkeit und Brüchigkeit. Da ist es nicht leicht, Berührung und Nähe aufrecht zu halten, insbesondere wenn ästhetisch abstoßende Faktoren Fluchttendenzen auslösen. Man möchte am liebsten manchen älteren Patienten gar nicht begegnen. Dennoch haben sie unsere Begegnung bitter nötig, brauchen sie den Händedruck oder das anteilnehmende Wort dringender als jede Medizin. Lesen sie doch mit feinen Fühlern aus der Mimik der ihnen Begegnenden ab, daß und ob sie noch aufgenommen sind in die Mitmenschlichkeit oder schon nicht mehr.

Wer durchdrungen ist vom Bewußtsein, jeden geringsten Akt der Hilfestellung, sei es Reinigen, sei es Füttern, sei es Anziehen usw., *der Person zuliebe* zu leisten, der Person, die hinter und über und jenseits ihrer Krankheit steht, der Person, die unendlich viel mehr ist als ihr organismisches Instrument, das allmählich verfällt, der Person, die an ihrer eigenen Ohnmacht und Schwäche leidet, ohne deswegen selber Ohnmacht und Schwäche zu sein, – wer in diesem Bewußtsein seinen Dienst verrichtet, tut sich leichter. Er weiß stets, *wofür* er sich tagtäglich abplagt. Er weiß, was es mit seiner Überwindung auf sich hat – welche Barrieren in Richtung *auf wen* er überwindet. Und er weiß, daß dieses „Wofür“ und „Für wen“ seine Überwindung und Plage wert ist – ein gutes Gefühl trotz manch schwerer Stunde!

2) ... in Wahrheit erzeugen wir keinen Menschen

Wie die Eltern die Existenz ihrer Kinder nicht „erzeugen“ und die Ärzte die Gesundheit ihrer Patienten nicht „erzeugen“, so können auch die Betreuenden und Angehörigen das Wohlbefinden ihrer Pfleglinge nicht „erzeugen“. Was sie alle tun können, ist die Weichenstellung in Richtung einer Ermöglichung derartiger Effekte. Diesbezüglich ist Bescheidenheit entlastend: Wir dürfen etwas „übergeben“, in andere Hände legen – in die Hände der Betroffenen selbst und in Hände, größer als sämtliche Hände der Welt.

Ein Stück Freiraum bleibt auch im Alter, in der körperlichen und seelischen Behinderung und im Chaos verwirrter Gedanken noch übrig, denn der geistige Personenkern eines Menschen drückt sich durch seine krankheitsbedingte Ummauerung hindurch noch irgendwie aus und formt letzte Seinsgestalten mit. Wenn sich ein Patient nicht wohlfühlen *will,* kann es ihm kein Pflegender recht machen. Wenn ein Patient seinen Angehörigen eine innere Absage erteilt, haben diese keine Chance mehr, ihn zu erreichen. Auch das muß respektiert werden im Loslassens jeglichen Umformungswunsches. Eine hauchdünne Sphäre an Eigenentscheidung, ein Rest an Kokreation verbleibt immer beim Kranken. Wenn dieser andererseits bereit ist, auch auf seinen letzten Stationen dem Sinnanruf des Lebens an ihn zu lauschen und zu folgen, wird er Wege der Erfüllung finden, und sei es im Bett, im Rollstuhl oder halb blind und taub in Decken gehüllt am Balkon seines Domizils. Das Leben ist nicht so arm an Sinn, daß es einen solchen nur den Reichen, Schönen und Kräftigen zu offerieren vermöchte.

Pflegende und Angehörige, die im Wissen um letzte geistige Freiräume und Eigenentscheidungen der Alten und Kranken ihren Dienst tun, sind nachgewiesenermaßen weniger in Gefahr, wegen der Enttäuschung über fruchtlose Bemühungen „auszubrennen“. Ob wir uns bemühen, liegt an uns, aber ob ein Bemühen fruchtet, liegt außerhalb von uns. Wem es genügt, mit der Echtheit seiner Intentionen zufrieden zu sein im Wissen um den Wert, dem sie gelten, der kann die Alten- und Pflegearbeit in Gelassenheit tun und die Früchte seiner Arbeit mit Freude ernten, da, wo sie sich eben zeigen.

3) ... daß die geistige Person un-sterblich ist

Der Mensch sucht in seinem Wirken nicht nur ein Wofür, sondern auch ein Wozu. Er sehnt sich danach, daß am Ende nicht alles umsonst war, was er geleistet hat. Aber am Ende der Altenpflege steht der Tod. Man versorgt einen alten Herrn oder eine alte Dame mit Bädern, Umschlägen, Einreibungen etc., und eine Woche später wird er oder sie kalt und starr in einer Truhe aus der Tür getragen. Bäder, Umschläge, Einreibungen – wozu? Eine demotivierende Angelegenheit.

Freilich kann man sagen, der Patient hat in seinen letzten Tagen noch etwas Lebensqualität genossen. Der Zug unserer Zeit ist sehr auf das Genießen von Qualität ausgerichtet. Dennoch haftet dieser Begründung der Beigeschmack schaler Vorläufigkeit an. Die Geschwindigkeit, mit der ein Genuß, ein Wohlbehagen vergeht, ist atemberaubend. Kann die Erhaltung eines Mindestniveaus an Lebensqualität beim alten Menschen die ganze Zielsetzung einer solch aufwendigen Arbeit wie der Betreuungsarbeit sein?

Mit Blick auf die geistige Person in ihrer Vollendungsphase ist Lebensqualität nur Mittel, nicht Endzweck. Sie ist das Mittel, das es der geistigen Person gestattet, ihre Dinge zu ordnen, ihre Lebensschau zu vervollkommnen, ihr Dasein zu einem positiven Abschluß zu bringen und ihre Spuren zu hinterlassen in dieser Welt. Wenn Schmerzen und Unwohlsein sie nicht ablenken, wenn physische Nöte und psychische Verlassenheitsängste sie nicht quälen, kann sie sich an die Bedeutung des Augenblicks hingeben, die darin liegt, daß vielleicht noch eine Versöhnung wahr wird, eine Reue, eine Liebe, ein Dank dem Herzen entsteigt, welches sich im Aufbruch befindet. Denn die Person des alten Menschen ist „im Aufbruch", sie schickt sich an, in ihre spirituelle Heimat zurückzukehren und mitzubringen, was die ewige Wahrheit über sie selbst sein wird. Bäder, Umschläge, Einreibungen und andere Dienste der Mitwelt helfen ihr dabei, ihr „Gepäck" zu „packen", verschaffen ihr Spielraum, wundgelegene Haut und nasse Windeln zu vergessen und stattdessen den *einen* Frieden zu schließen oder das *eine* Wort zu formulieren, das jenseits ihrer Zeit vielleicht schwerer wiegen wird als irgendeine jahrelange Verfehlung. Oder das *eine* Gebet zu beten, das ein Lebenswerk krönt.

Wer davon ausgeht, daß er Menschen im Aufbruch begleitet, deren Ankommen glücken soll, der spürt, welch „heiligen Amtes" er waltet und wozu er da ist. Er darf wie selten jemand bereits in der Blüte seines Lebens erahnen, daß hinter dem großen, schreckeneinflößenden Tor das Licht ist.

Anschrift der Autorin

Dr. phil. Elisabeth Lukas
Süddeutsches Institut für Logotherapie GmbH
Geschwister-Scholl-Platz 8
82256 Fürstenfeldbruck bei München
Tel.Nr.: 08141/18041
Fax.Nr.: 08141/15195

Das Institut bietet folgende Dienste an:

Psychologische Beratung
Psychotherapeutische Behandlung
Logotherapeutische Ausbildung

Weitere Bücher der Autorin:

Alles fügt sich und erfüllt sich (Quell)
Auch dein Leben hat Sinn (Herder)
Auch dein Leiden hat Sinn (Herder)
Auf den Spuren des Logos (Quintessenz)
Geist und Sinn (Psychologie Verlags Union)
Gesinnung und Gesundheit (Herder)
Geborgensein – worin? (Herder)
Höhenpsychologie (Herder)
Lebensbesinnung (Herder)
Logo-Test (Deuticke)
Die magische Frage Wozu? (Herder)
Psychologische Seelsorge (Herder)
Psychotherapie in Würde (Quintessenz)
Rat in ratloser Zeit (Herder)
Spannendes Leben (Quintessenz)
Von der Trotzmacht des Geistes (Herder)
Geschichten mit Heilkraft (Quell, in Vorbereitung)

Logotherapie

Elisabeth Lukas
Lebensbesinnung
Wie Logotherapie heilt. Die wesentlichen Texte aus dem Gesamtwerk
Band 4391

Die grundlegenden Einsichten der Autorin zeigen, wie Logotherapie wirkt und wie jeder einzelne deren Prinzipien anwenden kann.

Elisabeth Lukas
Rat in ratloser Zeit
Anwendungs- und Grenzgebiete der Logotherapie
Band 4353

Die erfahrene Therapeutin zeigt, wie Vertrauen in die Zukunft und Lebenssinn gewonnen werden kann.

Elisabeth Lukas
Auch dein Leiden hat Sinn
Logotherapeutischer Trost in der Krise
Band 4283

Eindrucksvoll zeigt die Frankl-Schülerin, wie es auch leidgeprüften Menschen gelingen kann, schwere seelische Not zu überwinden und einen neuen Anfang zu finden.

Elisabeth Lukas
Psychologische Seelsorge
Logotherapie – die Wende zu einer menschenwürdigen Psychologie
Band 4258

Sinn im Sonderangebot?
Immer mehr Menschen suchen nach tragfähigen Lebensinhalten. Aus ihrer logotherapeutischen Praxiserfahrung zeigt Elisabeth Lukas den konkreten Weg zu einem neuen Bewußtsein – anders als vollmundige Sinnanbieter.

HERDER / SPEKTRUM

Elisabeth Lukas
Höhenpsychologie
Logotherapie in der Beratungspraxis
Band 4176

Elisabeth Lukas bringt die geistigen Kräfte zur Entfaltung, die in jedem Menschen stecken.

Elisabeth Lukas
Gesinnung und Gesundheit
Lebenskunst und Heilkunst in der Logotherapie
Band 4172

Ein Buch, das die Balance zwischen Körper, Geist und Seele wiederherstellt.

Elisabeth Lukas
Von der Trotzmacht des Geistes
Menschenbild und Methoden der Logotherapie
Band 4170

Hilfe durch Sinnfindung. Die fundierte und praktische Einführung in eine bewährte Heilmethode.

Elisabeth Lukas
Auch dein Leben hat Sinn
Logotherapeutische Wege zur Gesundung
Vorwort von Viktor E. Frankl
Band 4011

Diagnose: Depression. Was fehlt Menschen, die ohne reale Bedrängnis unter Niedergeschlagenheit und Minderwertigkeitsgefühlen leiden?

HERDER / SPEKTRUM

Elisabeth Lukas
Geborgensein – worin?
Logotherapeutische Leitlinien zur Rückgewinnung des Urvertrauens
224 Seiten, Paperback
ISBN 3-451-23201

Auf der Suche nach Geborgenheit. Sinnfindung in einer scheinbar sinnlosen Welt.

Elisabeth Lukas
Sie magische Frage „wozu"?
Logotherapeutische Antworten auf existenzielle Fragen
Beiträge von Rita Malcomess und Franz Sedlak
256 Seiten, Paperback
ISBN 3-451-22337-6

Viktor E. Frankl
Psychotherapie für den Alltag
Band 4072

Der Band enthält Einsichten zu den großen Themen des Lebens: zur Liebe, zur Melancholie, zu Überlastung und Streß, zum Älterwerden und Reifen, zu Leib und Seele.

Viktor E. Frankl
Das Leiden am sinnlosen Leben
Psychotherapie für heute
Band 4030

„Hier geschieht (was so oft versprochen und selten eingehalten wird) echte Lebenshilfe!" (Bücherbord).

Herder Freiburg · Basel · Wien

Lebenswissen

Fritz Fischaleck
Bevor die Fetzen fliegen
Faires Streiten in der Partnerschaft
Band 4409
Der erfahrene Paartherapeut und Eheberater demonstriert an vielen Beispielen, wie faires Streiten gelingt.

Nicolas Hoffmann
Jeder denkt an sich – nur ich denk an mich
Der alltägliche Narzißmus – Engpässe und Auswege
Band 4401
Selbstverliebt und machtbezogen – das Lebenskonzept der Erfolgreichen? Blick hinter die Maske der Selbstgefälligkeit.

Joachim Engl / Franz Thurmaier
Wie redest du mit mir?
Fehler und Möglichkeiten in der Paarkommunikation
Band 4364
Wie man – statt in Vorwürfen steckenzubleiben – richtig spricht und zuhört, Gefühle und Wünsche ausdrückt, Probleme in konstruktiver Weise löst.

Maria Beesing / Robert J. Nogosek/Patrick H. O'Leary
Das wahre Selbst entdecken
Eine spirituelle Einführung in das Enneagramm
Band 4347
Das Enneagramm fasziniert als uraltes Mittel zur Selbsterkenntnis. Psychologische und spirituelle Zusammenhänge werden aufgezeigt.

C. G. Jung
Ein großer Psychologe im Gespräch
Interviews, Reden Begegnungen
Band 4346
Die packende Begegnung mit einem faszinierenden Kenner der menschlichen Seele und bedeutenden Wissenschaftler.

HERDER / SPEKTRUM

Kathleen V. Hurley / Theodore E. Dobsen
Wer bin ich?
Persönlichkeitsfindung mit dem Enneagramm – Der Schlüssel zum eigenen Charakter
Band 4312
Mit Hilfe des Enneagramms und detaillierten Anweisungen kann man sein ganz individuelles Persönlichkeitsmuster erforschen.

Nicolas Hoffmann
Seele im Korsett
Innere Zwänge verstehen und überwinden
Band 4303
Zwangshandlungen – eine der gravierendsten Persönlichkeitsstörungen unserer Zeit. Ein Aufklärungs- und Orientierungsbuch.

Klaus W. Schneider
Stell dir vor, es geht...
Glück, Gesundheit und Erfolg durch positives Denken. Ein Ratgeber.
Band 4282
Ein wertvolles Übungsbuch, daß uns die neuen Chancen, die in unseren Problemen liegen, erkennen läßt.

Tenzin Choedrak
Ganzheitlich leben und heilen
Der Leibarzt des Dalai Lama über Vorbeugen und Therapie von Krankheiten
Band 4263
Eine echte Alternative zur hochtechnisierten Apparatemedizin.

Verena Kast
Sich einlassen und loslassen
Neue Lebensmöglichkeiten bei Trauer und Trennung
Band 4261
Den Blick nach vorn richten, eine neue Lebens-Leidenschaft entwickeln: Das sind Chancen, die das Leben auch im Loslassen reicher machen.

HERDER / SPEKTRUM

Hermann Bullinger
Männer erwachen
Gefühle neu entdecken – Beziehung neu erleben
Band 4256
Was Männer reif macht. Die Quintessenz der aktuellen Männerliteratur in cincm Band. Mit zentralen Texten von Keen, Wieck, Kast u. a.

Liliane Juchli
Wohin mit meinem Schmerz?
Hilfe und Selbsthilfe bei seelischem und körperlichem Leiden
Band 4212
Wann helfen Medikamente oder Psychotherapien? Wo sind Naturheilmittel sinnvoll? Die erfahrene Schmerztherapeutin gibt Antwort.

Samuel Osherson
Männer entdecken ihre Väter
Die ersehnte Begegnung
Band 4207
Männer brauchen Väter als Orientierung für ihr eigenes „Mannsein“. Eine Wahrheit, die immer mehr ins Zentrum rückt.

Rudolf Köster
Im Gleichgewicht bleiben
Umgang mit seelischen Belastungen
Band 4198
Der praxiserfahrene Arzt zeigt, wie die seelischen Ursachen körperlicher Erkrankungen überwunden werden können.

Ellen Fischer
Warum ist das gerade mir passiert?
Wie wir Krankheit deuten und bewältigen
Band 4194
Die Beispiele aus der täglichen Erfahrung einer Ärztin machen deutlich, wie ein produktiver Umgang mit Krankheit möglich ist.

HERDER / SPEKTRUM

Gina Kaestele
Umarme deine Angst
Neun Helfer zur Verwandlung von Hilflosigkeit und Angst
Das praktische Selbsthilfeprogramm
Band 4179
Die erfahrene Therapeutin zeigt, wie sich Unsicherheit und Angst in positive Kraft verwandeln lassen.

Klaus Sejkora
Männer unter Druck
Wege aus typisch männlichen Lebenskonflikten
Band 4177
„Machos“ und „Softies“ sind out. Damit nicht auch „der neue Mann“ in Streß, Konkurrenzdruck und Ehekrise untergeht: Sejkora lesen!

Udo Kittler/Friedhelm Munzel
Lesen ist wie Wasser in der Wüste
Band 4123
Bücher sind Oasen in der Wüste des Alltags. Ermutigungen zu einer neuen Lebens- und Lesekultur.

Rudolf Köster
Was kränkt, macht krank
Seelische Verletzungen erkennen und vermeiden
Band 4122
Rudolf Köster legt die subtilen Mechanismen seelischer Kränkung offen und deckt ihre psychosomatischen Folgen auf.

Knud Eike Buchmann
Die Kunst der Gelassenheit
Im Alltag aus der Mitte leben
Band 4120
Knud Eike Buchmann lehrt die Kunst der Gelassenheit. Ein Buch für Leute, die die Ruhe weg haben wollen.

HERDER / SPEKTRUM

Rüdiger Rogoll
Nimm mich, wie ich bin
Lieben und Lassen in der Partnerschaft
Band 4102

Rüdiger Rogoll entwirrt die komplizierten Regeln von Psychospielen in der engen Beziehung zwischen Menschen.

Chérie Carter-Scott
Negaholiker
Das Rettungsbuch für alle Schwarzseher und notorischen Pessimisten
Band 4075

Das praktische Selbsthilfeprogramm für alle, die sich weniger zutrauen, als sie wirklich können. Ein wahrer Lichtblick.

Werner Rautenberg/Rüdiger Rogoll
Werde, der du werden kannst
Persönlichkeitsentfaltung durch Transaktionsanalyse
Band 4062

Dieses Buch hilft, die eigene Lebensgeschichte zu entziffern und alle Möglichkeiten zur persönlichen Entfaltung zu nutzen.

Rüdiger Rogoll
Nimm dich, wie du bist
Wie man mit sich einig werden kann
Band 4046

Transaktionsanalyse konkret: Wer innere Konflikte aufarbeitet, kommt auch mit seinen Mitmenschen besser zurecht.

Verena Kast
Loslassen und sich selber finden
Die Ablösung von den Kindern
Band 4002

Sich loslassen und sich als Erwachsene neu begegnen. Phasen und Chancen im Ablösungsprozeß von den Kindern.

HERDER / SPEKTRUM